Vie

DE

M. J. Verniolles

Supérieur du Petit-Séminaire
de Servières

PAR

M. l'Abbé L. BERTRY

CURÉ DE SAINT-VIANCE (CORRÈZE)

TULLE

IMPRIMERIE DE JEAN MAZEYRIE

—

1902

VIE DE M. J. VERNIOLLES

M. Verniolles

Vie

M. J. Verniolles

*Supérieur du Petit-Séminaire
de Servières*

PAR

M. l'Abbé L. BERTRY

CURÉ DE SAINT-VIANCE (CORRÈZE)

TULLE

IMPRIMERIE DE JEAN MAZEYRIE

—

1902

A M. LE SUPÉRIEUR

A MM. LES PROFESSEURS

ET AUX ÉLÈVES

DE SERVIÈRES

Monsieur le Supérieur,
Messieurs,
Chers Amis,

C'est à vous que je dédie la Vie de M. Verniolles.

Votre illustre père n'a vécu que pour vous. Des liens indissolubles l'ont attaché à ce cher petit-séminaire de Servières, et il n'est pas permis d'en séparer même sa mémoire.

Cette mémoire bénie, c'est à vous tous qu'elle est confiée.

Gardez-la précieusement comme un héritage sacré et que de vos cœurs elle passe intacte et toujours honorée dans le cœur de ceux qui viendront après vous. Il a voulu rester au milieu de vous, même après sa mort; et c'est ainsi que l'œuvre d'éducation chrétienne et sacerdotale qui se fait chez vous se poursuivra sous son ombre tutélaire et à la lumière de ses sages leçons.

Puissent, grâce à vous, ses enseignements, que j'ai tâché de recueillir ou de résumer dans ces pages, se graver profondément dans l'âme de Servières qu'il a si bien chantée et qu'il a faite si belle !

Saint-Viance, 29 mai 1902,
en la fête du T. S. Sacrement.

L. BERTRY.

En mon nom comme au nom du Séminaire, je m'empresse de venir vous dire : Merci.

Merci pour votre dédicace, merci surtout pour votre œuvre, aussi bonne que belle.

J'avais, dans le temps, crayonné une esquisse : vous avez peint un portrait.

Ce n'est pas seulement celui d'un maître illustre; c'est celui d'un père dévoué, qui eût moins ambitionné de survivre que de pouvoir faire encore du bien.

Il vous devra cet avantage : sa biographie complètera tant de volumes où il voulut toujours enseigner ou élever.

Le diocèse connaissait déjà votre talent, il va apprécier votre piété filiale : aussi n'ai-je pas plus à vous souhaiter le succès qu'à vous prédire les félicitations.

Priez quelquefois pour l'héritier d'une bien lourde charge et agréez les embrassements d'un ancien maître, demeuré votre ami.

J.-B. Poulbrière,
Ch. h , Supérieur.

Servières, le 8 juin 1902.

AVANT-PROPOS

La *Vie de M. Verniolles*, que nous offrons au
public, n'est pas à proprement parler une *histoire*; c'est plutôt une *étude*, un *portrait*. Sans
négliger de raconter les faits saillants de cette
longue carrière sacerdotale, nous nous sommes
surtout efforcé de mettre en relief le caractère
propre, la physionomie spéciale de ce remarquable Supérieur, de montrer l'œuvre féconde qu'il
accomplit pendant ses soixante ans d'apostolat.

On trouvera peut-être que nous nous sommes
trop renfermé dans le rôle de panégyriste. C'est
pourtant l'écueil que nous nous étions signalé à
nous-même en entreprenant ce travail et nous

sommes sûr d'avoir fait de constants efforts pour l'éviter. Mais nous avouons que la noble figure que nous avons voulu peindre nous a presque toujours ravi d'admiration et qu'il nous a été difficile de nous soustraire à l'influence continuelle de cette impression. Qu'importe du reste que nous ayons dépassé la mesure dans l'éloge? Nous ne pensons pas qu'il y ait grand inconvénient, quand il s'agit d'un homme tel que M. Verniolles, qui fut toujours le prêtre modèle, l'apôtre et l'éducateur des enfants.

Certes, il eut des défauts. Ceux-là peut-être se plurent à les signaler ou à les exagérer qui eurent à s'en plaindre ou à en souffrir. Mais ils ne portèrent jamais atteinte à l'estime et à la vénération universelles dont il était entouré. Du reste le petit-séminaire de Servières, le diocèse même doivent trop à M. Verniolles pour que son nom et sa mémoire puissent en subir la moindre éclipse.

On pourra nous reprocher aussi d'avoir fait quelques omissions et de n'avoir pas dit tout ce qu'il y avait à dire. Il ne pouvait en être autrement, vu le cadre restreint dans lequel nous avons dû nous renfermer. Que de lettres épiscopales, par exemple, que de témoignages flatteurs au sujet des ouvrages de M. Verniolles nous avons eu le regret de ne pas insérer ! Mais il fallait se borner et choisir surtout des documents inédits.

Notre plume, dans ces pages, a été guidée par la reconnaissance et la piété filiale, nous aimons à le proclamer. Mais nous savons bien que ces sentiments seront partagés aussi par la plupart de ceux qui liront cet ouvrage. Voilà pourquoi, quelles qu'en soient les imperfections et les lacunes, il sera accueilli avec bienveillance et indulgence. D'autres auraient mieux fait, personne n'aurait voulu mieux faire.

L'œuvre de M. Verniolles fut une œuvre d'éducation. Il la poursuivit toute sa vie avec un zèle et une ténacité rares, sans jamais se laisser arrêter par les obstacles, par les insuccès ou par les oppositions. Mais ce fut le prêtre-éducateur par excellence, faisant converger tous ses efforts vers cet idéal divin : former des âmes vertueuses. — C'est assez pour sa gloire.

On comprendra aussi que nous nous soyons attaché à faire ressortir en M. Verniolles, *l'homme de Servières*. On peut dire que tous les battements de son cœur et tous les efforts de son intelligence furent pour cette maison. Si nous pouvions nous servir d'une comparaison qui rendrait bien notre pensée, nous dirions qu'il était le *baromètre* de Servières ; il subissait par contre-coup et avec une sensibilité extrême, les hauts et les bas de son cher petit-séminaire.

Enfin, il nous a semblé que M. Verniolles devait être lui-même son historien, que c'est par lui-même qu'on devait le connaître et l'étudier, que les enseignements qu'il avait donnés pendant soixante ans à tant de générations, il les devait encore à ceux qui liront sa *Vie*. C'est pour cela que nous lui avons laissé la parole le plus souvent possible et que nous avons glané dans ses œuvres et dans ses écrits celles de ses leçons qui nous ont paru les plus salutaires et les plus bienfaisantes.

Telle est notre œuvre. Si imparfaite soit-elle, nous croyons qu'elle fera connaître M. Verniolles tel qu'il fut et qu'elle contribuera par cela même à faire vivre parmi nous, longtemps encore, son nom et sa mémoire.

CHAPITRE PREMIER

Justin Verniolles naquit au village de Garrel, paroisse d'Hautefage, diocèse de Tulle, le 20 juin 1814, et il fut solennellement baptisé le lendemain par l'abbé Cisterne, curé de la paroisse (1).

La famille Verniolles était une des plus chrétiennes de la paroisse. Au siècle passé, elle avait fourni un prêtre à l'Eglise, l'abbé Meilhac, confesseur de la foi. Les traditions de piété y étaient en honneur, et, grâce aux bons exemples et aux sages leçons qu'il reçut au foyer paternel, le jeune Justin manifesta de bonne heure un attrait pour l'état ecclésiastique. Il est à croire que cette vocation naissante fut cultivée avec soin par le curé de la paroisse, l'abbé Verdier, qui avait succédé à M. Cisterne et pour lequel M. Verniolles conserva toujours un culte de vénération et de piété filiale. En tout cas, elle

(1) Voici son acte de baptême : « L'an mil huit cent quatorze, le 20 juin, est né Justin Verniolles, fils légitime d'Etienne Verniolles et de Marie Meilhac son épouse, demeurant au village de Garrel ; il a été solennellement baptisé le jour suivant : parrain, Jean Verniolles, frère du baptisé, et marraine, Jeanne Verniolles, sa tante, lesquels n'ont su signer. — CISTERNE, curé desservant. »

fut accueillie par la famille comme une bénédiction céleste et l'enfant fut conduit par sa mère elle-même au petit-séminaire de Servières.

Les mœurs patriarcales qui existaient dans la famille Verniolles étaient du reste en honneur dans toutes les familles de la chrétienne paroisse d'Hautefage. Leur foi avait particulièrement brillé pendant la tourmente révolutionnaire. Il est vrai de dire qu'elles avaient eu alors pour les guider et les seconder un saint prêtre, l'abbé Coste, dont le nom et la mémoire ne périront pas. Lorsque éclata le schisme et qu'on voulut remplacer le pasteur fidèle par un intrus, toute la population se révolta et l'intrus dut repartir sans avoir pu pénétrer dans la place. Plus tard, quand le culte fut aboli et les églises fermées, toutes les bonnes familles de la paroisse offrirent un refuge à leur curé. Mais l'abbé Coste refusa, pour ne pas les compromettre, et il partit pour l'exil (1).

C'est dans ce coin de la Xaintrie, qu'on a justement appelée une *terre vendéenne* (2), que l'enfant grandit. Il puisa dans le souvenir encore récent des orgies révolutionnaires et des manifestations religieuses qui accompagnèrent la résurrection de l'Église de France, une fidélité indomptable à tous les vrais principes et une haine implacable à toutes les doctrines antisociales.

(1) Voir la notice que lui consacre M. Poulbrière dans son *Dictionnaire des Paroisses*, t. I, p. 548 et suiv.
(2) Paroles de Mgr Denéchau, croyons-nous.

Le saint curé d'Hautefage, l'abbé Coste, avait
pour ami 'un saint prêtre lui aussi, l'abbé
Capitaine, vicaire à Saint-Privat. « Immobile
dans la foi, inébranlable dans les vrais principes, insatiable dans son zèle, prudent dans
ses démarches, intrépide dans les dangers,
accessible dans les besoins, inépuisable dans
les industries d'une charité vigilante », l'abbé
Capitaine resta dans la contrée pendant la
période révolutionnaire; se cachant de retraite
en retraite, et rendant à ses compatriotes
d'incalculables services. Quand les temples se
rouvrirent, ils le trouvèrent debout tout prêt
à les servir. M. Capitaine rentrait tranquille-
ment dans celui de son pays natal lorsqu'une
voix tombée de haut vint lui dire à l'oreille :
Amice, ascende superius. Il entendit, et partit
pour Servières, devenu depuis le nouvel état
de choses chef-lieu de canton. C'était le troisième, et ce devait être le dernier comme le
plus fécond de tous les champs qui reçurent
ses sueurs. Nous l'y trouvons au mois d'août
1803. Son âge était alors quarante-quatre ans,
le bel âge quand on craint Dieu, que l'on aime
l'Eglise, et que l'épreuve a trempé le caractère
sans énerver et démolir le corps (1). »

« Pendant qu'il était vicaire à Saint-Privat,
M. Capitaine aimait à s'entourer de tout jeunes
enfants, dont l'éducation, disait-il, était son

(1) *Servières et son Petit-Séminaire,* par M. Poulbrière, p. 56, 57.

charme et son repos. De plus, il avait travaillé
à rassembler les membres épars du séminaire
de Tulle, auxquels il avait joint d'estimables
laïcs, qui lui paraissaient dignes du sacerdoce.
Et ce fut une grande joie pour Mgr Du Bourg
de commencer l'exercice de son épiscopat par
imposer les mains à ces pieux rejetons, recüeil-
lis et cultivés par M. Capitaine.

« Mais le nouveau curé de Servières rêvait
mieux et plus grand. Il fit appel à ses confrères,
leur demandant de lui confier les petits Samuels
de leur troupeau, que le Seigneur destinait au
sanctuaire. Il trouva partout un écho fidèle et
en quelques jours il y eut à son presbytère
une véritable avalanche d'enfants. Cette école
presbytérale fut inaugurée le 6 janvier 1804,
date prophétique ! Deux ans après, M. Capitaine abritait sous son toit, ou sous les toits
voisins, quatre-vingts élèves. »

« C'est le 22 février 1816 que le saint fondateur du petit-séminaire de Servières acquit,
pour la somme de *trois mille* francs, le château
féodal, où il installa, après quelques réparations indispensables, la pépinière sacerdotale
du diocèse de Tulle. En 1822, Servières comptait
deux cent soixante élèves, et M. Capitaine, justement fier de son œuvre, pouvait dire en toute
vérité : *Videte quoniam non mihi soli laboravi.* Voyez
que je n'ai pas travaillé pour moi seul (1). »

(1) *Servières et son Petit-Séminaire.*

L'homme de Dieu avait rempli sa mission. Le 14 mars 1824, il allait recevoir la récompense éternelle, et, le lendemain, ses restes mortels, accompagnés de tous ses paroissiens, de ses trois cents élèves, étaient portés au cimetière d'où ils seront transférés bientôt, nous l'espérons, au modeste mausolée de marbre élevé dans la chapelle du petit-séminaire sous le supériorat de M. Verniolles (1).

C'est vers cette époque où peu de temps après, que ce dernier quitta le toit paternel pour venir abriter son enfance et sa vocation au petit-séminaire, tout embaumé encore des vertus et de la sainteté de son pieux fondateur. Il nous serait agréable de suivre le jeune Justin dans ses études et de donner des détails sur cette première période de sa vie. Malheureusement ces détails nous manquent en grande partie. Nous savons cependant, et nous l'avons recueilli de sa bouche même, que son entrée au petit-séminaire fit sur lui une impression ineffaçable et qu'il voua à ses maîtres, en particulier à celui qui en était le supérieur, M. Touron, un véritable culte de respect et de reconnaissance.

Nous savons aussi qu'il fit de rapides progrès, qu'il se fit remarquer par sa piété et son travail soutenu et qu'à la fin de ses études il

(1) Nous dirons plus tard comment cette translation, préparée par M. Verniolles, ne put avoir lieu à la date fixée.

distança presque tous ses condisciples, qui le nommèrent président de l'*Académie d'émulation*, fondée en 1833 par M. Touron.

Cette société littéraire fut de courte durée. Mais nous sommes persuadé que son souvenir resta vivace dans l'esprit du jeune séminariste, et que plus tard, il fournit au professeur de rhétorique de 1854 l'idée de fonder sur des bases plus solides et plus durables l'Académie dont nous aurons à parler plus longuement.

Dans les archives de l'*Académie d'émulation*, conservées encore à Servières, nous avons trouvé plusieurs compositions de M. Verniolles, dont deux avaient pour titres : *Nécessité de là prudence dans la jeunesse et de la gaieté dans la vieillesse* et *Réflexions sublimes d'un grand génie sur la bêtise des élèves studieux*, sujets humoristiques et plaisants, dont le genre ne convenait guère à son esprit posé et sérieux. Déjà, à cette époque, il définissait l'éducation : *l'ornement de l'intelligence, la culture du cœur et la réforme du caractère*; et à cette question : Que faut-il faire pour enflammer la jeunesse? il répondait : *Il faut encourager ses efforts, applaudir à ses succès, il faut faire briller à ses yeux l'espoir des récompenses, il faut enfin qu'une noble émulation s'empare de son cœur.* On le voit, dans l'élève on pouvait déjà deviner le professeur.

C'est en 1833 que M. Verniolles entra au grand-séminaire de Tulle. Il resta en relations

fréquentes avec plusieurs de ses condisciples.
Deux d'entre eux surtout, MM. Félix Cisterne et
Emile Villadard, étaient ses amis de prédilection.

Nous avons eu la bonne fortune de retrouver
plusieurs de leurs lettres (1). On nous saura gré
d'en citer quelques fragments.

Dès son entrée au grand-séminaire, M. Verniolles fait part à son ami Félix de ses impressions en ces termes : « Tu me dis que je dois
trouver beaucoup de plaisir dans ma retraite.
Tu ne te trompes nullement. Je ne me figurais
pas qu'on y fût aussi heureux. Je puis bien
t'affirmer en toute sincérité que, malgré les
petites peines qu'il est impossible de ne pas
éprouver au commencement, le séjour que j'y
ai déjà fait a été pour moi plein de douceurs
et de consolations. Tu conçois cela facilement
d'après ce que tu as ouï dire des séminaires ;
mais tu en serais bien autrement persuadé si
tu connaissais nos directeurs. Que je voudrais
surtout que tu eusses passé quelques jours avec
notre supérieur (2) ! Sans doute, tu ne trouve-
rais en lui aucune des marques extérieures auxquelles on attribue quelquefois le mérite. Mais
précisément cette modestie, cette simplicité,
quelque chose dont je ne puis me rendre
compte, mais dont je suis vivement pénétré
en le voyant, te donnerait, je crois, une juste
idée de cet homme. »

(1) Grâce à l'obligeance de M. le docteur Cisterne. — (2) M. Porte.

L'ami Félix répond aussitôt : « Tout le monde, mon cher ami — le monde curé, s'entend — me dit que l'on est heureux au séminaire ; tu viens encore joindre ta voix à celle des autres *soutanés* et tu me dis que l'on est heureux au séminaire. L'abbé Renaudie, dont je reçois à l'instant même une lettre, me dit la même chose ; l'abbé Chantarel me fait la même assertion. Je ne pourrai m'empêcher de me rendre à toutes ces autorités respectables, et je dirai partout, et je croirai qu'on est heureux au séminaire. De tout cela découlerait la conclusion qui me paraît assez naturelle : Si l'on est heureux au séminaire, bien fous sont ceux qui n'y vont pas ; et je conclus que je suis un fou, parce que je n'ai pas l'envie d'y aller : j'attends que le ciel me l'envoie, je ne° sais si j'attendrai longtemps. »

L'envie ne vint pas, et Félix, au lieu de prendre le chemin de Tulle, prit le chemin du Dorat où il alla préparer pendant l'année 1835 ses examens de bachelier. Mais il continua d'écrire à son ami Justin et de lui donner de nombreux détails sur le collège du Dorat et sur les études qu'on y faisait. De son côté le séminariste donnait à son ami les nouvelles qui pouvaient l'intéresser. A la date du 6 juin 1835, il lui écrit : « Tu crois que nous, Corréziens, nous irons désormais nous abonner aux grands journaux de Paris, et mettre des 60,

des 80 francs pour apprendre les grandes
révolutions qui s'opèrent chaque jour dans ce
siècle éminemment progressif, et dans le monde
politique, et dans le monde littéraire, et dans
le monde scientifique, etc...? Un moment, s'il
te plaît ! Nous ne prodiguerons pas ainsi notre
argent. Pour douze francs nous nous abonne-
rons ou bien à l'*Album de la Corrèze*, ou bien à
l'*Indicateur Corrézien*. Nous aurons ce choix. Et
quel que soit celui que nous prenions, il nous
parlera politique, littérature, science, commerce et bien d'autres choses encore. Mais comment en parleront-ils? me diras-tu. C'est ce que
nous saurons après quelque temps d'expérience. Pour moi, qui suis profondément
patriote, je crois qu'ils en parleront très bien,
parce que la Corrèze n'est pas si pauvre en
bons esprits qu'on veut bien le dire. — En
deux mots, voilà le fait : il est venu à Tulle un
nouvel imprimeur, nommé Detournelle. Mais
qu'imprimer en cette ville si peu fertile en
écrivains? Alors il a dit : Faisons un journal.
Et nos avocats ont répondu : Rien de mieux
imaginé. Et le journal a paru même avant le
prospectus. MM. Drappeau frères ont vu tout
cela d'un œil un peu jaloux, et ils n'ont pas
voulu rester en arrière de leur concurrent. Ils
ont annoncé l'*Indicateur*, qui paraît maintenant
tous les huit jours aussi bien que l'autre.

« ... Dans quelques heures, mon cher ami,

je serai en retraite, et dans huit jours, j'aurai
probablement reçu ma seconde ordination. Ne
m'oublie pas dans tes prières. De mon côté,
je demanderai à Dieu de te faire connaître sa
volonté sur toi. Dis-moi, mon cher Félix, tout
ce que tu pourras sur ton avenir. Tu dois être
un peu fixé maintenant. L'année prochaine
nous rapprochera-t-elle, nous éloignera-t-elle
davantage? Refuserais-tu d'en dire ta pensée
à ton ami?... »

Il est à croire que l'abbé Verniolles fut en
effet un des premiers à être instruit des projets
d'avenir de M. Cisterne, qui, après avoir passé
les vacances de 1835, en Xaintrie, dans sa
famille, partit pour Paris vers le 20 octobre.
Les deux amis ne purent se voir pour se faire
leurs adieux. A la date du 15 octobre, l'abbé
écrit à Félix pour lui exprimer la peine qu'il
en ressent. Puis il lui adresse les conseils de
l'amitié : « Mon cher Félix, tu vas entreprendre un voyage dangereux et critique s'il en fut
jamais. La nouvelle carrière qui s'ouvre devant
toi est semée d'écueils et de précipices sans
nombre, comme tu le sais sans doute mieux
que moi. Néanmoins, je me garderai bien de
te donner des conseils... Je te dirai seulement
ces deux mots qui me semblent d'une singulière importance pour toi : un jeune homme
surmontera facilement les dangers de la capitale même, si dès le commencement il se mon-

tre courageusement tel qu'il doit être, fidèle à
son devoir, à sa conscience et à son Dieu. Tout
le sort d'un jeune homme dépend des liaisons
qu'il contracte : il est impossible de n'aimer
pas la vertu avec un ami vertueux ; comme
aussi l'innocence ne se conservera jamais avec
des compagnons vicieux. Enfin, mon cher ami,
j'ajouterai que ma plus douce consolation sera
toujours de savoir que tu réponds aux espérances qu'on a placées sur toi et que tu te
montres le digne élève des maîtres que j'aime-
rai et que j'estimerai toujours. »

M. Cisterne ne trompa pas les belles espérances de son ami. Il resta à Paris l'étudiant
modèle, et il devint plus tard le médecin consciencieux, dévoué et chrétien que toute la
Xaintrie a connu et estimé, laissant après lui
un héritage d'honneur et de vertu noblement
conservé dans sa famille.

Il n'était pas allé seul à Paris. Emile Villadard l'y avait suivi pour étudier lui aussi la
médecine, et, à peine débarqué dans la capitale, il écrivait à son ami Justin (juillet 1836) :

« Sans entrer dans les détails que ne man-
quera pas de te donner notre ami Félix, je
veux avoir le plaisir de te narrer le sommaire
des nouvelles principales qui peuvent t'intéresser... On ne peut plus douter, et cela est bien
consolant pour nous et pour tous les vrais amis
de l'Eglise, du mouvement religieux qui se

produit, non seulement en France, mais en Europe, et pour ainsi dire dans tout l'univers. Tu sais sans doute tout le progrès du catholicisme en Angleterre par la fidélité de l'Irlande et le courage infatigable de son vertueux O' Connel. Tu n'ignores pas également ce qui se passe en France et dans l'Allemagne où nos voyageurs ont dû, pour plaire à M. de Metternich, entendre plusieurs fois la messe et assister aux processions. Mais ce que tu ne sais pas, ce que tu n'as pas vu, et qu'il faut voir pour savoir, c'est la prédication du Carême à Paris, et surtout celle de Notre-Dame. C'est là qu'on pouvait facilement se convaincre d'un retour général vers la religion, à la vue d'un auditoire composé de toutes les illustrations de la France et de six mille jeunes gens, appartenant aux diverses écoles de la capitale. C'est un pareil auditoire qui se pressait, depuis les neuf heures du matin jusqu'à une heure, autour de la chaire antique, d'où un jeune et modeste religieux électrisait cette foule de savants et cette jeunesse avec laquelle il sympathisait si bien. Le célèbre prédicateur de Notre-Dame vient de recevoir la seule louange qu'il ambitionnât, celle du Souverain Pontife. L'abbé Lacordaire a reçu du Pape l'accueil le plus flatteur. Le Pape l'a reçu dans ses bras. Il lui a pris la tête dans ses mains en lui disant : « Bénissons, mon enfant, bénissons le Seigneur du grand présent qu'il a fait à son Eglise en lui donnant cette tête. » Te dire maintenant que nous ayons été du nombre des jeunes gens qui entouraient chaque dimanche du Carême la chaire de Notre-Dame, est par trop inutile. J'aurais désiré t'entretenir plus longtemps, mais notre ami voudra bien se charger du supplément. Adieu, et crois-moi toujours ton meilleur ami. »

L' « ami », de son côté, écrivait à la date du 27 décembre :

« Il m'est impossible, mon cher Justin, d'attendre plus longtemps à te donner des nouvelles de Paris... Les événements qui se sont passés depuis mon départ de la Corrèze te sont sans doute connus. Je ne fais que te rappeler la mort de l'auguste roi Charles X et la défense qui a été faite par le ministre aux curés de Paris de dire aucune messe avec les ornements noirs. Tu sais aussi, sans doute, les triomphes de Charles V en Espagne et le désastre de nos armes devant Constantine ; tu connais l'amnistie accordée à M. de Polignac et le bon accueil qu'il a reçu en Angleterre... Je regrette bien, mon cher Justin, de n'avoir pas à t'annoncer la nomination de M. Lavergne à l'évêché de Saint-Flour. Mais il paraît que c'est M. Calmels qui est décidément nommé à ce siège, M. Donnet irait à Bordeaux ; mais leur nomination n'est pas encore officielle...

On dit que M. Lacordaire doit revenir de Rome
pour nous faire encore entendre de beaux
discours que tout le monde admire et qui
seront maintenant enrichis de la science nouvelle qu'il est allé puiser à la bonne source...
M. de Lamennais vient d'ajouter un autre
crime à ses fautes passées. *Les Affaires de Rome*
sont le complément des *Paroles d'un Croyant* :
dans son premier livre il prêchait la révolte
matérielle contre les rois ; c'est maintenant la
rébellion intellectuelle contre le Pape qu'il
glorifie...

« Adieu, mon cher Justin ; crois-moi toujours ton sincère ami. »

Dans une autre lettre, il lui parle ainsi de
quelques prédicateurs de la capitale et de
Mgr de Sagey : « J'ai entendu bien d'autres
prédicateurs, mais aucun ne m'a satisfait
comme M. Lacordaire. M. l'abbé Cœur, que
quelques critiques mettent au-dessus de lui,
manque par son débit qui est des plus assom-
mants. Je pourrais te citer encore MM. Ferrand,
de Ravignan, Grivel, etc. Quant à M. Berteaud,
il a parfaitement prêché sa station, et même
il a beaucoup gagné, car, à la fin du Carême,
il y avait un grand progrès sur ses premiers
discours. Plusieurs journaux ont parlé de lui
avec éloges, et j'espère qu'il ne s'arrêtera pas
là...

« ...Te parlerai-je, mon bon ami, d'un autre

personnage, vieillard respectable, à qui le temps n'a pas enlevé l'amabilité de la jeunesse, M. de Sagey, le bienfaiteur de Servières et de notre diocèse ? J'ai eu le bonheur de le voir, de m'asseoir à son foyer, d'écouter ses doux conseils qui étaient pour moi un baume consolateur. Il veut bien me permettre d'aller quelquefois entendre ses bons avis, et tu peux penser comme je suis heureux de jouir de cette précieuse faveur dont je suis redevable au bon M. Touron... »

M. Verniolles ne reste pas en retard, et il répond aussitôt :

« J'aime à voir que quoique loin de ton pays, tu es environné d'anciens *amis*, ou, si tu ne veux pas les appeler ainsi, de vieilles connaissances. J'espère que tu ne manqueras pas dans tes lettres de me faire part des rapports que tu auras avec ces messieurs... Parle-moi surtout de notre cher Emile Villadard, que tu dois avoir vu déjà et qui devrait se rappeler un peu mieux ses promesses de ne pas oublier ses amis... Comment te peindrai-je, mon cher ami, le plaisir que j'ai éprouvé en voyant que tu avais été si bien accueilli par M. de Sagey et qu'il t'avait promis de t'aider de ses conseils ? Que tu es heureux d'avoir rencontré un pareil Mentor ! Comme son expérience et sa touchante bonté doivent être précieuses pour toi ! Ta reconnaissance pour de tels services sera sans doute aussi inaltérable qu'elle est sincère. Le souvenir de ce vénérable prélat vivra toujours dans ton cœur; et tu t'efforceras sans cesse de te montrer digne d'un aussi illustre protecteur. Mais oublieras-tu celui qui te l'a procuré? Ne recommanderas-tu pas quelquefois au Seigneur le respectable M. Touron et son pauvre établissement? Oh! j'en suis persuadé, tu rempliras fidèlement un devoir si doux. Et il a bien besoin que quelqu'un se souvienne de lui. Il est loin encore d'obtenir les succès que sembleraient demander ses efforts. Malgré les espérances que l'on avait conçues pour cette année, le nombre des élèves de Servières ne dépasse guère celui de l'an dernier, tandis qu'à Brive le petit-séminaire en compte au moins une trentaine de plus... Te parlerai-je maintenant de notre séminaire de Tulle? Ce que je pourrais t'en dire ne peut pas être pour toi d'un grand intérêt. Et d'ailleurs j'aurais de la peine à t'en donner des nouvelles bien brillantes. Nous sommes en très petit nombre cette année au séminaire, et, quoi qu'on dise, quoi qu'on fasse, on le verra bien plus triste et plus misérable, si l'on ne met la main pour tout de bon à celui de Servières. C'est de cette source que sont sortis toujours les élèves qui ont peuplé le grand-séminaire; et il semble que la Providence veut qu'il en soit toujours ainsi... »

« Mon cher Justin, écrit Félix Cisterne au commencement de 1836, l'état du petit-séminaire de Servières me fait bien de la peine. Mais il ne faut pas perdre tout espoir de le voir revenir à son ancienne prospérité. Les généreux efforts de M. Touron ne seront pas toujours vains... Emile Villadard voulait beaucoup t'écrire ; mais il est pris de la petite vérole depuis huit jours, et tu voudras bien, en considération de sa maladie, l'excuser de ce semblant de négligence. Nous nous sommes réunis dans la même chambre, et je le soigne dans sa maladie, qui ne sera pas de longue durée, je l'espère...

« J'ai entendu prêcher M. Lacordaire lundi dernier à Notre-Dame dans une assemblée de charité pour les orphelins du choléra, en présence de M. l'Archevêque. M. Lacordaire paraît âgé de vingt ans, quoiqu'il en ait plus de trente. Cette apparence de jeunesse qui ne prévient pas en sa faveur au premier abord, ne l'a pas empêché de s'élever, dans son discours sur la charité, à de très savantes considérations philosophiques. La quête faite par les dames les plus distinguées de la capitale a produit quatorze mille francs. Il y avait un grand nombre de jeunes gens... »

« Oh ! qu'il fait bon avoir des amis comme toi, mon cher Félix ! répond M. Verniolles. Je te dois bien des remerciements, moi d'abord :

quoique plongé dans de grandes occupations,
quoique au centre des distractions de la capitale, tu veux bien encore de temps en temps
songer à moi... Mais je ne suis pas le seul à
ressentir l'avantage de ton amitié. Emile Villadard, notre ami commun, doit sentir, lui aussi,
combien une personne qui nous est sincèrement attachée est une chose précieuse. Il doit
s'estimer bien heureux de jouir de tes soins
dans sa maladie. Il t'est sans doute bien reconnaissant de tous les soulagements que tu lui
prodigues... Oui, je le répète, mon cher Félix,

Qu'un ami véritable est une douce chose !
(LAFONTAINE.)

Je te félicite de l'avantage que tu as eu
d'entendre M. Lacordaire. Tu as vraiment
commencé par notre plus grande illustration
en ce genre. Si j'allais à Paris, je tâcherais bien
de me procurer le même plaisir. C'est un
homme qui a, dans si peu de temps, acquis
une réputation si brillante, que l'on est forcé
de reconnaître en lui un talent plus qu'ordinaire. Et puis, comme il appartient à la religion et au clergé et qu'il emploie cette force
magique que Dieu semble lui avoir donnée, à
pousser la jeunesse vers le bien, je ne puis
m'empêcher de prendre le plus grand intérêt à
ses succès. Tu me feras donc un très grand
plaisir toutes les fois que tu me parleras de
lui...

« ... Je ne désespère pas tout à fait de Servières, pas plus que toi. Nous avons encore des
raisons d'espérer. D'abord, M. le Supérieur
est très content cette année soit des professeurs, soit des élèves. De plus, M. Porte chargé
maintenant de l'administration des petits-
séminaires, est disposé à tout faire pour Servières... Je suis un peu confus, mon cher ami,
d'en revenir éternellement sur ce sujet. Mais
tu sais que j'ai toujours eu un faible pour cette
maison : sois donc indulgent...

« Ecris-moi bientôt. Si tu attendais une nouvelle occasion, ce serait sans doute trop long.

« Ton ami fidèle. »

Malgré cet appel, Félix resta trois mois sans
écrire à son ami, qui, le 6 avril, s'en plaignit
en ces termes :

« Il est donc bien vrai, mon cher Félix, que
le séjour de la capitale est merveilleusement
propre à faire oublier ses anciens amis. On
passe donc un fleuve *Léthé* en entrant dans
Paris. J'étais destiné à en faire moi-même la
triste expérience après tant d'autres !... Il y a
trois mois entiers que je répondis avec le plus
grand empressement à une lettre que j'avais
reçue de toi. Je te conjurais beaucoup (je m'en
souviens très bien) de ne pas tarder à m'écrire
de nouveau ; et depuis, je n'ai rien vu...
L'année dernière, tu me fis beaucoup de reproches pour un silence moins considérable. Cette

année, je veux te rendre la pareille, et crier plus fort que toi...

« Notre séminaire va toujours son petit train. Toujours quelque nouvelle perte. M. X..., depuis près de deux mois, est parti pour cause de maladie. Probablement il ne reviendra pas. De cette belle classe de philosophie que tu as vue à Servières, il en reste... combien crois-tu?... Six ! Voilà, mon cher ami, comme tout se disperse...

« Adieu. Aime-moi toujours comme t'aime ton ami sincère et dévoué. »

C'est ainsi que s'écrivaient ces amis d'enfance, avec cette naïveté, cet abandon, qui seuls font le prix et l'intérêt de ces sortes de correspondances. Cela n'empêchait pas le jeune lévite de se livrer avec tout son zèle et toute sa piété à sa préparation au sacerdoce. Il s'était mis en bonnes mains en confiant la direction de son âme et de sa conscience à M. Porte, supérieur du grand-séminaire, qui, dès ce moment, voua à son fils spirituel une affection et un attachement qui ne se démentirent jamais. De son côté, l'abbé Verniolles reçut avec une docilité rare la direction de ce guide sûr et expérimenté ; il eut recours à ses lumières et à ses conseils dans toutes les circonstances de sa vie. Nous avons lu et relu avec une véritable édification la volumineuse correspondance du

maître et du disciple, scrupuleusement conservée par ce dernier, qui plus tard, professeur et supérieur, ne se départit jamais des
premiers sentiments du séminariste. Du reste,
nous aurons l'occasion d'en citer plusieurs
fragments, et l'on verra si nous disons vrai.

Quand M. Verniolles termina son grand-
séminaire il n'avait pas encore l'âge canonique
pour être ordonné prêtre ; il n'était que diacre
lorsqu'il fut envoyé, comme professeur de
troisième, en 1837, au petit-séminaire de
Servières.

Ce ne fut pas sans hésitation et sans résistance qu'il accepta ce poste d'honneur. Sa
trop grande modestie lui faisait croire qu'il
n'avait pas les talents nécessaires pour enseigner cette classe. Il écrivit à M. Porte une
lettre qui est un modèle de modestie et de
simplicité, en même temps que de déférence
pour ceux qui allaient être ses confrères. Il
demandait une classe inférieure, « la cinquième
ou au-dessous », et se préoccupait surtout de
ne froisser aucune susceptibilité, de ne fouler
aucun droit. « Je désire beaucoup, disait-il,
entrer à Servières, et je désire y entrer non
pas pour trois ou quatre ans, mais pour y rester jusqu'à ce qu'on ne voudra plus de moi, si
ma santé me le permet... Je ne serais donc pas
fâché du tout de rester en cinquième pendant
plusieurs années. Si d'autres font bien les

classes supérieures, on n'y perdra pas, et on y gagnera peut-être, parce que je tâcherai d'employer le temps qui me restera d'une manière utile pour cette maison que je regarde comme ma maison maternelle, pour cette maison à laquelle j'ai voué depuis longtemps tous les instants de ma vie. »

La réponse de M. Porte fut ce qu'elle devait être : M. Verniolles n'avait qu'à s'incliner et à obéir.

Comme il arrive d'ordinaire, le nouveau professeur fut récompensé de son obéissance. A peine arrivé à Servières, il se trouva dans son élément et goûta à longs traits les joies du professorat. Dieu évidemment lui ménageait ces grâces sensibles, afin de l'attacher définitivement à une maison dont il devait devenir une des gloires les plus brillantes. Ces joies, il était heureux d'en faire part à son directeur, qui lui répond aussitôt :

« Tulle, le 12 janvier 1838.

« Monsieur et très cher en N.-S.,

... Je remercie Notre-Seigneur de ce que vous vous trouvez bien à Servières. J'espère qu'il vous fera la grâce de vous y trouver toujours de même. Quand on ne veut, comme vous, que la volonté du bon Dieu, on est content où que l'on soit, quand on y est par sa sainte volonté... Soyez toujours bien fervent,

mon très cher ami, acquittez-vous exactement
de l'exercice de l'oraison, de l'examen et de la
lecture spirituelle. Ne manquez pas de recevoir
souvent les sacrements. Soyez plein d'égards
et de soumission pour M. le Supérieur, de charité, de patience et de support envers vos
confrères. »

A côté des joies, il y eut aussi quelques
peines : les roses ne sont jamais ici-bas sans
épines. Mais M. Verniolles, au lieu de se laisser
aller au découragement, au murmure et à la
révolte, les acceptait comme moyen de sanctification. C'est uniquement auprès de Dieu et
de son directeur qu'il cherchait les consolations
dont son âme avait besoin.

« Votre lettre m'a donné lieu de remercier
le bon Dieu, lui écrivait M. Porte à la date du
4 mai 1838, de ce qu'il a daigné se servir de
mes paroles pour vous procurer quelque consolation. Je l'en bénis de tout mon cœur et je
le prie de la faire surabonder dans votre cœur
au milieu de vos petites peines et tribulations.
Je vois qu'il y en a dans l'emploi que vous
remplissez ; aussi désiré-je que le bon Dieu
vous dédommage par ses grâces et ses bénédictions intérieures. Je l'espère de sa miséricorde infinie. Mettez en lui toute votre confiance. Ne cherchez que lui dans tout ce que
vous faites ; supportez en silence et avec amour
les peines semées par ci, par là, dans cette

vallée de larmes ; attendez-vous à avoir beaucoup plus à souffrir dans ce monde qu'à jouir,
et vous aurez dans ces dispositions une source
de grâces, de force, de consolation et de paix
intérieure. Ne vous découragez jamais, ni
pour vos fautes, ni pour vos peines, ni pour
le peu de succès que vous aurez. Les premières,
jetez-les dans le sein de la miséricorde de
Dieu ; les secondes, unissez-les à celles de
Jésus-Christ. Pour le succès, n'en désirez
qu'autant que le bon Dieu veut vous en donner ; vous en avez un qui est toujours assuré :
celui de lui plaire en faisant ce qu'il demande
de vous, de le glorifier par votre humiliation
et de mériter d'autant plus pour la vie future
que vous aurez été moins payé dans celle-ci...

« Je me réjouis beaucoup de l'attachement
que vous avez pour le petit-séminaire de Servières, car je désire vivement qu'il puisse vous
conserver longtemps ; je suis persuadé que
vous pouvez y faire beaucoup de bien... »

« Regardez-moi toujours comme un ami
plein d'amitié, de tendresse et de dévouement
pour vous. »

Ces conseils si paternels, ces règles si sages,
si chrétiennes et si sacerdotales étaient reçues
par le jeune diacre comme venant de Dieu
même, et l'on verra dans la suite de sa vie s'il
s'en écarta jamais.

Dans la lettre que nous venons de citer,

M. Porte annonçait officieusement à M. Verniolles son appel prochain à la prêtrise, lui recommandant de mettre la dernière main à sa préparation. Quelques jours après en effet, le 12 mai, avis officiel lui était donné qu'il serait ordonné prêtre le 24 juin dans la chapelle du grand-séminaire et il était convoqué à la retraite préparatoire. Ce que fut cette retraite, ce que fut cette ordination, c'est le secret de Dieu. Mais il en sortait un *prêtre* dans toute l'acception du mot, car M. Verniolles fut prêtre avant tout, faisant passer toujours en première ligne les intérêts de Dieu et des âmes; se rappelant en toute occasion qu'il était par dessus tout le ministre de Jésus-Christ et qu'il devait par tous les moyens faire glorifier et aimer son Maître.

Nous retrouvons, dans des notes écrites de sa main, quelques-unes des impressions du jour de son ordination, et il aurait pu les écrire tous les jours de sa longue vie sacerdotale.

« Voilà donc, ô mon Dieu, que vous venez d'accomplir en moi les plus grandes merveilles. Malgré mon indignité, malgré mes innombrables infidélités, vous avez daigné m'élever à la sublime dignité du sacerdoce : *Fecit mihi magna qui potens est.* Oui, le Tout-Puissant a vraiment fait en moi de grandes choses. L'insigne faveur qu'il vient de m'accorder me place au-dessus

de tous les rois de la terre ; elle me place au-
dessus des anges du ciel. Faites, ô mon Dieu,
que je n'oublie jamais d'aussi grands bienfaits.
Faites que je ne cherche désormais qu'à procurer la gloire de Jésus-Christ dont je suis
le ministre.

« Mais aux sentiments de la joie et de la
reconnaissance, comment ne pas mêler des
sentiments de crainte et de frayeur ? Oh ! qui
me donnera la force, Seigneur, de remplir des
obligations si nombreuses et si difficiles ? Que
puis-je de moi-même, dénué comme je le suis
de ces hautes vertus qu'exige le sacerdoce ?
C'est vous, ô mon Dieu, qui suppléerez à ma
faiblesse. Vous m'avez fait le dispensateur de
vos mystères, vous me rendrez digne de les
dispenser avec prudence et avec utilité.

« Deux fonctions principales du sacerdoce me
font voir surtout la nécessité de mener une vie
toute nouvelle : l'administration du sacrement
de pénitence et la célébration des saints mystères. Puissé-je ne jamais perdre de vue la
hauteur et la sainteté d'un si grand ministère
et la pureté qu'il exige de moi ! ! !

« Deux résolutions principales doivent être
le fruit de ma retraite et me servir de défense
contre les dangers auxquels je suis exposé.

« Pour offrir dignement le saint Sacrifice,
je dois apporter à l'autel une parfaite pureté
de cœur, un entier détachement de toutes les

créatures, une mortification continuelle de tous mes sens ; en un mot, je dois m'immoler, me sacrifier moi-même, si je veux être trouvé digne d'immoler chaque jour la victime sainte qui est Jésus-Christ..

« Pour obtenir cette mortification, j'ai besoin de veiller sans cesse sur mon cœur, de le détacher de tous les objets qui pourraient le captiver encore, et de prendre garde qu'il ne donne désormais ses affections à aucune créature, quelque aimable, quelque estimable qu'elle me paraisse. Il n'y a que Dieu, il n'y a que Jésus-Christ qui mérite notre amour. Jésus-Christ aime tant ses prêtres ! Il les comble de tant de faveurs ! Il m'a départi tant de bienfaits à moi en particulier depuis le commencement de ma vie, et surtout depuis mon entrée au séminaire, et moi, je ne l'aimerais pas !... O mon Dieu, ne le permettez pas ! Je vois qu'il n'y a de paix et de bonheur que dans votre amour. Que je sois donc uniquement occupé à vous plaire, que je n'aime tout le reste que pour vous : *Junge me tibi inseparabili dilectionis vinculo, quoniam tu solus sufficis amanti, et absque te frivola sunt universa !*

« La seconde résolution que je dois me proposer, c'est une grande fidélité à mes exercices de piété. L'expérience m'a déjà appris que sans ce point on ne peut se promettre de rester longtemps dans les bons sentiments qu'inspire une retraite. Je suivrai donc mon règlement particulier pour l'heure du lever, du coucher, de la récitation du bréviaire, de la célébration de la sainte messe, et je prendrai garde surtout de ne pas différer ces saints exercices sans une forte raison...

« Deux choses auxquelles je dois particulièrement veiller ; c'est : 1° une grande réserve, une grande modestie, une grande retenue, dans les amusements et les entretiens particuliers ; 2° une fermeté constante à quitter les occupations les plus agréables, les conversations les plus attrayantes pour vaquer à ce qui est de devoir, comme préparation de la classe, récitation du bréviaire. Ainsi je ne serai pas en retard à la fin de la journée ; je pourrai me coucher à une heure convenable, me lever de même, avoir rempli mes devoirs de prêtre pour m'occuper ensuite de mes autres fonctions.

« Mon Dieu ! bénissez ces résolutions ; c'est de bien bon cœur que je les ai formées. Je vois qu'il n'y a qu'une entière fidélité à les observer qui puisse me préserver des dangers qui m'attendent. J'ai tant de raisons de vous bien servir ! Que de nouveaux bienfaits ! Que me reste-t-il maintenant à désirer ? Oui, mon Jésus, je suis à vous pour jamais ! — O Marie, ma mère, venez à mon secours ! *Vitam præsta puram, iter para tutum. Amen !* »

Nous n'avons pas à dire comment M. Verniolles remplit ce règlement de vie si détaillé et si précis. Mais tous ceux qui l'ont connu savent qu'il eut toujours cette impression profonde des responsabilités du prêtre et le souci constant de la fidélité au devoir. Ce double sentiment le suivit jusqu'à la tombe, et, dans les derniers jours de sa vie mortelle, il ne se séparait jamais de ceux qui venaient le voir sans leur dire qu'il n'avait plus qu'à se préparer à bien mourir et il leur demandait de prier pour lui. De plus, il s'appuya toujours sur les quatre colonnes qui soutiennent la vie du prêtre : la sainte messe, le bréviaire, l'oraison et la lecture spirituelle. Disons-le ici de peur de l'oublier plus tard : un jour, à Rome, plutôt que de se priver du bonheur de dire la sainte messe, il préféra se mettre en retard et s'exposer à ne plus trouver de place à Saint-Pierre, où devait avoir lieu une canonisation.

La correspondance de M. Verniolles avec ses amis parisiens ne s'était pas arrêtée. Mais l'un d'eux, Emile Villadard, que nous avons vu déjà malade, fut atteint, en mars 1838, de la fièvre typhoïde, et, malgré les soins les plus dévoués de Félix, il succomba et mourut à l'hôpital.

Aussitôt Félix écrit à son ami pour lui faire part de ce douloureux événement. M. Verniolles répond :

« Très cher ami,

« La nouvelle que tu m'annonces m'afflige bien profondément. Je n'essaierai pas de te peindre ma douleur. Tu connais assez le tendre attachement que j'avais pour le pauvre Emile... Je le regrette infiniment à cause des liens qui nous unissaient, et à cause de tant d'heureux moments que j'avais passés avec lui. Mais je le regrette aussi beaucoup pour toi. Ta lettre m'annonce que tu ressens bien vivement la perte que tu viens de faire, et que tu la ressentiras encore longtemps. Ceci ne m'étonne pas. Je me fais une idée de ta position, et je m'imagine que c'est une chose bien cruelle d'avoir vu mourir malgré tous les soins un ami qui était presque ton unique société... Enfin faut-il bien que ta douleur ait un terme. Tu t'es montré un véritable ami, tu as secouru de tous les moyens le malheureux Emile ; c'est ce qui doit beaucoup alléger tes regrets. Pensons d'ailleurs que sa bonne conduite aura suffi avec les secours de l'Eglise qu'il a reçus, pour lui faire trouver grâce devant Dieu. »

Quelque temps après, il annonce à son ami un projet de voyage à Paris. « Dans moins d'un mois, lui écrit-il, je t'aurai déjà vu et embrassé à Paris. J'éprouve quelque plaisir à t'en donner la nouvelle ; je suis presque assuré que tu en éprouveras aussi en la recevant.

Immédiatement après notre sortie, je dois me mettre en route avec M. Planavergne et M. Vermeil. Nous viendrons directement à Paris, et nous y resterons aussi longtemps qu'il sera nécessaire pour en voir les principales merveilles, car c'est là tout l'objet de notre voyage...

« ... Au milieu de la joie que j'éprouve en voyant approcher un voyage agréable, j'éprouve aussi, mon cher ami, une douleur profonde. Jeudi dernier, 11 juillet, un élève de seconde, plein de talents et d'espérances, s'est malheureusement noyé au ruisseau de Notre-Dame, dans le gouffre qui est au-dessous du pont. Pourtant on avait pris toutes les précautions. Outre les deux professeurs de surveillance, deux autres se baignaient avec les élèves. Il y avait aussi de bons nageurs. Néanmoins on n'a pu sauver ce pauvre enfant. Nous en sommes désolés. Les ennemis de la maison en profiteront comme tu le penses. Que Dieu nous aide !... »

M. Verniolles ne se trompait pas : la nouvelle de son voyage à Paris combla de joie son ami, qui lui répondit bien vite : « Que je suis heureux, mon cher ami, que tu viennes m'aider à passer mes vacances ! Presque tous les étudiants que je connais s'en vont chez eux, et sans toi j'aurais été presque seul. Viens donc vite avec le bon M. Vermeil pour lequel j'ai conservé la plus profonde estime et les plus doux souvenirs. »

M. Verniolles dut faire son voyage à Paris, pendant ces vacances, de 1839. Il visita les principaux monuments de la capitale, et satisfit sa curiosité en même temps qu'il meubla son esprit de connaissances nouvelles et utiles.

La dernière lettre qu'il reçut de son ami Félix datée de Paris est du 17 mai 1840. Nous la citons presque en entier : « Reçois mes remerciements pour ton extrême obligeance à m'informer de ce qui peut me faire plaisir, comme la nomination de M. Tramond à la pauvre cure de Bassignac-le-Haut. Entre nous cependant, si M. de Mailhet eût daigné me consulter en cette occurrence assez grave, mon choix eût été un peu différent. Bassignac, en général, n'y aurait rien perdu, et j'y aurais gagné infiniment : la société d'un vieil ami... Enfin, bref... suffit !... Mes regrets seront éternels, partage-les, si tu veux. Mais non ; réjouis-toi, car peut-être la succession de M. de Quélen... Que dis-je ? peut-être !... J'en soufflerai deux mots à Madame Louis-Philippe à la prochaine entrevue : compte sur moi. — Mon étoile, cher ami, s'est levée hier matin avec le soleil, d'une bienveillance inaccoutumée ; et pour que tu ne me croies pas fou, je te dis immédiatement que j'ai passé hier, avec un succès délirant (entre amis tout peut se dire), mon quatrième examen ; ce qui me donne un courage vraiment féroce pour affronter les périls du cinquième. Aussi, j'ose maintenant te donner l'assurance, entre nous, que je serai docteur dans moins de trois mois, par la grâce de Dieu, de mon étoile et de la faculté de Paris...

« Mon cher Justin, la politique est devenue stupide, je suis dégoûté de la *Gazette* et je lis à peine un journal pour me tenir au courant des événements, comme doit le faire tout citoyen français, capable de connaître ses droits et de remplir ses devoirs. Sur ce sujet, pas autre chose à te dire. J'ajoute cependant : l'ordre règne à Paris et probablement à Varsovie... En attendant que je t'envoie mes œuvres, ou tout simplement ma thèse, crois-moi ton ami tout dévoué. — CISTERNE. »

CHAPITRE II.

Quand M. Verniolles entra à Servières
comme élève et quand il y revint comme professeur, le séminaire avait pour supérieur un
homme de grand mérite et de haute vertu,
M. Touron. Le supériorat lui avait été imposé
à vingt-sept ans. Il fut l'organisateur du petit-
séminaire, comme M. Capitaine en avait été le
fondateur. Il distingua bien vite les aptitudes
du nouveau professeur, qu'il honora de son
amitié, qu'il forma à son école, prévoyant sans
doute que l'œuvre si bien commencée passe-
rait entre ses mains pour recevoir son digne et
glorieux couronnement.

Entre ces deux âmes, des liens d'intimité
s'établirent bien vite et la mort seule put les
briser. M. Verniolles eut souvent recours à la
sage expérience du « bon M. Touron », qui, de
son côté, ne ménagea pas son amitié, son
admiration et ses sages conseils à son collaborateur et à son successeur. Nous aurions beaucoup à prendre dans la correspondance de ces
deux hommes ; mais il faudrait trop citer. Du
reste, dans le cours de ces pages, nous aurons

l'occasion de donner quelques extraits des lettres de M. Touron.

Pourtant nous ne pouvons résister au plaisir d'encadrer ici le portrait suivant que fit un jour M. Verniolles de son prédécesseur, en lui adressant l'hommage public de sa reconnaissance :

« A Dieu ne plaise que j'entreprenne un discours ou un éloge funèbre de celui que nous pleurons ; je n'ai ni autorité, ni mission pour le faire ; je sentirais trop mon insuffisance pour louer tant de vertus, et d'ailleurs il était si humble, si amoureux de l'obscurité et du silence, notre bien aimé père, que je craindrais de blesser par mes paroles la plus chère de ses vertus. Mais puisque celui pour qui nous prions a veillé sur les années de mon enfance et de mon adolescence, et qu'il a dirigé assez longtemps mes pas dans la carrière de l'enseignement, puisque la Providence a voulu que par deux fois je vinsse m'asseoir, quoique indigne, sur le siège d'honneur qu'il a tant rehaussé par ses vertus, laissez-moi vous dire les motifs que vous avez de bien prier pour cet ancien supérieur que nul d'entre vous n'a eu le bonheur de connaître.

« C'est le pieux et vénérable abbé Capitaine qui a fondé la maison qui vous abrite ; mais c'est M. Touron qui, il y a un demi-siècle, recueillit de ses mains vaillantes un si précieux

héritage ; c'est lui qui l'agrandit et le perfec-
tionna par son intelligence, sa sagesse, son
dévouement ; c'est lui qui compléta et trans-
forma ces édifices, qui organisa les études
scientifiques et littéraires, qui fit régner partout une discipline salutaire et donna vraiment à Servières cette forme, cet esprit, ce
caractère qui la distingue de bien d'autres,
qu'elle a toujours gardé et que, j'espère, elle
gardera toujours. Tant que le nom de Servières
restera cher au cœur de ses enfants, tant que
son histoire vivra dans leur souvenir, il sera
aussi impossible de séparer de cette histoire le
nom de M. Touron que d'en détacher le nom
de son premier fondateur...

« Il lui fallut assurément de l'intelligence,
de l'habileté, du savoir, de la clairvoyance,
pour vous fournir si largement, malgré des
difficultés sans nombre, tous les moyens
d'instruction que vous trouvez ici. Mais dans
notre vénéré père, les qualités du cœur étaient
encore plus éminentes que les dons de l'esprit
et de l'intelligence. Avec le talent tout seul,
avec l'esprit ou l'intelligence, on ne crée pas
une grande famille, on ne fonde rien de solide
et de durable. On se fait admirer peut-être,
on exerce autour de soi un empire incontesté ;
mais aussi, souvent, tout disparaît avec celui
qui possédait ces qualités éclatantes. L'homme
vraiment puissant, celui qui laisse une trace

profonde et durable, celui qui crée un esprit de
famille destiné à lui survivre, c'est l'homme
de cœur et de dévouement. Or, mes enfants,
demandez à ces dignes prêtres qui m'entourent,
interrogez ces vieux murs, et ils vous répondront si notre ancien supérieur fut un homme
de cœur et de dévouement, un homme d'abnégation et de sacrifice. Ils vous diront bien haut,
tous ceux qui l'ont connu, que rien n'égale ce
qu'il y a d'affection tendre et de religieux respect dans le souvenir qu'il leur a laissé.

« Ah ! j'en atteste ces nombreuses légions
d'adolescents qu'il guida d'une main si sage,
ces prêtres sans nombre dont il fut le patriarche et le modèle et dont la moitié peut-être
l'ont devancé dans la tombe ; j'en atteste surtout ceux qui furent associés à son œuvre. Il
aima sincèrement ses collaborateurs et ses
élèves ; il se montra pour tous père indulgent,
dévoué, oublieux de lui-même. Il ne cessa jamais de les aimer, quand ils s'étaient éloignés
de ce toit protecteur, et, je l'ai vu bien souvent,
son bonheur et sa joie était de les aider de ses
conseils, de sa protection et de son crédit...

« Oh ! si vous saviez quelle vivacité d'affection il conserva jusqu'à la fin pour la maison
de Servières ! Plus qu'octogénaire, presque
privé de la vue, il se croyait encore, en ses
rêves, dans les cours et les salles de cette maison ; il voyait vos ébats, vos études et vos tra-

vaux. Quand j'avais le bonheur de le voir, c'était des heures entières qu'il me fallait lui parler des progrès de mes enfants, de leurs succès et de leur bon esprit, de nos embellissements et de nos progrès (1). »

On peut le dire en toute vérité, c'est à l'école de ce saint prêtre que se forma M. Verniolles. Aussi retrouve-t-on dans ces deux hommes de frappantes ressemblances : même dévouement pour la maison de Servières, même affection pour les enfants, même modestie et même simplicité de vie. Voilà pourquoi nous avons voulu nous arrêter un instant devant l'aimable et bonne figure du *second fondateur* de Servières, qui fut comme l'idéal de M. Verniolles.

Voilà donc ce dernier, sur la demande même de M. Touron, chargé de la classe de troisième. Quels furent ses premiers pas, ses premiers succès dans l'enseignement, et aussi ses premiers labeurs et ses premières difficultés? Seules les lettres de M. Porte que nous avons citées plus haut lèvent à peine un coin du voile qui nous cache ces premières années. Ce que nous savons bien, c'est que le jeune professeur de troisième fut tout entier à son devoir et qu'il ne tarda pas à faire remarquer ses grandes aptitudes pédagogiques. Aussi, trois ans après, M. Touron lui confiait la chaire d'*Humanités* qu'il occupa de 1840 à 1845. Il

(1) Discours de M. Verniolles à un service funèbre pour M. Touron.

s'ingéniait surtout à exciter chez ses élèves une constante émulation. On conserve encore à Servières un cahier où le jeune professeur faisait transcrire, pour les conserver, les devoirs les plus remarquables de ses élèves. Ce cahier a pour titre : *Souvenirs d'un professeur* ou *Choix de compositions diverses des élèves de Servières* (1837-53).

Durant cette période, nous n'avons que de rares documents sur la vie de M. Verniolles. Déjà quelques-uns de ses élèves ont quitté Servières, et, au grand-séminaire ou ailleurs, ils gardent un souvenir respectueux et reconnaissant de leur ancien professeur, avec lequel ils entretiennent une correspondance assez suivie. Ses condisciples du grand-séminaire ne l'oublient pas non plus au milieu des soucis et des devoirs du ministère paroissial. Il s'intéresse lui-même à eux, leur fait des visites pendant les vacances, leur propose des voyages et des excursions, entretient, en un mot, avec eux tous les rapports si doux de l'amitié véritable. C'est grâce à ces rapports et à cette correspondance que nous apprenons, par exemple, la mort du père de M. Verniolles, en 1845. A l'occasion de ce deuil cruel, élèves et condisciples se souvinrent du maître et de l'ami, et lui envoyèrent l'expression de leur sympathie émue.

« Si vous avez parmi vos anciens élèves un cœur qui vous soit dévoué, lui écrivait M. Mas-

soulier, c'est celui qui bat dans ma poitrine.
Aussi, à la lecture de votre lettre, je l'ai senti
battre bien fort, et j'ai déploré avec vous la
perte que vous venez de faire. Je sais combien
votre âme est aimante, et j'ai pu comprendre
facilement combien vive a été votre douleur.
Mais le prêtre du Seigneur porte au-dedans de
lui-même la meilleure des consolations... »

« La nouvelle de la mort de votre bon père,
lui écrivait encore un de ses élèves du séminaire des Missions-Étrangères, m'a beaucoup
ému. J'ai songé bien des fois, combien devait
être grande la douleur qu'a dû vous causer un
si triste événement. D'autant plus que je connais votre grande sensibilité et l'attachement
que vous avez pour tous les membres de votre
famille... J'ai prié bien des fois pour votre
père et je prierai encore... Sa bonne mort doit
vous consoler un peu et soutenir votre pauvre
mère. »

Son ancien curé, l'abbé Verdier, alors doyen
de Donzenac, lui écrivait aussi :

« Elle m'avait été annoncée par M. le curé
de Varetz, la cruelle nouvelle qui t'a plongé,
toi et tes chers parents, dans la plus déchirante
désolation... Que je voudrais, mon très cher
abbé, pouvoir t'apporter quelques consolations
après les terribles épreuves auxquelles t'a soumis la divine Providence ! Mais déjà Dieu a
récompensé ton édifiante soumission à ses

ordres ; et tout ce qui me reste à faire, c'est
de bénir avec toi le Seigneur d'avoir usé de
miséricorde en réservant à ton pauvre père
une fin si édifiante. »

C'est vers cette époque aussi que M. Verniolles fut assez sérieusement malade, au point
d'inspirer quelques inquiétudes. En 1843, il
dut s'aliter pendant plusieurs jours, et en
1844, au mois d'août, les médecins l'envoyèrent faire une saison à Miers.

Parmi les lettres qu'il reçut à cette époque,
quelques-unes renferment des nouvelles fort
intéressantes, que plusieurs de nos lecteurs
seront heureux assurément de retrouver ici.

Un des correspondants les plus assidus et
des amis les plus fidèles de M. Verniolles,
l'abbé Marinie, lui écrivait de Treignac le
27 juin 1843 et lui faisait ainsi part de la mort
d'un homme de bien, personnage politique qui
joua un rôle assez important, M. Esclavard :

« M. Esclavard était un de ces hommes qui
par leur position, leurs lumières et leur fermeté, frayent aux fidèles la route qu'ils doivent
tenir ici-bas pour la rendre agréable à Dieu. On
voit rarement, surtout dans notre siècle d'indifférence, une foi plus forte, plus entière, qu'on
eût dit presque à l'abri des revers de la vie et
des assauts du démon. Le jour que ce pieux et
fervent catholique nous a été enlevé a été bien
triste pour tous, mais marqué néanmoins par

un acte de grande édification, je dirais presque par un miracle. M. Esclavard venait de terminer sa confession générale ; le matin, jour de dimanche, il se présente à la chapelle du collège et communie en viatique à la sainte messe. Il avait prié M. le Principal de lui adresser une petite exhortation devant tout le monde et de lui conférer le sacrement de l'Extrême-Onction. M. l'abbé Laubie ne crut pas, en présence d'une partie de la famille, devoir lui accorder ces deux dernières faveurs. Après son action de grâces, M. Esclavard se retira bien tranquille et sans éprouver rien d'extraordinaire. Le soir, il était entouré d'une partie de ses enfants, placé dans un fauteuil, près du feu, prenant part à la petite conversation, lorsque tout à coup il dit : « Je me sens plus faible. » Il s'agita un peu, leva les yeux au ciel, et avant même qu'on pût lui prendre seulement la main il était mort... »

Le même lui faisait le récit suivant d'une mission à Treignac. Cette mission fut prêchée par les Pères Jésuites, qui, à cette époque, étaient partout l'objet, même à Treignac, d'une impopularité inexplicable.

« A Treignac, on ne connaissait pas du tout les Jésuites ; on ne les aimait pas plus qu'à la Chambre des Pairs ou à la Préfecture de la Corrèze. Déjà même on disait dans le public : Il arrive des Jésuites ! On veut donc une autre révolution! on veut rétablir la dîme!... Lorsque je suis parti de Treignac pour aller les prendre à Tulle, j'ai presque scandalisé toute la ville. Quel mystère n'y a-t-il pas ici! D'où vient que des hommes qui ont le plus de droits à l'admiration et à la reconnaissance soient poursuivis plus que tous les autres par la haine et l'ignorance, soient regardés comme les ennemis des peuples et de leur bonheur?... Les premiers jours on se rendait aux instructions par curiosité, puis par amour de la nouveauté, ensuite par admiration et par désir de revenir au Seigneur. C'était beau à voir tout un peuple accourir au déclin du jour dans notre vieille église, et se presser dans son enceinte pendant deux grosses heures. Plusieurs fois l'affluence était si considérable qu'on était contraint de doubler chaque exercice, et l'église était toujours remplie. Non seulement Treignac aimait la mission deux ou trois jours après l'arrivée des Jésuites, mais encore toutes les paroisses des environs. Le P. Pascalin, directeur de la mission, se faisait écouter avec un religieux silence par son élocution riche, chaleureuse et entraînante, se faisait admirer par sa belle tenue en chaire, par la douceur de ses exhortations et surtout par son amour des pauvres pécheurs. Tous ceux qui le voyaient et l'entendaient voulaient encore le voir et l'entendre, et tous l'aimaient comme le meilleur des amis.

Au tribunal de la Pénitence, il excellait peut-
être davantage ; nul, dit-on, ne se relevait sans
avoir versé des larmes. Le P. Chauvel a aussi
satisfait tout le monde. Ses sermons ne lais-
saient rien à désirer. Oh ! quels hommes, mon
cher ami ! Je les aime vraiment beaucoup...
Le P. Pascalin, dans ses adieux à la chère ville
de Treignac, a excité la douleur la plus profonde. Tous pleuraient, tous se désolaient :
c'était un spectacle déchirant qu'il crut devoir
abréger en descendant de chaire. Le jour de
leur départ, la rue qu'ils devaient traverser
était pleine de monde. Les enfants criaient :
Ne partez pas encore ! Vraiment la tristesse
était dans toutes les maisons et la consternation sur tous les visages. Ceux de nos bourgeois triplement enchaînés par le démon, qui
ont résisté à la grâce, n'osaient plus sortir de
chez eux, tant ils étaient honteux.

« M. le Préfet s'est trouvé à Treignac pour la
révision le jour du départ des Jésuites. Les uns
étaient escortés de presque toute la ville, tandis
que l'autre ne traînait à sa suite qu'un maire
et deux ou trois membres du conseil municipal.
Oh ! que la religion est belle ! Jamais je n'ai vu
un spectacle plus admirable.

« Monseigneur est venu aussi à la clôture de
notre mission. Il a été accueilli avec un grand
enthousiasme. Les défenses de l'autorité civile
peuvent arrêter les mesures ordinaires, mais

n'arrêtent jamais les élans du cœur. » (30 mai 1844.)

Un de ses anciens élèves lui écrit de Tulle :
« Que vous dirai-je ? Rien de nouveau dans notre bonne ville de Tulle. Des gens à pied, à cheval, qui passent, qui se coudoient, qui se saluent, qui se parlent, qui s'insultent, qui se remuent ; des voitures qui roulent avec bruit, des oies qui crient : voilà ce qu'on voit, ce qu'on entend de la fenêtre où je passe presque les vingt-quatre heures que j'ai à dépenser par jour. Quoique le docteur m'ait interdit la promenade, j'ai été au grand-séminaire. Messieurs les séminaristes sont charmants...

« Vous saurez que j'ai lu, la plume à la main, Bernardin de Saint-Pierre. Je l'aime beaucoup... J'ai entendu Mgr Berteaud deux fois, le vendredi-saint et le jour de Pâques. Ce dernier jour il fut divin. Il fit une apostrophe à Jésus-Christ, qui fit trembler tout l'auditoire. Je l'ai vu, le saint évêque, accompagnant à la tombe le corps de sa mère. Il était touchant, je vous assure, et ma mère, en le voyant passer, pleura... »

Un autre, et non des moindres (1), lui disait naïvement :
« En m'éloignant de Servières quelqu'un me disait : Vous voilà en rhétorique ; M. Verniolles n'est plus votre professeur. — Il est

(1) M. Talin.

donc vrai, vous ne nous êtes plus rien qu'un ami ? Or bien, les autres peuvent vous regarder comme ils voudront. Pour moi, je me ferai toujours gloire et honneur de me dire votre élève. Oui, vous serez toujours mon maître, Monsieur l'Abbé ; vos procédés m'ont touché ; vous avez assez mérité de mon cœur pour que je vous aime et je vous sois reconnaissant et dévoué toute ma vie.

« ... Avant-hier, lundi, nous étions montés au Marquisat. Pendant que l'on cause, que l'on s'amuse, voilà tout à coup une voix épiscopale qui nous annonce la visite de M. le baron de Damas, ministre sous la Restauration, ex-gouverneur de Son Altesse Royale Mgr le Duc de Bordeaux, etc. Au Séminaire de Tulle, Monsieur l'Abbé, nous ne voyons pas tous les jours des ex-ministres. Aussi le regardâmes-nous avec les deux yeux de notre tête, tant et si bien que pas un seul mot ne fut répondu à quelques paroles qu'il nous adressa. M. le baron paraît avoir une soixantaine d'années ; il est laid et obèse. Son fils qui l'accompagnait nous a fait l'effet d'un gentleman ayant vingt-quatre heures à dépenser par jour, avec plusieurs milliers de livres à dépenser dans un an. Mgr l'Évêque était doré sur tranches, ayant mis ce jour-là, et douillette en soie, et belles boucles d'or aux souliers ; il paraissait triomphant. M. Touron souriait, M. Porte et

M. Térisse imitaient M. Touron, et tous, jus-
ques à M. Duroux, faisaient leur possible pour
être amiables et gracieux. »

Enfin, nous aimons à terminer ces citations
par la lettre suivante (1) d'un autre élève de
M. Verniolles, plus tard son confrère en supériorat, et aussi un peu, disons-le tout bas, son
rival et son antagoniste au petit-séminaire de
Brive, M. l'abbé Massoulier :

« Si jamais, depuis que j'ai la connaissance
de moi-même, il m'est arrivé une lettre amie
et dictée par les sentiments du cœur, je puis
et je dois le dire, c'est celle que j'ai reçue
de vous en date du 3 janvier. Aujourd'hui,
je voudrais vous dire avec quelle espèce
d'enivrement je l'ai lue, s'il m'était donné
d'exprimer par des mots l'ardeur de ce
que j'éprouve intérieurement. Oui, Monsieur
l'Abbé, votre lettre a été pour moi comme une
mélodie suave que l'oreille écoute avec ravissement. J'ai compris que dans votre cœur habite
l'amitié, mais l'amitié sincère et solide, et je
vois que ce dévouement que vous me montriez
naguère ne sommeille pas dans votre poitrine...
Eh bien, si vous voulez contribuer beaucoup à
mon bonheur, comme j'aime à le penser,
conservez-moi toujours ce bon souvenir dont
je suis fier. Pour moi, je ranimerai mes efforts,
j'agiterai les fibres de mon cœur et il y aura

(1) 20 décembre 1845.

entre le disciple et le maître un généreux combat d'amitié. Oh ! celui-là ne fait point gémir les peuples et n'entraîne point la ruine des empires !...

« En me conservant toujours votre affection, comptez-moi parmi vos anciens élèves comme le plus attaché à votre souvenir. »

On le voit, M. Verniolles avait su conquérir, dès le début, l'affection et le dévouement de ses élèves, qui tous lui conservaient un souvenir respectueux et reconnaissant. Nous n'en finirions pas si nous voulions citer toutes les lettres qui en témoignent et que nous avons lues avec bonheur.

CHAPITRE III

Le Professeur

C'est en 1845 que l'abbé Verniolles remplaça M. Vermeil dans la chaire de Rhétorique. Il avait à peine 31 ans; mais s'il était encore à la fleur de l'âge viril, il avait déjà acquis une grande expérience du professorat. C'est surtout comme professeur de Rhétorique qu'il allait donner la mesure de sa valeur et de ses qualités incontestables, que nous nous sentons impuissant à mettre en relief. Du moins nous allons essayer.

« Quand un homme, a écrit M. Poulbrière, un homme jeune encore porte quelque flamme au cœur, quelque savoir au front, quelque talent aux lèvres, si Dieu lui a fait la grâce

d'être chrétien et l'honneur d'être prêtre, si
les enfants qui l'écoutent ont eux-mêmes une
vocation et en montrent l'esprit, l'évêque ne
saurait guère offrir au zèle de cet homme de
théâtre plus doux ni de champ plus aimable
qu'une classe de Rhétorique. Hélas! on l'a
bien gâté, ce champ, dans beaucoup de maisons! Que n'a-t-on pas gâté dans ce malheureux siècle? Mais à Servières, M. Verniolles le
trouvait à souhait. Il l'avait tel qu'il fut jadis
et tel qu'il devrait être en tout lieu, en tout
temps : non pas fouillis de chiffres, ni fourré
de questions, mais couronnement suave des
premières études, culte de la parole humaine
au service de la pensée naissante, épanouissement calme, normal, délicieux et à peu près
suprême, des plus nobles facultés de l'âme°
dans l'âge le plus frais de la vie. Quand il
parlait à ces quinze, vingt, vingt-cinq élèves
qui chaque année recevaient ses leçons, il avait
le bonheur de parler à des esprits dispos et
attentifs, non à des mémoires préoccupées et
surchargées ; à des jeunes gens intéressants et
libres, qui lui demandaient pour leur intelligence de l'horizon, de l'air et de la vie, non à
de froids calculateurs qui s'emprisonnaient et
l'emprisonnaient dans les liens d'un programme. Il pouvait donc se sentir professeur,
et professeur, il le fut dans toute la force et la
douceur du mot.

« Se jetant dans sa classe avec les aptitudes
reçues du ciel, l'amour des jeunes gens et le
goût très prononcé de son état, il y prit, en
peu de temps, une place d'élite, en attendant
le relief que devait lui donner la production
de ses travaux.

« Pratique dans la direction de son cours, la
main sur les bons guides, l'œil à l'observation,
l'esprit ouvert aux choses de ce siècle, M. Verniolles était solide dans ses leçons, judicieux
dans ses vues, clair dans ses exposés, simple
dans sa manière, sobre dans son expression (1). »

On ne saurait mieux dire ni mieux préciser
le rôle et la méthode du nouveau professeur.
Assurément, M. Verniolles, il faut bien le
reconnaître, eût fait un médiocre professeur
de Rhétorique dans nos lycées ou nos collèges,
qui, malheureusement, ne sont pas autre chose
que des *fabriques de bacheliers*. Il ne pouvait
concevoir, ni admettre qu'un professeur doive
s'emprisonner dans les limites d'un programme
et se borner à meubler la mémoire de ses élèves. S'en tenir là en effet, c'est n'être professeur qu'à demi, ce n'est pas être éducateur.
Or, il faut être éducateur avant tout, c'est-à-
dire embrasser et travailler toutes les facultés
de l'élève, qui voit ainsi s'ouvrir devant lui
les vastes horizons de la pensée, et le pas-

(1) *Servières*, 130-132.

sionner pour les nobles aspirations. De plus, il faut, en quelque manière, s'identifier avec l'élève, travailler avec lui, descendre à son niveau, le suivre pas à pas dans ses progrès, le soutenir dans ses défaillances et ses découragements, lui rendre autant que possible le travail aimable et facile, entretenir son émulation par mille industries, lui donner en un mot l'illusion d'un succès constant. Ce n'est qu'à cette condition qu'on peut remplir dans toute son étendue la tâche si laborieuse du professorat, tel que le comprenait M. Verniolles.

Dans les collèges et les lycées, les maîtres ne voient jamais leurs élèves en dehors de la classe. Ils croiraient se rabaisser et perdre de leur prestige universitaire en se mêlant à leurs jeux, en partageant leurs ébats, en *vivant* de leur *vie*. Ils n'ont avec eux que des rapports officiels. Il en résulte que l'élève regarde son professeur, non pas comme un ami et un père qui, au besoin, peut devenir son confident et son conseiller, mais comme un monsieur quelconque, chargé officiellement de lui apprendre telle partie du programme. Ce monsieur est presque un inconnu pour lui; il le verra partir peut-être avec joie, toujours sans regret, et c'est à peine s'il le saluera avec indifférence quand il le rencontrera en dehors du collège. Le professeur, à son tour, n'aime pas ses élèves. Après leur avoir fait son cours, il se regarde comme absolument quitte envers eux. Pour lui, sa classe est une terre quelconque; il y répand la semence de son enseignement, sans nul souci de la moisson à venir; en un mot, il *instruit*, mais il n'*élève* pas.

Écoutons M. Verniolles lui-même nous donnant la définition exacte de ces professeurs universitaires :

« Il y a de par le monde une foule de professeurs de classes supérieures, qui, à force de travail et de persévérance, ont fait la conquête d'un ou de plusieurs diplômes, qui expliquent correctement les auteurs grecs et latins, qui enseignent à faire une réponse raisonnable et précise à des questions d'histoire ou de géographie ; mais au-dessus ou au delà de ce travail mécanique, rien, presque rien. Ce qu'ils ont dit, ce qu'ils ont fait il y a dix ans, ils le font encore, ils le feront dans dix ans, avec une froideur glaciale, avec une monotonie et une uniformité désespérantes : rien de plus, rien de moins... Ces professeurs, à mes yeux, ressemblent à des machines merveilleuses et parfaitement organisées : ce sont d'admirables machines à baccalauréat, montées de toutes pièces, munies de tous les ressorts pour produire invariablement un certain nombre de bacheliers dans un temps donné ; et en effet, ces professeurs exécutent régulièrement cha-

que année cette manœuvre. Mais après cela
ne leur demandez rien de vivant, rien de personnel, rien de plus fort et de plus élevé. Ne
cherchez pas cette foi robuste qui soulève leur
poitrine et remue le cœur de leurs élèves ; ne
cherchez pas une âme qui se passionne et
s'enflamme aux grands souvenirs de la religion
et de la patrie, une lyre qui frissonne et qui
vibre au souffle des nobles sentiments : vous
ne les trouveriez jamais ou presque jamais.
Dans le pays dont je vous parle, plus d'enthousiasme, plus d'élan, plus de flamme sacrée;
mais, à leur place, les calculs de l'égoïsme,
les spéculations du positivisme et de l'intérêt... (1) »

Assurément nous ne voulons pas souscrire
aveuglément à ces appréciations, peut-être un
peu trop exclusives, de M. Verniolles ; mais
qu'il y a de vrai ! Du reste, qu'on ne l'oublie
pas, c'est sa vie que nous écrivons, et ici son
portrait de professeur que nous tâchons de
peindre, non pas tel que d'aucuns le désire-
raient, mais tel qu'il fut.

Il nous a retracé lui-même sa méthode d'enseignement dans l'allocution qu'il adressa, le
26 septembre 1894, à ses anciens élèves de
Rhétorique de 1854, qui s'étaient réunis à
Servières pour célébrer le 40ᵉ anniversaire de

(1) Lettre aux élèves d'Evian (Savoie).

leur rhétorique. Nous ne saurions mieux faire
que de la citer presque en entier :

« On a dit bien des fois : les bons maîtres
font les bons élèves. Mais je prétends aussi que
les bons élèves font les bons maîtres. Ce sont
eux qui les suscitent, qui les inspirent, qui
les soutiennent et les grandissent. Il y a juste
quarante ans que vous avez rencontré un professeur déjà un peu avancé dans la vie et qui
avait près de vingt ans d'enseignement. Ses
talents était modestes, son savoir n'était pas
très étendu ; mais il y avait en lui un violent
désir de former de bons élèves, de développer
leur intelligence, de leur faire aimer tout ce qui
est grand et beau, tout ce qui est digne d'admiration et de respect. Par une heureuse fortune,
il trouvait en face de lui des jeunes gens bien
doués, intelligents, ardents au travail, d'une
docilité parfaite, d'une entière confiance à la
parole du maître. Dès lors une harmonie parfaite s'établit entre le professeur et ses élèves :
c'étaient mêmes aspirations, mêmes efforts,
mêmes succès ambitionnés de tous ; tous les
esprits se nourrissaient des mêmes pensées,
tous les cœurs battaient à l'unisson. Les heures
s'écoulaient rapides et sereines, les travaux
les plus ardus ne paraissaient pas impossibles.

« Rendre faciles et attrayants les labeurs de
la classe, en écarter le plus possible les aspé-

rités et les épines, c'était comme la pensée
constante du maître, c'était le besoin qu'il
éprouvait à toute heure. S'il a eu l'idée de
rédiger quelques livres élémentaires, c'est
l'amour des élèves, le désir de faciliter leur
tâche qui l'a inspiré. Si ces livres ont eu quelques succès, s'ils ont rendu quelques services,
c'est que les élèves qu'il avait alors lui avaient
fait comprendre comment il faut parler à la
jeunesse pour l'intéresser, la captiver, l'enthou-
siasmer pour tout ce qui est noble et beau. Si
dans mes livres il y a du bon, je le dois à l'affection de mes élèves, et je puis vous dire en
modifiant le mot du poète :

« C'est par vous que je vaux si je vaux quelque chose. »

C'est en s'identifiant ainsi avec ses élèves,
que M. Verniolles arrivait à conquérir leur
estime et leur affection, et se faisait pardonner
quelques défauts de caractère, scories inévitables de toute nature humaine. Aussi tous gar-
daient-ils de leur Rhétorique le plus vivant et
le plus agréable souvenir, ainsi formulé par
l'un d'eux écrivant plus tard à son maître :
« Je n'oublierai jamais ma classe de Rhétorique. Elle a été si délicieuse ! Je ne vois pas
dans ma vie une année plus agréablement
écoulée. » (M. Pouget.)
« L'année de ma Rhétorique, lui écrivait un
autre, quand nous étions fatigués de travail,

que notre ardeur s'éteignait, que la classe lan-
guissait, que les esprits s'abattaient, vous
veniez, armé de pied en cap, et *vous nous tiriez
des coups de fusil.* Vous nous jetiez quelques
paroles de feu, et soudain nous sortions de
notre sommeil, nos têtes se relevaient, notre
œil s'animait, nous reprenions notre route
tout pleins d'une ardeur nouvelle. » (M. J.-B.
Bossoutrot.)

Heureux les professeurs qui méritent de tels
témoignages ! Nous pouvons dire que tous les
anciens élèves de M. Verniolles, — et plusieurs
sont encore vivants qui ne nous démentiront
pas — sont à peu près unanimes à reconnaître
en lui un professeur émérite. Il s'appliquait surtout, nous l'avons dit, à entretenir l'émulation
dans sa classe et à tirer le meilleur parti possible
des aptitudes de chaque élève. S'il en remar-
quait quelqu'un qui n'eût pas bien compris
la leçon, il le prenait à part après la classe et
il renouvelait ses explications en les rendant
plus intelligibles et plus faciles. L'exercice de
la traduction avait une large place dans son
emploi du temps. Il s'ingéniait à trouver le
terme propre, le mot juste, la tournure élé-
gante qui rendaient le mieux la pensée et la
phrase de l'auteur ancien qu'on traduisait ; il
excitait ses élèves dans cet exercice si utile, et
c'est de l'ensemble de leurs devoirs, après en
avoir tiré ce qu'il y avait de meilleur, qu'il

arrêtait le texte définitif. Souvent la classe ne suffisait pas et il faisait venir chez lui, à tour de rôle, ses élèves deux à deux ou quatre à quatre, pour achever et perfectionner le travail commencé. C'est ainsi qu'il fit traduire le fameux discours pour la Couronne, en le disséquant pièce par pièce, en l'analysant dans toutes ses propositions, en montrant la logique remarquable et l'enchaînement merveilleux de ce chef-d'œuvre d'éloquence. Il écrivait en même temps son ESSAI SUR LA TRADUCTION, *considérée comme le principal exercice des classes supérieures.* « C'est ainsi que ce maître se faisait excellent professeur, et c'est ainsi que ce professeur finissait, sans s'en douter, par se faire écrivain » (1). Parues d'abord, en 1853, dans la *Revue de l'Enseignement chrétien*, ces pages furent, trois ans plus tard, recueillies en volume et livrées au public sous ce titre : *Essai sur la Traduction.* « Cet ouvrage, le plus volumineux, le plus personnel et l'un des plus importants de M. Verniolles, fut accueilli par l'opinion avec la faveur qu'il méritait. « C'est un ouvrage utile, exact et sérieux », disait Mgr Parisis. — « Livre consciencieux et bien fait, ajoutait l'*Univers*, où M. Verniolles a nettement classé et heureusement formulé ce que nul n'avait médité comme lui. » — « Vous traitez la matière, écrivait à l'auteur un critique émi-

(1) *Servières*, p. 133.

nent, en homme d'expérience et d'érudition
peu communes. En vous lisant, je me suis dit
que vous avez dû former d'excellents élèves :
il est impossible de mieux comprendre l'éducation du goût et de la logique littéraire » (1).

Un des plus puissants leviers de l'enseignement, c'est l'émulation, et un professeur, pour
être complet, doit savoir le manier à propos.
Il faut convenir que ce n'est pas toujours facile,
surtout dans nos petits-séminaires, où l'immense majorité des élèves, se destinant à l'état
ecclésiastique, et n'ayant pas à affronter d'examens pour les divers diplômes, n'ont guère à
redouter un échec final. Seuls les premiers de
la classe se disputent les prix des diverses
matières et maintiennent entre eux une louable
ardeur au travail. Mais les autres ?... Il y a là
évidemment une lacune qu'un professeur
consciencieux cherche à combler. M. Verniolles en était justement préoccupé, et, à
une époque où la fureur des diplômes n'existait
pas comme aujourd'hui, il réussit néanmoins
à stimuler ce zèle et cette ardeur, sans lesquels
il est impossible, même aux élèves les mieux
doués, de faire des études sérieuses. L'expérience a démontré que rien ne passionne les
jeunes gens comme les joutes littéraires, et

____

(1) *Scrpières et son Petit-Séminaire*, par M. Poulbrière, p. 184-5.

rien non plus ne les aide plus' puissamment
à développer leur intelligence et leur imagination. M. Verniolles établit à Servières ce
genre d'exercices par les *plaidoyers* littéraires
et par l'*Académie*.

Evidemmment, il ne faut rien exagérer, et
nous ne prétendons pas que tous les travaux
de ce genre, même couronnés par l'Académie
de M. Verniolles, aient été des chefs-d'œuvre.
Pourtant, quoi qu'en puissent penser et dire
nos professeurs modernes, emprisonnés malgré eux dans les limites des programmes
universitaires, qu'il faut, par nécessité, parcourir à la hâte et superficiellement, les plaidoyers littéraires inaugurés par M. Verniolles
furent d'une utilité incontestable, au point de
vue de l'émulation. On se rappela longtemps
à Servières le fameux plaidoyer de 1852, *la
Plume et l'Epée*, qui fut particulièrement brillant et passionna non seulement la classe de
Rhétorique, mais tous les élèves.

Quant à l'*Académie*, sans en faire l'émule et
la rivale de celle de Richelieu, dans sa sphère
modeste elle exerça, et elle exerce encore,
après bientôt cinquante ans, une heureuse
influence sur le beau renom de Servières.

C'est en 1854 que M. Verniolles fonda cette
société littéraire. Nous avons vu qu'il aimait à
conserver dans ses cahiers de professeur les
devoirs de ses élèves qui lui paraissaient plus

particulièrement dignes de cet honneur. Il lui vint à la pensée que ces compositions lues en public seraient de nature à exciter davantage encore le zèle de leurs auteurs et de leurs condisciples. Après s'être entendu avec M. le Supérieur et les autres professeurs des hautes classes, il forma une société de huit membres, choisis et nommés par leurs condisciples mê- mes, avec président, vice-président et secré- taire, spécialement chargés d'examiner les devoirs qui leur seraient présentés, avant d'être admis à l'honneur d'une lecture publique. Les premiers élus furent : MM. Peyrical, président; Bilière, vice-président; Delpeuch, secrétaire ; Peyralbe, Surdol, Aigueperse, Bessou et Feix, membres.

Une première séance fut préparée pour le 2 mai 1854. Elle fut présidée par Mgr Ber- teaud lui-même et réussit à merveille. Le dis- cours d'ouverture, lu par le président, traita de l'*Etude des Lettres* et des *Avantages de l'Emu- lation*. L'Evêque clôtura la séance par une allocution remarquable sur la société naissante dont il fit brillamment ressortir le but et les avantages. Dès lors l'Académie était fondée.

L'année suivante, on adopta pour insignes une palme portant sous une croix rayonnante le nom de Jésus (IHS) avec cette devise : *Lux vera*. A la séance du 1er août 1855, Mgr Ber- teaud félicita l'Académie d'avoir pris pour

devise : *Lux vera*, avec la croix pour emblème.
Il chanta les gloires de la croix et proclama
que jusqu'à la fin des temps elle sera le symbole de toute lumière et de toute civilisation.

La jeune société prospéra rapidement sous
les encouragements et les bénédictions du
docte prélat, qui se faisait une joie et un devoir
d'aller chaque année présider ses séances. Le
brillant professeur qui l'avait fondée ne tarda
pas à jouir de son triomphe. Quelques années
s'étaient à peine écoulées qu'il crut devoir
livrer au public deux ouvrages : les *Compositions
littéraires* et les *Essais dramatiques* sortis de la
plume des académiciens et glanés dans leur
répertoire déjà bien rempli. Ces deux volumes
portèrent au loin le nom de Servières et valurent à l'abbé Verniolles les plus flatteuses
félicitations.

« Sous l'inspiration de l'éloquent Evêque
de Tulle, et sous la direction de l'abbé Verniolles, les jeunes académiciens du petit-
séminaire de Servières pourraient lutter, pour
les agréments du style et l'art de la composition, avec les élèves les plus développés de
nos écoles.

« L'Académie de Servières a si bien employé
son temps que, depuis trois ans qu'elle existe,
elle s'est trouvée à même de publier un volume
entier de ses œuvres. Nous ne disons pas,
comme le fait M. Verniolles par un effet de mo-

destie, que ce ne sont que de *pâles esquisses.* Ces esquisses au contraire nous semblent colorées et vigoureuses. La célébrité précoce que les jeunes auteurs doivent à leurs travaux est l'aurore d'une autre célébrité que nous leur souhaitons et à laquelle ils arriveront par l'étude sérieuse des grands modèles et la constance inébranlable dans les traditions du bon goût. » (*Ami de la Religion,* 6 avril 1858.)

« Plusieurs de ces essais sont des morceaux que pourraient signer hardiment des plumes d'écrivains émérites. » (*Gazette du Midi,* 8 avril 1858.)

Plusieurs directeurs de petits-séminaires, encouragés par cet exemple, voulurent fonder dans leur maison une académie sur le modèle de celle de Servières. C'est ainsi notamment que les petits-séminaires de Digne, de Pignelin (Nièvre), de Fribourg, d'Evian, demandèrent une copie du règlement. Le premier, mis en vigueur dès 1854, avait subi quelques modifications et quelques additions. Il fallut le refaire, et, en 1860, on adopta le texte définitif qu'on envoya aux maisons qui l'avaient demandé et que nous donnons presque en entier :

Article 1er. — Une Académie littéraire est établie dans le petit-séminaire de Servières.

Art. 2. — L'Académie se compose de membres titulaires nommés Académiciens, et de membres adjoints nommés aspirants ou agrégés.

Art. 3. — Chaque année, à la rentrée des classes, la

Philosophie, la Rhétorique, la Seconde, et la Troisième choisissent à la pluralité des voix, autant de membres qu'il y a de fois cinq élèves dans ces classes respectives.

Art. 5. — Tous ceux qui sont ainsi élus choisissent entre eux, pour la fondation de l'Académie, sept Académiciens ; les autres sont simplement agrégés.

Art. 6. — Pour les années suivantes, les Académiciens qui sont restés dans la maison conservent leur titre et ils nomment eux-mêmes les nouveaux membres nécessaires pour compléter le nombre que prescrit le règlement.

Art. 8. — Le nombre des Académiciens peut varier de sept à onze inclusivement.

Art. 9. — Les Académiciens ne peuvent être choisis que parmi les agrégés.

Art. 10. — L'Académie a un Président, un Vice-Président et un Secrétaire élus par les titulaires.

Art. 11. — L'Académie est instituée pour encourager les élèves, tous sans distinction. Dans chaque séance, on lira des compositions d'élèves étrangers à l'Académie.

Art. 12. — L'Académie recevra des compositions en prose française et latine, en vers français et latins.

Art. 13. — Pour être admises à la lecture publique, les compositions doivent avoir réuni la majorité des suffrages des Académiciens. On choisira de même celles qui doivent être insérées dans les archives. On accordera plus difficilement ce dernier honneur.

Art. 14. — Il y aura chaque année, autant que possible, trois séances publiques, où seront lues des compositions par des élèves étrangers à l'Académie d'abord, et ensuite par les membres titulaires.

Art. 15. — Chaque séance commencera par un discours d'ouverture prononcé par le Président ; et dans ce discours, il s'attachera à faire quelques réflexions générales sur les Lettres chrétiennes, et à donner un premier aperçu des travaux qui vont être soumis au jugement de l'auditoire.

Art. 16. — Outre ce discours, le Président conclura toujours la séance par une composition sur un sujet historique, religieux ou littéraire.

Art. 17. — Toutes les opérations de l'Académie, tous ses votes et ses jugements, pour être définitifs, devront avoir l'approbation du professeur qui dirige cette société.

Art. 18. — Lorsque l'Académie voudra admettre un nouveau membre, il faudra que le choix soit approuvé par le professeur de la classe du candidat et par M. le Supérieur.

Art. 20. — Tous les Académiciens porteront, les séances publiques et dans les grandes fêtes de l'année, une palme qui indiquera la devise et le but de l'Académie. La palme du Président sera tissée en fil doré, celles des autres membres seront tissées en fil argenté.

Les séances académiques, à Servières, ont gardé leur caractère de solennité. C'est un jour de fête pour tout le petit-séminaire. Monseigneur l'Evêque est toujours invité à présider la séance, à laquelle sont conviés tous les amis de la maison, toutes les notabilités des environs. Depuis longtemps les compositions ont été préparées ; quelques-uns y apportent les derniers soins et s'exercent à la lecture publique. La joie et la fierté, la préoccupation et l'émotion se lisent sur le visage des lauréats, qui gravissent en tremblant les degrés de l'estrade, pour donner lecture de leurs compositions. Mais bientôt les applaudissements de l'assistance les dédommagent de leurs labeurs et de leurs peines, et, en leur donnant, pour un instant, l'illusion de la gloire, les excitent à de nouveaux efforts dans la carrière des Lettres. Évidemment, de telles fêtes, de tels exercices, qui sont de véritables tournois littéraires, ne peuvent que contribuer puissamment à augmenter chez les élèves l'amour de l'étude et du travail, et à développer en eux une louable et salutaire émulation.

Aussi Mgr Berteaud se faisait un devoir et une joie de présider ces séances académiques. Il aimait à amener à Servières, ces jours-là, quelqu'un de ses collègues ou quelque personnage remarquable. C'est lui qui clôturait toujours la séance par une brillante causerie, où il mêlait les encouragements et les éloges aux critiques les plus fines et les plus humoristiques. Si on me permettait cette expression, je dirais que c'était la *mise au point* des compositions qu'on venait de lire. Un jour, un élève avait parlé avec trop d'enthousiasme peut-être de Pierre le Grand. L'évêque en fut indigné. Il fit un geste de répulsion des plus significatifs ; puis il s'écria : « Tu dis : Pierre le Grand ! Et moi, je dis : Pierre le Petit ! » Et sur ce ton, il refit le devoir de l'élève, en s'attachant à en prendre le contre-pied et à faire ressortir les ombres qui obscurcissent la mémoire d'un tel homme. L'élève écoutait, atterré, la boutade de l'évêque. Comprenant que son étude sur Pierre le Grand ne pouvait résister à un tel assaut, il déchira ces pages qui lui avaient

coûté sans doute beaucoup, et qui, incontesta-
blement, méritaient mieux (1).

Mgr Denéchau, à son tour, n'a pas ménagé
ses encouragements et ses éloges aux Académiciens de Servières. Il se fait, lui aussi, une
fête de présider leurs séances, et, pour leur
donner une preuve non équivoque de sa bienveillance paternelle et du haut intérêt qu'il
porte à leur société, il a voulu se faire élire
académicien. Comme bien on le pense, ce titre
lui a été décerné à l'unanimité, mais non cependant sans que le prélat, ménageant au jeune
cercle une heureuse surprise, se fût soumis de
lui-même au règlement de l'Académie, et,
comme un simple élève, eût fait applaudir une
composition littéraire.

Mais n'anticipons pas, et revenons un peu
en arrière. Tout absorbé qu'il fût par ses nombreux travaux, M. Verniolles trouvait encore
du temps pour correspondre avec ses amis. Il
en avait notamment deux ou trois à Paris qui
le pressaient de faire un second voyage dans la
capitale. Mais à cette époque un voyage à Paris
était tout un événement. M. Verniolles se décida
pourtant à l'entreprendre et il partit de Tulle
le 18 août 1847.

Voici quelques notes du *petit journal* de ce
voyage :

(1) L'élève devint plus tard vicaire général.

« 18 août. — Au moment où j'allais monter en voiture, j'éprouvai je ne sais quels sentiments de tristesse et d'hésitation. C'est le seul instant où le voyage ait cessé de me paraître beau, agréable et souriant. La nécessité où je me voyais de faire plus de cent lieues, *seul*, absolument *seul*, avait fait naître en moi cette sorte de mélancolie, ces vagues appréhensions. Mais en entrant dans la voiture, j'eus le bonheur de voir à côté de moi un de ces bons jeunes gens qui ont conservé avec la foi chrétienne l'amour de la vertu, la franchise du caractère et l'amabilité des manières. Je l'avais déjà vu une fois, la liaison fut bien vite formée ou plutôt renouée ; il allait subir la terrible épreuve qui cause tant d'insomnies. Nous parlâmes sciences, histoire, littérature, examens, baccalauréat ; nous parlâmes aussi religion, politique, et le tout sans gêne et sans contrainte. Nous parlâmes encore de quelques personnes connues de tous deux, et sans nul effort, sans nulle concession, nous nous trouvâmes d'accord à peu près sur tout. Et nous causions toujours, et le chemin nous paraissait trop court.... Et en me séparant de lui, je me demandai s'il est sous le soleil quelque chose de plus aimable, qu'un jeune homme de bon sens, modeste, instruit, ne méprisant rien de ce qui est respectable et croyant encore à Dieu et à sa religion... Jeunes gens chrétiens, pourquoi donc êtes-

vous si rares?... Et vous, irréprochable Université, pourquoi donc nous en montrez-vous si
peu de semblables parmi vos nourrissons?...

« 21 août. — Le lendemain de mon arrivée,
j'ai parcouru quelques-unes de ces places, de
ces rues, que j'avais vues il y a huit ans. Mes
souvenirs n'étaient pas entièrement effacés, et
je suis arrivé tout droit à ce cloître Saint-
Benoît où m'attendait une personne bien chère.
J'ai vu mon oncle au balcon, et bientôt après
j'étais dans ses bras; je recevais de nouvelles
preuves de son affection, je répondais à ses
questions sur notre pays, sur nos parents et
les amis de notre famille. — Alors, j'ai pu à
mon tour demander des nouvelles de la capitale. La grande nouvelle, la grande affaire du
jour, c'est l'assassinat de M. de Praslin; elle
occupe toutes les conversations, elle remplit
tous les journaux. La Chambre des Pairs est
encore convoquée. Tous les amis de l'ordre
sont alarmés; les Pairs de France sont dans la
consternation. On dirait que la Providence
frappe sur les hommes de Juillet, et sur les
amis de la cour. — Après midi, j'ai commencé
mes premières visites. J'ai dû faire passer les
parents avant tous les autres. Puis je me suis
dirigé vers Saint-Sulpice où je croyais trouver
le bon M. Porte; mais le séminaire est désert
et M. Porte fait sa retraite à Issy. — De là j'ai
couru aux Missions-Étrangères. Il me tardait

tant d'embrasser ces bons jeunes gens qui aspirent à l'apostolat, qui demandent peut-être le martyre. Je les ai trouvés comme jadis, toujours simples, bons, affectueux, pleins de souvenirs pour leurs anciens amis, pour le pays qu'ils ont quitté. Mais le sujet de conversation qu'ils aiment, c'est leur voyage, c'est leur départ, c'est leur sublime vocation. Ils parlent volontiers d'autre chose ; mais on voit que c'est par politesse ou par complaisance. Ils prennent part à tout ce qui peut faire plaisir, intéresser les autres ; mais on le voit très bien, leur cœur n'est pas là. Prononcez les noms de mission, de Chine, de navigation. Aussitôt la joie brille sur leurs visages. Le jour de leur départ, ce sera leur beau jour de fête ; ils le demandent avec impatience ; ils se plaignent du moindre retard ; ils voudraient voler *sur l'aile des vents*, comme dit Isaïe.

« Et puis il a fallu voir la chambre des martyrs. De quelle émotion on est saisi en entrant dans ce sanctuaire. Dans un petit coffre vitré par devant, sont les ossements de notre compatriote, de notre glorieux martyr ! (1) On les voit, on les touche presque ! Ce sont bien ses précieux restes : voilà son crâne, ses jambes, ses bras et une infinité d'os plus petits qui sont amoncelés. On se prosterne, on se reproche sa faiblesse ou ses lâchetés en présence

(1) Le Bienheureux Mgr Borie, martyrisé au Tonkin.

du héros de la foi ! On invoque son secours, et il semble qu'on se retire un peu meilleur...

« ...23 août. — Nous avons fait un pèlerinage à l'église des Carmes ; et puis nous sommes entrés dans cette chapelle étroite si riche en souvenirs. C'est là que coulèrent des flots de sang dans les journées des 2 et 3 septembre. On arrive par une petite cour qui sépare de la place publique. On traverse, non sans émotion, ce jardin qui fut arrosé, lui aussi, du sang des martyrs. On voit encore debout quelques-uns de ces arbres où les malheureuses victimes avaient cherché un refuge. Ceux qui portent des marques d'ancienneté semblent vous parler de l'horrible drame dont ils furent témoins. Enfin, une porte s'ouvre et vous êtes introduit dans la modeste chapelle. C'est un endroit fort simplement orné qui peut avoir vingt ou trente pieds de longueur, et la moitié de largeur. Il n'y a qu'un seul autel qui est comme un autel funèbre. On soulève le tapis qui couvre le sanctuaire entre la grille et le marchepied de l'autel, et vous découvrez l'empreinte d'une mare de sang. Les traces sont un peu effacées, mais elles sont bien manifestes, bien faciles à distinguer. Les bancs qui sont tout autour portent aussi des taches sanglantes... Involontairement les genoux fléchissent, et vous collez vos lèvres sur ces pierres ensanglantées...

« En quittant la chapelle des Carmes, nous

nous sentions doucement émus. Un visiteur qui en sortait avec nous disait : Je suis allé aux Invalides, je voulais voir le tombeau de Napoléon ; on ne le permet point. Eh bien ! je me console de ce refus : le sang des martyrs parle plus à mon cœur que les cendres du grand homme.

« Après cette excursion nous sommes entrés au Luxembourg ; nous avons visité plusieurs salles, et notamment celle où les Pairs tiennent leurs séances. Il a fallu subir les phrases du gardien sur les statues, les tableaux, les sièges, les dispositions prises pour favoriser l'acoustique ; il a fallu subir tout cela, et, chose singulière ! il faut payer ces gens-là de ce qu'ils ont bien voulu vous ennuyer de leur fastidieux bavardage. En passant devant cette tribune, j'ai songé qu'un mois plus tôt M. Teste était assis en ce lieu comme accusé. Je me suis dit que quinze jours plus tôt la voix éloquente de Montalembert se faisait entendre et que M. Guizot laissait tomber du haut de cette tribune quelques dédaigneuses paroles sur l'inexpérience et l'imagination du jeune pair...

« Nous sommes entrés au Panthéon. Le guide ne demandait pas mieux que de nous assassiner encore de ses phrases sottes et ampoulées sur les grands hommes qui dorment dans ce temple. Mais nous avons mieux aimé le remercier de ses services. N'étions-nous pas assez habiles nous-mêmes pour découvrir les noms de ces *héros inconnus* qui sont morts dans les *glorieuses journées?* Pitié ! Pitié ! encore une fois, que cette obstination d'un grand peuple à dédier un de ses plus beaux temples à tous les ennemis de Dieu et à tous les plus grands coupables ! Ce nom de Panthéon n'est-il pas lui-même tout païen ? Nous sommes revenus en arrière ; nous abjurons notre foi et ses lumières ; nous chassons Dieu de sa demeure, et nous élevons un temple aux démons réunis : il s'appelle le *Panthéon !...*

« 31 août. — Voilà un des plus beaux jours de ma vie ! Ce bonheur qu'on m'avait fait espérer hier soir, il m'a été donné d'en jouir ! J'ai pu voir de près un grand homme, j'ai pu recueillir quelques paroles de la bouche de l'illustre auteur du *Génie du Christianisme.* Quelle simplicité ! quelle modestie ! J'avais songé depuis la veille à ce rendez-vous qu'on m'avait donné. On m'avait assuré qu'en venant avant midi, je pourrais voir M. de Chateaubriand. Mais est-ce bien possible, me disais-je en me rendant à son hôtel ? Serai-je admis auprès de lui, sans être connu, sans avoir une raison, ou tout au moins un prétexte pour lui parler ? Je le désirais fort, mais j'en doutais encore. J'entre au n° 112 de la rue du Bac. On m'adresse au domestique du grand écrivain, qui me demande

mon nom, entre dans le cabinet de son
maître et en ressort quelques instants après
en me disant de le suivre aussitôt. Je traverse
un salon de compagnie ; une porte s'ouvre,
j'avance un peu, et me voilà en face d'un vénérable vieillard, à la figure noble, qui me sourit
avec bonté, se soulève avec quelque peine
pour me saluer, m'invite gracieusement à
m'asseoir auprès de lui, et entre en conversation avec moi. J'étais un peu saisi, mais j'étais
ivre de bonheur ; je prêtais l'oreille, je con-
templais avec respect ce vétéran de nos gloires
littéraires ; je regardais ce front que Dieu a
marqué du sceau du génie. La conversation a
été des plus simples : M. de Chateaubriand
m'a demandé si j'étais à Paris pour longtemps,
et quel était mon pays. Je lui ai parlé des
gloires de notre établissement, de nos apôtres
et de notre martyr, je lui ai dit que la veille
je venais chez lui avec un de nos élèves qui va
partir pour la Chine ; il m'a dit que ce pays
était maintenant bien exploré et bien connu,
que les prêtres catholiques n'y étaient plus
persécutés ; il a semblé me demander si ces
peuples n'avaient pas eu quelque affaire avec
les Anglais ; puis, après une suspension d'un
moment, il m'a fait encore une question sur
l'établissement où je suis professeur, et comme
je craignais d'être indiscret, j'ai pris congé de
lui. Avec quelle bonté il s'est levé à demi pour

me saluer et me remercier de cette visite ! Il a
ordonné à son secrétaire de me suivre pour
me montrer le chemin, il a renouvelé ses salu-
tations avec une grâce merveilleuse au moment
où je franchissais le seuil, et je suis sorti tout
fier, tout glorieux de ce moment d'entretien.
Je m'en allais ensuite, et ne voyais rien pour
ainsi dire à côté de moi. Je me demandais si
c'était un rêve ; j'en croyais à peine mes yeux.
Puis je me reprochais d'avoir été si prompt à
sortir et de ne lui avoir pas parlé davantage ;
mais il n'était plus temps. Ce moment d'entrevue a été court sans doute, sept ou huit minutes peut-être ; mais la crainte, le respect, la
préoccupation, l'incertitude, tout a contribué
à me faire oublier ce qu'il était naturel et convenable de dire en cette circonstance. Il me
reste seulement un doux souvenir de cette gra-
cieuse réception, une image bien vive de cette
noble et majestueuse figure qui s'allie avec
tant de condescendance et de bonté. J'avais ouï
dire bien souvent que les grands hommes sont
ceux en qui l'on trouve un accès plus facile et
des manières plus simples : j'en ai reçu aujour-
d'hui une preuve que je n'oublierai jamais !... »

C'est aussi vers cette époque, peu de temps
avant la fondation de l'Académie, que M. Verniolles prit une part active à la fameuse question des « classiques », soulevée par le *Ver ron-
geur* de M. Gaume. Toutes les personnalités du

monde enseignant y furent mêlées et bientôt ce fut une bataille acharnée où de part et d'autre on se battit avec la même passion. Comme il arrive d'ordinaire, des deux côtés on tomba dans des excès regrettables. Les uns étaient pour le système absurde qui proscrirait l'étude des chefs-d'œuvre des deux littératures antiques ; les autres soutenaient le système non moins absurde et plus dangereux en vertu duquel on ne donnerait, pendant dix ans, à des intelligences de chrétiens qu'un aliment exclusivement païen. Il ne rentre pas dans notre cadre de refaire l'histoire de ces longues discussions, où des flots d'encre furent dépensés en pure perte. Mais nous devons signaler le rôle important que joua le jeune professeur dans cette lutte fameuse.

Il avait déjà traité la question dans son *Essai sur la Traduction* en se gardant de l'exagération dans les deux sens. Mais il entendait qu'on réservât une large part dans l'enseignement classique aux auteurs chrétiens, et ainsi il penchait plutôt vers le système de M. Gaume, auquel il ne marchandait, en toute occasion, ni ses sympathies, ni son admiration. Il écrivit, dans la *Revue de l'Enseignement chrétien*, plusieurs articles qui furent remarqués et qui lui valurent les attaques de la *Revue de l'Instruction publique*. Dès lors, l'autorité de l'abbé Verniolles s'imposait dans le débat, et l'abbé Gaume

lui écrivit cette lettre flatteuse : « J'arrive de
Rome et j'ai le plaisir de vous annoncer que
notre œuvre a trouvé parmi les évêques de
chauds partisans. Ayons donc foi ; la vérité du
Seigneur demeure éternellement. Pour contribuer à son triomphe, je voudrais, Monsieur
l'Abbé, mettre à contribution votre longue
expérience. Vous savez que nous n'excluons
pas entièrement les auteurs païens ; mais les
classiques païens, tels qu'ils sont, ne peuvent,
sans ruiner ou compromettre gravement le
bien produit par les auteurs chrétiens, rester
tels qu'ils sont, entre les mains de la jeunesse.
Il s'agirait, en conséquence, d'avoir deux
recueils, l'un de poésie, l'autre de prose
païenne, destinés aux trois classes supérieures.
Quand donc vous n'aurez rien à faire, voudriez-
vous jeter sur le papier l'indication qui vous
paraîtrait convenable des morceaux d'Ovide,
Virgile, Horace, Catulle, même, Tite-Live,
César, Salluste, Cicéron, Suétone, Pline, Tacite?
Ces passages *ab omni labe purgatis* complète-
raient notre œuvre, résoudraient le problème
de la préparation au baccalauréat et serviraient de réponse à ceux qui nous accusent de
vouloir bannir totalement les *beaux modèles* de
l'antiquité. »

Nous ne sachons pas que M. Verniolles ait
répondu à cette invitation. Mais nous savons
bien, par exemple, qu'il était plein d'admira-

tion pour les classiques chrétiens, pour les Pères de l'Eglise, et qu'il ne manquait aucune occasion de faire ressortir leurs beautés littéraires. Sur ce point, il était absolument d'accord avec M. Gaume, auquel il reprochait cependant quelques exagérations dont l'éminent polémiste cherchait à se disculper par la belle lettre que voici :

« Ce que vous me dites de Tertullien me fait grand plaisir, sans m'étonner. Meilleur est le terrain, plus vigoureuse est la végétation. Le terrain chrétien est, sous tout rapport, meilleur que le sol païen. Plantées dans le premier, les jeunes âmes doivent devenir plus fortes. Elles doivent même éprouver une satisfaction résultant des rapports intimes et nécessaires qui existent entre l'âme et la vérité. » L'expérience que vous avez faite, se reproduit ailleurs, et bientôt on s'étonnera, comme vous et moi, qu'on ait cherché si loin ce qui est si près. C'est avec une joie pleine et parfaite que je recevrai le travail de vos jeunes gens (1). Le thème que vous leur avez donné est excellent : nous verrons que le succès passera nos espérances..:

« Quant aux exagérations qui m'ont été reprochées, voici quelques observations :
1° En quoi consistent-elles dans le fond ou

(1) M. Verniolles avait fait faire à ses élèves un plaidoyer littéraire sur quelques Pères de l'Eglise.

dans la forme? On ne m'a pas encore signalé une proposition bien nette entachée de ce défaut. 2° C'est un talent et un mérite de savoir exagérer ; car, comme dit très finement le comte de Maistre : *ce qui suffit ne suffit pas.* Non, la ligne verticale ne suffit pas au jardinier qui veut redresser un arbuste. 3° Où est le point précis en deçà duquel il y a exagération en moins, et au delà duquel il y a exagération en plus? Qui peut le déterminer avec certitude dans les questions libres et imposer son opinion comme règle de jugement? Défions-nous des équilibristes qui ont la prétention de savoir seuls danser sur la corde. 4° Le reproche dont nous parlons est un engin de guerre fort commode, parce que tout le monde peut s'en servir : cela ne demande ni étude, ni lecture, ni travail personnel. Du reste, les travaux que je viens de faire pendant deux années entières prouveront, j'ose l'espérer, que je n'ai pas dit la moitié de ce qu'il y aurait à dire, et que nous devons tenir pour certain que jamais on ne connaîtra tout le mal que la Renaissance a fait à l'Europe. »

Louis Veuillot lui-même avait pris part au débat, et M. Verniolles qui était déjà entré en relation avec lui au sujet de la grave question de la liberté d'enseignement, en reçut les deux lettres suivantes :

« Je vous remercie beaucoup, Monsieur

l'Abbé, des encouragements que vous voulez
bien nous donner et qui me sont infiniment
précieux. La majorité est avec nous, nous n'en
pouvons douter ; mais nos adversaires sont
ardents et nombreux ; ils nous font expier le
tort d'avoir raison. Les luttes sont cruelles et
elles provoquent les plus tristes déchirements.
Mais il faut aimer avant tout l'Eglise et tout
sacrifier à la justice. » — « Je n'avais oublié
ni votre nom, ni votre zèle pour notre œuvre,
et j'ai reçu sans surprise, mais non sans plaisir,
un nouveau témoignage de votre sympathie.
Cette crise a été bien grave. J'ai cru que nous
y péririons. Dieu ne l'a pas permis, et l'intervention inattendue qui nous a tirés du péril
est un signe de plus de l'utilité de nos efforts
et de la protection qui leur est accordée d'En
Haut. Quant à la question des Classiques, elle
n'en marche que mieux. Soyez assuré que cette
réforme s'accomplira et que les païens descen-
dront à la place qu'occupent aujourd'hui les
chrétiens. Les efforts qui étaient isolément
tentés çà et là vont se poursuivre avec plus
d'ensemble et de zèle. Le paganisme ne résis-
tera pas à cet examen général, car on verra de
plus en plus qu'il ne peut servir à former des
chrétiens. »

Donc, en résumé, M. Verniolles était pour
les *Classiques chrétiens*, beaucoup trop négligés,
jusque-là, dans les maisons d'éducation, et

même dans les petits-séminaires. Mais il ne
proscrivait pas les *Classiques païens*. Il aurait
voulu seulement qu'on les expurgeât davantage, et qu'on leur prît un peu de leur trop
grande place dans les plans d'études, en faveur
des auteurs chrétiens, qui, eux aussi, nous
ont donné d'incomparables chefs-d'œuvre dans
tous les genres de littérature.

CHAPITRE IV

L'Auteur et l'Écrivain

Ouvrages de M. Verniolles. — Leur mérite littéraire. — Leur but.

Nous l'avons déjà vu, M. Verniolles, devenu professeur de Rhétorique, occupait tous ses loisirs à écrire ses leçons. On pourrait dire, si la métaphore n'était pas un peu forcée, que ses ouvrages furent vécus, avant d'être écrits. Lui-même aimait à dire que c'était pour ses élèves et par ses élèves qu'il les avait composés. Tous, sans exception, dénotent chez lui un désir ardent d'être utile aux élèves et de faciliter la tâche des professeurs ; tous furent le résultat d'une expérience longue et laborieuse. Les règles qui y sont formulées avaient été d'abord appliquées par lui-même, et il ne les fixa définitivement qu'après en avoir reconnu la justesse et l'utilité.

Le *Cours de Rhétorique* et le *Cours de Littérature*, les deux chefs-d'œuvre du professeur, parurent en 1855 et en 1857. Ils eurent un succès éclatant : adoptés par un très grand nombre de maisons chrétiennes, et, ce qui est plus significatif, par plusieurs collèges et lycées, ils furent

écoulés à plus de soixante mille exemplaires.
Dès lors M. Verniolles fut connu dans tout le
monde enseignant et son nom fit autorité. On
était fier d'avoir été son élève et ce titre seul
était une recommandation : « Vous êtes du
diocèse de Tulle, disait-on vingt ans plus tard
à un prêtre de qui nous tenons ce propos et
qui se trouvait en ce moment dans le diocèse
de Versailles. Ah ! vous avez là un prêtre bien
distingué, l'abbé Verniolles. Nous avons ses
cours de Littérature et de Rhétorique dans
notre petit-séminaire. »

De l'*Essai sur la Traduction* fut tiré et publié
en 1858 le *Manuel de la Traduction*; le *Cours
abrégé de Littérature* et le *Traité de l'Art épistolaire*
parurent en 1863, lorsque M. Verniolles était
curé de Beaulieu.

Pendant son ministère paroissial, M. Verniolles avait remarqué les grands dangers auxquels sont exposés les enfants dans leur jeune
âge et surtout les lacunes profondes de leur
éducation à notre époque. Il se fit un devoir
de les signaler dans deux ouvrages remarquables, que devraient lire et relire les parents
chrétiens et en général tous ceux qui s'occupent des enfants : *De l'Education chrétienne des
enfants* et *De la Conjuration anti-chrétiennne contre
l'âme des enfants.*

Un homme de haute valeur (1), après avoir

(1) M. Brunet.

lu le premier de ces deux ouvrages, écrivit à
M. Verniolles : « C'est un bon livre dans
l'expression large, grande et élevée du mot.
Je me propose de le signaler à bien des mères
de famille que je sais soucieuses du bon
accomplissement de leurs devoirs. Que de bien
de tels livres peuvent faire, à la condition
d'être lus, et quel utile devoir on remplit lorsqu'on les fait connaître ! »

Voici également sur cet ouvrage : *l'Education
chrétienne des enfants*, une appréciation qui en
vaut bien une autre, et qui, en tout cas, nous
fait connaître le but et la pensée de l'auteur,
celle de M. Verniolles lui-même. Il envoya ce
livre à une parente, mère de famille, et il lui
écrivit :

« Ma chère Maria,

« Quand tu auras quelques moments de loisir, le dimanche et les autres jours, je te con-
seille de lire attentivement quelques pages de
ce volume. Il y a par ci, par là, de bons avis
pour les mères chrétiennes qui ont, comme
toi, une nombreuse petite famille, et qui dési-
rent l'élever comme il faut, c'est-à-dire dans la
crainte de Dieu et dans l'amour de notre sainte
religion. J'ai écrit mon livre pour tous les gens
sérieux, mais surtout pour les mères de famille
qui sentent leurs graves obligations et s'effor-
cent de bien les remplir. Le bon Dieu m'avait

donné une tendre et admirable mère. Si je suis devenu capable de faire quelque bien c'est parce que mon cœur et mon âme ont été formés par ce cœur qui était d'une bonté et d'une délicatesse incomparables. C'est en recueillant mes souvenirs d'enfance que j'ai trouvé des paroles et des accents propres à remuer le cœur des mères vraiment chrétiennes.

« Je serai bien aise que ces traditions de foi et de dévouement se perpétuassent dans notre famille, et c'est pour cela, ma chère enfant, que je t'engage à garder soigneusement le petit livre que je t'envoie. Tu le consulteras dans les heures de solitude et de doute pour la conduite de tes enfants ; tu tâcheras de les élever pieusement comme l'ont fait ta mère, ta grand'mère et ta belle-mère sous tes propres yeux : ainsi tu prépareras leur propre bonheur, ta joie et ta consolation en ce monde, ta plus belle récompense dans l'autre. »

Tout l'ouvrage de M. Verniolles peut se résumer dans ces quelques lignes ; voilà pourquoi nous avons tenu à les citer malgré leur caractère d'intimité. Celui qui les écrivait ne se doutait certes pas qu'elles seraient publiées un jour.

Quant à l'appréciation si compétente de M. Brunet, elle peut s'appliquer aussi à la *Conjuration anti-chrétienne* qui fut plutôt une œuvre de polémique. L'auteur y dénonce les complots

des sectaires pour ravir à l'Eglise et à la religion l'éducation chrétienne de l'enfance. Toutes les lois votées depuis pour atteindre ce but
y sont stigmatisées et flétries. Aussi l'ouvrage
fut-il accueilli avec enthousiasme par les uns,
avec colère par les autres. Tandis qu'un illustre prélat, Mgr Caverot, en tirait le fond d'une
lettre pastorale, l'*Alma Mater* obtint du pouvoir
d'en interdire le colportage. Mais M. Verniolles en fut largement dédommagé par la plus
douce des récompenses : Pie IX lui envoya le
bref suivant, en date du 28 août 1873 (1) :

« *A notre cher fils, Justin Verniolles, etc.*

PIE IX, PAPE.

« Cher fils, salut et bénédiction apostolique.
Votre livre sur l'*Education chrétienne des enfants*,
fruit de votre longue expérience et de vos
lumières mises au service des parents chrétiens
et de leurs enfants, vous a valu déjà et à juste
titre les éloges des gens de bien et les suffrages
d'un grand nombre de prélats vénérables.
Pourtant, cet âge est d'ordinaire entouré de
tant d'embûches et de périls par ceux qui fon-

(1) Dilecto Filio Nostro Justino Verniolles, etc.

PIUS P. P. IX.

Dilecte Fili, salutem et apostolicam benedictionem.

Quæ tu, Dilecte Fili, diuturno edoctus instituendæ tenellæ
ætatis usu traduxeras in communem utilitatem christianorum
parentum eorum que prolis per opus tuum de christiana pue-
rorum educatione ea certe tibi merito conciliarunt proborum
laudes et complurium venerabilium episcoporum suffragia. Verum

dent sur la corruption de la jeunesse leur
principal espoir d'anéantir l'Eglise, que votre
œuvre n'aurait pas été absolument terminée,
si vous n'aviez démasqué cette conspiration
scélérate, son caractère, sa malice, son but, et
si vous n'aviez en même temps amené les
esprits à se prémunir contre ce fléau et à
réprimer les efforts de l'impiété. Nous vous
félicitons donc d'avoir par votre dernier ouvrage
de la *Conjuration antichrétienne contre les enfants*,
achevé la tâche que vous aviez entreprise.
Dans votre premier volume, vous aviez montré
la nécessité d'une saine et pieuse éducation et
développé les différentes parties de cette œuvre
capitale en les éclairant de vos judicieuses
observations; dans le second, vous vous êtes
appliqué à enlever tous les obstacles que les
méchants, par leurs artifices et leurs lois abo-
minables, opposent à cette éducation chrétienne soit pour l'empêcher de produire ses
fruits, soit pour les lui ravir. Par ce travail

tot insidiis ac periculis ætas illa circumveniri solet ab iis
qui in juventutis corruptione præcipuam Ecclesiæ delendæ spem
constituunt, ut nisi, scelesti moliminis existentiam, indolem,
nequitiam, finem objecisses oculis, animos que simul convertisses
ad cavendam perniciem impietatisque conatus retundendos, lucu-
bratio tua censeri nequivisset undequaque absoluta. Gratulamur
itaque tibi quod per posterius scriptum de Conjuratione anti-
christiana in pueros initum opus absolveris, et sicuti priore volu-
mine necessitatem ostenderas sanæ piæque institutionis, singu-
lasque tanti muneris partes exposueras oppositis illustratas
observationibus, ita hoc altero studueris submovere obstacula
quæ illi vel prorsus avertendæ vel saltem suo destituendæ fructu
nefariis artibus ac legibus opponuntur. Cum autem per hujus-

- vous avez bien mérité de la famille chrétienne
et Nous faisons des vœux ardents pour que
cette semence que vous venez de répandre
produise des fruits abondants. Comme gage
de la protection divine et comme témoignage
de Notre bienveillance paternelle, Nous vous
accordons très affectueusement, bien aimé Fils,
la bénédiction apostolique.

« Donné à Saint-Pierre de Rome, le 28 août
1873, l'an 28 de Notre Pontificat.

« PIE IX. »

La plume de M. Verniolles était infatigable.
A peine rentré à Servières, après dix ans d'un
laborieux pastorat, il se remit à l'œuvre et
publia successivement l'*Histoire de la Littérature
grecque* et l'*Histoire de la Littérature latine*, et
aussi, en 1878, la *Lecture et le Choix des Livres*,
sous forme de lettres adressées à un de ses
élèves, un de ses ouvrages les plus appréciés.
Le titre seul en indique le but et l'importance.
Il appartenait au vieux maître, si judicieux et
si expérimenté, de formuler un programme
d'études pour tout jeune homme qui, au lendemain de ses cours classiques, veut compléter

modi laborem tu egregie merueris de christiana familia semini
a te jacto largum nos incrementum et animo adprecamur.
Divini propterea favoris, auspicem et paternæ benevolentiæ nostræ
testem apostolicam benedictionem tibi, dilecte Fili, peramanter
impertimus.

Datum Romæ, apud S. Petrum, die 28 Augusti 1873, Pontifica-
tus Nostri anno vicesimo octavo.

PIUS P. P. IX.

son instruction, et, on peut le dire, M. Verniolles le fit avec un tact, avec une sûreté d'appréciations, qu'il est difficile de trouver ailleurs.

Cinq ans plus tard, paraissaient les *Récits bibliques* et les *Récits évangéliques*. M. Verniolles était un admirateur passionné des beautés littéraires de nos saints Livres, et, en toute occasion, il aimait à les mettre en relief. Il estimait avec raison qu'il y a là une mine féconde offerte à tous ceux qui aiment les belles-lettres et surtout un arsenal précieux pour tous les combattants de la vérité. Comme complément de l'étude de la Bible, il recommandait l'étude des Pères, si intéressante et si instructive. Nous nous rappelons encore les belles pages de Mgr Freppel qu'il nous lisait dans le petit cours de Patrologie qu'il avait établi pour la classe de Philosophie, et les merveilles qu'il nous signalait dans les ouvrages des Clément d'Alexandrie, des Origène, des Tertullien, des Grégoire de Nazianze, etc., etc. Sans doute, cet essai de cours patrologique se ressentait un peu du décousu et du manque de suite que M. Verniolles, absorbé par mille occupations, était obligé d'y apporter. Mais il avait au moins l'avantage, fort appréciable pour de futurs prêtres, d'indiquer les sources intarissables où doit s'alimenter sans cesse l'éloquence de la chaire chrétienne.

On sait avec quelle obstination les sectaires qui veulent détruire l'influence de l'Eglise, se sont attaqués au recrutement de son sacerdoce, et toutes les entraves dont ils l'ont entouré. C'est pourtant une question de vie et de mort. Supérieur d'une maison, qui, par mission et par vocation, est le vestibule du grand-séminaire, M. Verniolles devait s'en émouvoir. Il le fit dans des pages vigoureuses, qu'il donna au public sous ce titre : *Recrutement du sacerdoce*, et qui lui valurent les éloges les plus flatteurs et les remerciements les plus chaleureux d'un grand nombre d'évêques et de personnalités ecclésiastiques.

Enfin, sur la fin de sa vie, cet ami des enfants, ce prêtre selon le cœur de Dieu, sollicité d'écrire un petit abrégé de religion et d'histoire sainte, se mit à l'œuvre et donna l'*Histoire abrégée de la religion* qui est comme un *Appendice* du catéchisme diocésain et que les curés sont autorisés à enseigner aux enfants.

Telle est la nomenclature à peu près complète des ouvrages de M. Verniolles. On le voit, et nous avions raison de le dire, sa plume fut féconde ; mais tous ses écrits répondaient à une préoccupation de son esprit, à un besoin de son cœur. Il y a dans ses ouvrages, si divers et si variés en apparence, une unité remarquable. Il ne poursuivait qu'un but : être utile à l'enfance, l'aider dans son éduca-

tion. On peut donc dire qu'il fut professeur
partout et qu'il chercha constamment à préparer pour l'avenir des hommes et des chrétiens. Nous aurons occasion de constater encore
cette caractéristique de l'œuvre de M. Verniolles ; mais nous tenions à la signaler dès maintenant.

Quant au mérite littéraire de ses écrits,
nous ne sommes guère compétent pour le faire
ressortir. Aussi nous contenterons-nous de citer
et de lui appliquer à lui-même ces réflexions
judicieuses que nous trouvons dans la *Lecture
et le Choix des Livres* : « Les vérités les plus
saintes, les doctrines les plus irréprochables
ont besoin de se présenter sous un manteau
qui soit digne d'elles. La clarté, la correction,
la méthode, la justesse de l'expression, la
noblesse et l'élégance aideront puissamment
à leur concilier un bon accueil. En toute occasion, souvenez-vous que l'homme n'est pas
seulement composé de jugement et de raison ;
il a aussi un cœur, une imagination et des sens.
N'essayez pas de le mutiler, et quand vous
voulez le dompter et le fléchir, ne parlez pas
seulement à une partie de lui-même, adressez-
vous à l'homme tout entier. Si la matière le
comporte, employez tour à tour de l'élégance
et du coloris, de la délicatesse et de la grâce,
de la véhémence et de l'énergie, de la magnifi-
cence et de l'éclat. Tenez-le pour certain : sans

les agréments de la forme et le charme du langage, le savoir le plus étendu n'aura jamais toute sa puissance (1). »

Pénétré de ces idées, M. Verniolles donna toujours à son style toute l'élégance et toute la correction possibles. On peut le dire : pas une ligne ne tombait de sa plume sans avoir été contrôlée suivant les règles du beau langage. Voilà pourquoi il écrivait tous ses discours, toutes ses allocutions, et nous avons été émerveillé de retrouver dans ses papiers tant de sujets que nous l'avions entendu traiter. Sans doute, il ne faut rien exagérer, et les écrits de M. Verniolles ne sont pas des œuvres de génie, ni d'une intelligence transcendante ; mais ils dénotent tous un esprit cultivé, un jugement sûr, un goût littéraire parfaitement soutenu. Ses modèles furent les grands écrivains du xviie siècle et il ne se départit jamais du plus pur style classique.

Disons aussi que M. Verniolles avait pour ses ouvrages, — qui oserait l'en blâmer ? — un amour de père allant jusqu'à la naïveté. Après les avoir fait revêtir d'une reliure riche et voyante, comme d'un vêtement d'apparat, il leur réservait la place d'honneur dans sa bibliothèque et il se sentait heureux de vivre ainsi au milieu de sa nombreuse famille.

Un jour, un élève imagina de lui offrir

(1) *Lecture et Choix des Livres*, p. 154.

comme bouquet de fête un tableau assez ingénieux, patiemment dessiné, où des colonnes
torses portaient en inscriptions les noms de
tous ses ouvrages, tandis que, dans le milieu,
en un livre ouvert, on lisait le titre des chapitres de la *Lecture et le Choix des Livres*. M. Verniolles fut profondément touché de cette
délicate attention et aussitôt il fit encadrer ce
tableau et l'exposa dans sa chambre.

Nous pourrions ici, pour corroborer nos
appréciations, citer en grand nombre les articles particulièrement flatteurs qui furent consacrés à ses ouvrages, par des personnages
d'une autorité incontestable. Mais cela nous
entraînerait trop loin. On nous permettra du
moins de glaner, parmi les lettres qu'il reçut,
quelques fragments inédits.

« Je vous suis très reconnaissant, écrivit
le P. Lacordaire, après la publication de
l'*Essai sur la Traduction*, de la bonté que vous
avez eue de m'envoyer votre ouvrage sur la
Traduction. Je n'ai pu encore y jeter qu'un coup
d'œil, et vous n'en serez pas surpris, puisque
vous êtes comme moi attaché à la glèbe de
l'enseignement et de l'éducation. Mais il m'a
été facile de comprendre que votre travail est
sérieux, le fruit de l'expérience et d'un sain
jugement. »

« J'ai reçu, et j'ai enfin pu lire votre *Essai
sur la Traduction*, écrivait Mgr Pie. Les questions

de pédagogie sont d'un intérêt trop grand pour l'Eglise, et les études classiques exercent une influence trop considérable sur tout le ministère du prêtre, pour que je puisse demeurer indifférent à une publication de cette nature. Les sages conseils que renferme votre livre contribueront puissamment à renouer la chaîne des bonnes traditions littéraires de nos écoles ecclésiastiques. Je recommanderai à nos messieurs la lecture de cet excellent écrit, et je veux dès aujourd'hui vous remercier des heureux fruits que notre jeunesse cléricale ne peut manquer d'en recueillir. »

Lorsqu'il eut écrit son *Cours de Rhétorique*, M. Verniolles, avant de le publier, en communiqua le manuscrit à l'abbé Duplessis, qui le soumit lui-même au jugement d'un professeur distingué, l'abbé Janvier. Ce dernier n'hésita pas à en conseiller l'impression. Mais M. Verniolles voulait garder l'anonyme. L'abbé Janvier lui écrivit à ce sujet : « Vous auriez tort, ce me semble, de vous cacher sous le voile de l'anonyme. De nos jours, où tant d'auteurs de toute sorte affichent si librement leur nom, ce n'est plus une question de modestie, même pour un ecclésiastique, de taire le sien ; le public est assez disposé à dédaigner les ouvrages anonymes, et il s'en défie. En vous faisant connaître, vous n'aurez rien à craindre. Dans le cercle de vos connaissances, ce sera un plai-

sir, une légitime satisfaction que vous donne-
rez à vos élèves et à vos amis ; et pour le public,
votre nom lui désignera votre œuvre d'une
manière plus franche et plus nette, et lui
inspirera naturellement de l'estime et de la
confiance... Grâce à vous, Monsieur l'Abbé,
nous avons donc enfin un excellent cours élémentaire de Rhétorique à mettre entre les
mains de la jeunesse. Mais puisque vous voilà
en si bonne voie, que vous avez du talent et du
loisir pour la composition, laissez-moi vous
demander une autre chose... un bon cours
élémentaire de *style et de composition à l'usage des
élèves de seconde*. Vous savez combien tout ce que
nous avons en ce genre est pitoyable et peu
approprié aux besoins de nos écoles ecclésiastiques. Mieux que personne vous pourriez leur
léguer ce précieux trésor. Il vous suffirait de
suivre la même méthode de justesse, de clarté
et de précision que dans votre *Cours de Rhétorique.* »

Quand parurent les *Récits bibliques*, un ancien
élève de M. Verniolles lui écrivit : « Vous avez
fait un livre plein de charme, nullement décousu, et dans lequel les sentiments les plus
nobles trouvent leur compte, aussi bien que
le goût et l'intelligence. Ce n'est pas un mince
mérite que d'avoir su rendre attrayante l'Histoire sainte, qui, de nos jours, ou bien est
dédaignée, ou bien n'est présentée que sèche-

ment, en abrégé, ou trop savamment, pour
que la lecture en soit facile. En vérité, vous
avez choisi ce qu'il y a de mieux. Les passages
que vous avez traduits n'ont rien perdu de
leur originale saveur, et vos tableaux, en
apparence détachés, sont assez unis, pour que.
le lecteur, le volume achevé, puisse se faire
une idée complète et exacte de l'histoire d'Is-
raël. »

Le même appréciait ainsi les *Récits évangéliques* : « Votre livre contribue grandement à
faire goûter au lecteur l'Évangile et ses enseignements. Je dirai plus : vous lui ouvrez, en
quelques mots, une mine inépuisable, en lui
montrant les précieuses leçons cachées sous
l'écorce des faits... Le style qui s'harmonise si
bien par sa pureté, sa noble simplicité et sa
douce chaleur, avec le sujet de l'ouvrage, non
moins que les heureuses citations que vous
avez faites, çà et là, de nos meilleurs écrivains,
font du livre une œuvre littéraire dans la plus
belle acception de ce mot... »

CHAPITRE V

Servières et Evian

M. Montagnoux et M. Verniolles

Nous l'avons vu, l'Académie de Servières était fondée depuis quelques années à peine, lorsque parurent les deux ouvrages composés par les Académiciens : les *Essais dramatiques* et les *Compositions*.

Ces deux recueils allèrent porter au loin la gloire de Servières et de la jeune Académie. D'autres établissements ecclésiastiques voulurent aussi avoir leur Académie sur le modèle de celle de Servières. En même temps qu'il recevait des félicitations pour les deux ouvrages parus, M. Verniolles recevait des demandes de renseignements sur le fonctionnement et le règlement de cette institution ; et c'est ainsi que des relations s'établirent entre Servières et d'autres Maisons des contrées les plus lointaines. On s'écrivait, on se communiquait les travaux littéraires des élèves, on se faisait part des impressions mutuelles; on se racontait les fêtes organisées à l'occasion des séances litté-

7.

raires : en un mot, c'était une joute d'émulation de séminaire à séminaire.

Parmi ces relations, dont s'honora à juste titre le séminaire de Servières, il en est une qui dura plusieurs années et qui nous a paru d'un intérêt tel, que nous croyons devoir lui consacrer quelques pages.

Sur la rive française du lac Léman, dans cette partie pittoresque de la Haute-Savoie qui aide à former le diocèse d'Annecy, s'élève la petite ville d'Evian-les-Bains, avec son petit-séminaire de l'Immaculée-Conception.

Au moment même où la Savoie était annexée à la France, en 1860, il y avait au séminaire d'Evian, un jeune professeur qui, comme M. Verniolles, était passionné pour les études littéraires. Cœur de flamme, âme poétique, l'abbé Montagnoux était à l'affût de tout ce qui pouvait intéresser ses élèves et leur donner du goût et de l'émulation. La Providence voulut que le *Choix de Compositions littéraires* publié par M. Verniolles arrivât jusqu'à lui. Il le lut et en fut ravi.

Aussitôt il forma le projet d'établir à Evian une Académie à l'instar de celle de Servières et il écrivit à M. Verniolles la lettre suivante :

« Monsieur le Chanoine,

« Ayant eu le plaisir de trouver dans un numéro de la *France littéraire* la notice si intéressante sur le *Choix des compositions* de vos élèves, je n'ai pu résister au besoin de me procurer cet attrayant ouvrage... Cette lecture a dépassé de beaucoup les espérances que j'avais pu en concevoir et m'a fait naître l'heureuse idée d'établir, dans notre petit-séminaire d'Evian, une petite Académie, à l'instar de celle de Servières.

« Privé des règlements qui doivent lui servir de base et lui donner la vie, je prends avec confiance la liberté de m'adresser directement à vous, Monsieur le Chanoine, pour que vous ayez l'extrême obligeance de me procurer les principaux articles de votre société littéraire.

« Si je puis ici réaliser mon projet, le mérite et la gloire en reviendront en grande partie à vous, et notre Académie sera l'heureuse fille de la vôtre dont elle sera comme un rayonnement et une constellation.

« Je ne sais assez applaudir à vos généreux efforts pour vivifier ces jeunes intelligences au divin soleil de la Foi et souffler dans ces jeunes cœurs l'amour sacré du Bien, du Vrai et du Beau. C'est un magnifique apostolat que vous remplissez à merveille, à en juger par les belles productions de vos élèves, auxquels je crie : Bravo et courage ! des rives poétiques du Léman qui retentissent de si vives et de si joyeuses acclamations pour la France.

« Dans quelques jours nous serons unis par

les liens les plus étroits à la grande famille
française, dont nous ne cessons d'admirer les
chefs-d'œuvre et d'acclamer les génies. Compatriotes des Vaugelas, des de Maistre, des
saint François de Sales, nous aimerions à ne
pas rester trop en arrière de nos frères aînés
de la grande nation, du plus beau royaume
qu'éclaire le soleil.

« Ainsi, laissez-moi l'espoir de recevoir bientôt l'objet de ma respectueuse demande. Le
beau mois de Marie serait si bien choisi pour
inaugurer cette modeste société qui grandi-
rait sous le souffle inspirateur de la France.

« Daignez agréer par avance, etc.

« Evian, 25 avril 1860. »

M. Verniolles s'empressa de répondre à une
demande si gracieusement formulée.

« Monsieur l'Abbé,

« Je ne saurais vous dire combien je suis
touché de la lettre si flatteuse que vous avez
eu la bonté de m'écrire. De tous les témoignages de sympathie que j'ai reçus depuis la
fondation de notre petite Académie, il n'en est
aucun dont je sois plus fier et plus honoré. Il
me vient d'un prêtre qui m'est personnellement inconnu et qui même, il y a quelques
semaines, n'appartenait pas encore à la France;
et pourtant aucun des compatriotes qui m'ont
écrit ne m'a jamais adressé des encourage-

ments plus sincères, des félicitations plus chaleureuses que les vôtres...

« ... Je vous envoie une copie des règlements
de notre Académie : ils ont été copiés par le
plus jeune membre de cette société. J'ai donné
lecture à tous mes Académiciens de votre lettre
si honorable pour eux. Vous pourrez dire aux
Académiciens qui vont inaugurer leurs travaux
sur les bords du Léman que leurs frères aînés
des rives de la Dordogne applaudissent à leur
gloire future, et qu'ils ne seront point jaloux
d'être devancés par eux dans la brillante carrière des lettres...

« Ce professeur de Rhétorique qui a publié
le recueil des *Compositions littéraires* a reçu
depuis ce temps la lourde charge de supérieur.
Il a été violemment arraché à des occupations
et à des travaux qui avaient fait le charme de
sa vie et qu'il regrettera jusqu'au dernier soupir. Vous êtes prêtre, Monsieur l'Abbé, vous
comprenez la responsabilité qui pèse sur lui.
Et bien que vous ne connaissiez pas sa faiblesse en face d'un tel fardeau, vous prierez
pour lui dans vos saints sacrifices. »

L'abbé Montagnoux fonda à Evian une
Académie sur le modèle de celle de Servières.
Les deux sociétés ne tardèrent pas à fraterniser sous l'impulsion et la direction des deux
maîtres qui s'aimaient déjà sans se connaître,
et qui restèrent en relation jusqu'à la mort.

Dès que les *Essais dramatiques* eurent paru, comme bien on le pense, M. Verniolles s'empressa de les envoyer à l'abbé Montagnoux, qui répondit, à la date du 24 mai 1861 :

« Je ne saurais assez vous remercier de l'intérêt si flatteur que vous voulez bien porter à notre chère jeunesse. C'est pour nous une vive jouissance et un puissant encouragement de penser que sur les rives de la Dordogne, nous comptons des cœurs si sympathiques...

« ... Je serai heureux qu'à la première occasion nos élèves débutassent sur la scène par un de vos essais poétiques : ce serait un nouveau lien entre les petits-séminaires de Servières et d'Evian que chaque année resserrera, je l'espère, davantage encore. Vous aurez ainsi tout le mérite, et nous, tout l'avantage de ce fraternel échange dont nous vous serons fort reconnaissants.

« L'an passé, j'avais l'honneur de vous écrire en qualité de vieux Savoisien; aujourd'hui, c'est en qualité de jeune Français. Que de choses en quelques mois ! Comme la scène du monde change et comme depuis lors les vagues ont mugi plus furieuses autour de la barque de Pierre ! Où allons-nous ? Qui peut le savoir ? Mais il est une chose que le chrétien sait toujours, c'est que, quels que soient les

vents qui bouleversent le monde, lui cingle
toujours vers le ciel...

« Grâce à Dieu, nous avons une excellente
jeunesse qui fait marcher le travail de front
avec la piété. Je la recommande à vos ferventes
prières, comme j'embrasse dans une commune
affection tous vos chers enfants de Servières,
heureux de vous posséder, plus heureux encore
s'ils savent apprécier un tel trésor. Quant à
vos, j'allais dire *nos* chers Académiciens, je
voudrais pouvoir leur dire tout ce qu'ils
m'inspirent d'intérêt, d'affection et de sympathie ; mais je me rassure à la pensée de l'excellent interprète que j'ose espérer en vous
auprès de cette jeunessse d'élite. Mes sentiments en passant par votre cœur de père et
par votre bouche d'or auront pour eux un
attrait et un parfum que je ne saurais leur
donner... »

A leur tour, les Académiciens de Servières
et d'Evian voulurent entrer en relation à
l'exemple de leurs maîtres. Ceux de Servières
chantèrent Evian et son beau lac ; ceux d'Evian
chantèrent Servières.

« Que de fois, sur les ailes de l'imagination,
écrivaient les Académiciens d'Evian, nos cœurs
se sont envolés sur les riants coteaux qu'arrose
la Dordogne ! C'est là qu'au sein d'un vallon
pittoresque, sous l'aile paternelle de maîtres
aussi habiles que dévoués. dans un pieux ber-

ceau de la science et de la vertu, s'ébat une jeunesse d'élite que la France catholique contemple avec amour, et sur laquelle la religion repose ses plus douces espérances.

« Chers et aimables compagnons, nous bénissons la Providence qui a daigné nous faire trouver en vous des amis sincères ou plutôt de brillants modèles. Permettez à nos vœux de franchir l'espace pour aller visiter Servières...

« Jouissez de notre bonheur, non moins que de vos succès, en nous permettant d'en jouir aussi avec vous. Vous êtes nos aînés autant que nos maîtres dans la carrière. Si nous ne pouvons vous atteindre, nous aurons du moins la gloire d'avoir marché de loin sur vos traces. Votre souvenir nous soutiendra dans la lutte et fera le charme de nos modestes tournois littéraires. Nous apprendrons de vous à toucher les cordes de la lyre, à manier les armes de l'éloquence, à tenir la plume de l'histoire, à buriner l'éloge des grands hommes, à nous enflammer d'amour pour tout ce qui est beau, pour tout ce qui est noble, pour tout ce qui est grand, pour tout ce qui est saint. Nos âmes, comme deux luths à l'unisson, tressailleront aux mots magiques de France et de Savoie...

Vous nous avez associés à vos fêtes, nous ne vous oublierons pas dans les nôtres ; le nom chéri de Servières viendra réjouir nos joutes littéraires, comme le modeste nom d'Evian

charmait naguère votre dernière séance académique... »

L'abbé Montagnoux ne se contentait pas
d'écrire à M. Verniolles; il écrivait aussi, en
même temps que ses élèves, aux académiciens
de Servières, pour leur dire, en un langage
imagé et gracieux, ses félicitations, ses encouragements, ses remerciements.

« Je ne veux point, disait-il, laisser partir
les missives de mes élèves sans y joindre mes
vœux : vous m'êtes trop chers pour que je ne
me procure pas cette jouissance et ne vous
donne pas ce témoignage de sympathie. Les
lettres de mes élèves seront bien pâles à côté
de vos belles compositions ; mais je préfère
m'exposer à cette comparaison qui sera toute
à votre louange que de manquer à un devoir
de convenance à votre égard... Vous avez fait
rimer le beau nom de *Servières* avec *frères* : la
rime ne pouvait être ni plus riche, ni plus gra-
cieuse, ni plus naturelle. Merci. L'excès de
votre ingénieuse délicatesse exige au moins de
nous un faible retour de notre part. Notre
Académie ne vous oubliera point aussi, elle
essaiera à son tour de vous payer à la première occasion les intérêts d'un capital que
nous ne pourrons jamais liquider. Vous autres,
Français, vous êtes de terribles jouteurs dans
l'arène de la courtoisie : il est aussi difficile de
vous vaincre par le cœur que par la langue ;

mais, qu'importe ? Le Dieu qui bénit votre jeunesse dans le riant asile de Servières, saura bien vous dédommager en notre nom de toutes vos bontés passées, présentes et futures...

« ...Allons, chers et bons académiciens, tenez toujours haut le drapeau du goût, de la religion et des beaux-arts ! Cueillez dans les champs fleuris de la littérature chrétienne de nouvelles moissons de lauriers. Soyez dignes de vos aînés, dignes de votre Mentor, dignes de votre illustre président d'honneur, ce nouvel aigle de Meaux (1) dont l'éloquence invincible laisse de bien loin derrière lui la gloire de votre Mascaron, et croyez bien que sur les bords de ce gracieux océan des Alpes vous avez des frères qui vous aiment toujours davantage et surtout un ami dont les vœux et les sympathies ne vous feront jamais défaut. »

M. Verniolles, ainsi provoqué, ne pouvait rester en retard. A son tour, il adressa une longue lettre aux académiciens d'Evian. En voici quelques passages :

« Vos noms me sont presque tous inconnus, jeunes amis, il est probable que mes yeux ne rencontreront jamais les vôtres, et pourtant ma pensée se tourne souvent vers vous, je sens que je vous aime, et je ne résiste plus au besoin de vous le dire. D'où m'est venue cette affection pour des enfants, que je n'ai point vus, qui

(1) Mgr Berteaud. On sait que Mascaron avait été évêque de Tulle.

naguère même n'appartenaient pas à la grande
famille de la patrie ? Vous le savez, c'est par
M. l'abbé Montagnoux, c'est par votre excellent
maître que je vous ai connus, que j'ai commencé
de vous aimer. Depuis bientôt deux ans, des
liens de sympathie et de franche amitié se sont
formés entre nous malgré la distance qui nous
sépare ; quelques essais de mes élèves, livrés à
la publicité, m'ont fait découvrir ce cœur
d'élite ; nous avions échangé à peine quelques
lettres, et déjà une entière conformité de sentiments, de pensées et de convictions nous
unissait fortement, et ces liens se resserrent
chaque jour davantage.

« M. l'abbé Montagnoux dont l'âme vraiment
sacerdotale embrasse toute la jeunesse chrétienne dans son amour, est assez bon pour
reporter sur mes élèves une partie de la tendre
affection qu'il m'a vouée. Il a dérobé quelques instants à ses graves occupations pour
encourager le travail de mes enfants et stimuler leur ardeur ; il leur a fait l'insigne honneur
de leur adresser des missives qui sont pour
eux une haute récompense et qu'ils garderont
comme un des plus chers souvenirs de leur
adolescence. N'est-il pas juste, mes bons amis,
que je vous dise à mon tour, directement et
par moi-même, que j'aime cette mutuelle affection qui vous unit à mes élèves, que je suis
heureux de votre commerce fraternel, que

j'applaudis du fond de l'âme à cet échange de
travaux, de vœux et de pensées, et que je
regarde votre amitié pour nous comme une
des meilleures fortunes que j'aie rencontrées
dans ma vie? N'est-il pas bien temps que
quelques lignes de ma main vous disent combien vous m'êtes chers? Vous seriez surpris
sans doute que je fusse moins bon pour vous
que M. l'abbé Montagnoux ne l'est pour mes
enfants, et si vous n'étiez aussi modestes et
aussi indulgents que vous êtes affectueux et
tendres, déjà vous m'en voudriez de ce que je
ne vous aie pas écrit.

« Continuez, vous dirai-je d'abord, continuez
à exercer votre talent ; étudiez avec ardeur les
modèles littéraires qui sont tout à la fois un
aliment pour l'intelligence et une excitation
pour la vertu. Passionnez-vous pour tout ce
qui est grand et beau, mais surtout pour ce
qui est saint et pur ; chantez les gloires de la
religion et celles de la France, votre nouvelle
patrie ; puisez de fraîches et gracieuses inspirations dans la magnifique nature qui vous
entoure ; appliquez-vous avec un patient et
invincible courage à perfectionner et à polir
les premiers jets de votre imagination, les premières lignes sorties de votre plume ; mais
surtout ayez une confiance filiale, une docilité
aveugle pour les conseils, les appréciations et
la direction de vos maîtres ; c'est une question

décisive pour votre avenir, c'est une condition
indispensable de succès. Appréciez le bonheur
d'avoir pour guides, en ce moment de votre
vie, des hommes pleins de foi, de talent et de
zèle pour vos progrès. A cet âge, vous ne pouvez pas comprendre cette inestimable faveur
que Dieu vous a départie : permettez-moi donc
d'insister un peu sur cette pensée...

« Je vous félicite d'abord, mes chers amis,
d'avoir pour directeur un maître doué d'un
remarquable talent. Malgré sa modestie qui
fuit la réputation et les louanges, nous savons
apprécier ici sa haute intelligence, et sa correspondance si pleine d'élévation, d'exquise sensibilité, de fine courtoisie et de tendre piété,
sa correspondance nous a dévoilé les trésors
de son esprit et de son cœur. M. l'abbé Montagnoux vous enseigne l'art de bien dire; mais,
ce qui vaut mieux encore, il vous en montre
tous les jours par lui-même la pratique et
l'application. Sa parole attire les foules aux
sanctuaires de Marie, à l'abbaye de Saint-
Maurice, à l'antique chapelle des Allinges, lors
du pèlerinage en l'honneur de Saint-François
de Sales. Mieux que moi, les habitants du
Valais et de la catholique Savoie doivent connaître l'éloquence et l'onction de votre habile
maître. Mais pourtant, grâce à la sainte violence que MM. les chanoines de Saint-Maurice
ont faite à son amour de l'obscurité, nous

savons avec quel enthousiasme M. l'abbé Montagnoux célèbre la gloire des martyrs de la légion thébéenne et de leur chef immortel, le modèle des héros chrétiens (1).

« Encore un autre avantage que vous possédez, mes chers amis, et un avantage qui n'est point à dédaigner : le directeur de votre Académie vous apprend à la fois par son exemple, et comment il faut écrire en prose, et comment il faut écrire en vers. La langue des poètes obéit à son inspiration, aussi bien que l'idiome élégant et gracieux que parlèrent Francois de Sales et Xavier de Maistre. Il vous enseigne, en vous traçant la voie, que vous devez chanter tout d'abord les grands saints et les beaux génies qui ont illustré votre héroïque Savoie. D'autres pourront célébrer avec plus d'éclat les vertus de l'apôtre du Chablais ; mais nul ne lui fera hommage de ses chants avec un cœur plus filial et plus tendre, avec un accent plus ému. J'en atteste ces deux stances si belles sorties de l'âme du saint prêtre :

> O mon père, permets qu'à tes pieds je dépose
> Une modeste fleur sur cette cime éclose
> Aux doux rayons de ton amour,
> De mes pleurs amoureux permets que je l'arrose,
> Heureux si je pouvais, comme un bouquet de rose,
> T'offrir tous les cœurs en ce jour !

(1) M. Verniolles fait allusion à un très beau discours que l'abbé Montagnoux prononça en 1860 et que les chanoines de l'abbaye de Saint-Maurice firent imprimer.

Ta tombe protégea mon berceau si fragile,
De mon cœur agité ton autel fut l'asile,
   Au milieu d'un monde pervers ;
Ta main me conduisit au sein du sanctuaire,
Et mon âme en retour, sous ton œil tutélaire,
   Vint te moduler ces concerts.

« Au reste, si les enfants de la Savoie qui sont couronnés de l'auréole des saints ont les prémices, les autres concitoyens ne sont pas oubliés. Joseph et Xavier de Maistre, avec la différence de génie qui les distingue, sont très bien caractérisés dans ces vers :

Joseph ! Platon chrétien, ou mieux nouveau prophète,
Dont l'imposante voix montrait dans la tempête
Et Rome pour refuge, et la croix pour flambeau ;
Xavier, soldat-poète, enfant de l'harmonie
Qui semblait à son gré jouer dans son génie
   Comme un enfant dans son berceau !...

« ... J'ai su que vous aviez célébré le dernier jour du mois de mai par une brillante séance, où l'on chantait les grandeurs de Marie en presque toutes les langues et sous toutes les formes de compositions littéraires. Une autre fois vous avez plaidé les titres divers que peuvent avoir à la prééminence la grammaire, l'histoire, la poésie, l'éloquence, les sciences et la philosophie ; une autre fois vous avez étudié l'histoire du Léman, l'histoire littéraire et religieuse de la Savoie, l'histoire littéraire de la France, les grandeurs et les bienfaits de la Papauté ; vous avez composé un chant lyrique sur les prix, vous avez applaudi à

l'élévation au cardinalat du vénérable archevêque de Chambéry. Voilà des sujets sérieux,
intéressants, voilà des sujets religieux, et
vraiment nationaux. Oh ! si vous saviez quelle
reconnaissance vous devez à M. l'abbé Montagnoux qui vous a ouvert cette voie, imprimé
cette direction ! Que de travaux inutiles, que
d'heures perdues pour les élèves dans l'important exercice de la composition, précisément
parce qu'on les applique à des sujets stériles
et surannés, à des pensées fausses et dange-
reuses ! Vous avez l'immense avantage de
vivre, de penser et d'écrire dans le réel et dans
le vrai. Sachez apprécier ce bonheur et livrez-
vous au travail avec une infatigable ardeur.
Vous avez l'avantage d'avoir pour maître et
pour guide un homme qui ne vit que pour
vous, qui n'ambitionne que votre avancement
et vos progrès et qui épie tous les moyens
d'augmenter votre émulation et de faciliter vos
études. En voulez-vous une preuve entre mille ?
La voici, et c'est de l'histoire que je vous
raconte :

« Il y a près de deux ans, M. Montagnoux
découvre par hasard dans un journal de Lyon
qu'il existe un recueil de compositions d'élèves
qu'il ne connaît pas. Vite, il se procure ce
volume ; il espère y trouver une ressource pour
lui et pour ses élèves. Il est si avide de leurs
progrès que c'est pour lui une bonne fortune,

Son indulgence lui ferme les yeux sur les imperfections de ces travaux d'enfants ; il y voit un moyen de stimuler l'ardeur de ses élèves ; il songe à une Académie ; il rêve déjà une alliance touchante et fraternelle avec des élèves placés loin de lui, et avec le maître qui les dirige... Vous savez le reste !...

« Mes amis, croyez-en mon expérience : ce zèle et cette ardeur sont le cachet distinctif du maître par excellence, de celui qui cherche à tout moment et par tous les moyens le bien de ses élèves. Ecoutez donc ses leçons avec gratitude et respect ; suivez avec confiance la direction qu'il vous donne ; que ses jugements et ses avis soient pour vous des arrêts sans appel. Plus vous serez dociles, plus vous grandirez en savoir et en vertu. Je me suis laissé entraîner bien loin, vous le voyez, en causant avec vous et en vous parlant de votre digne et habile maître. Soyez discrets du moins, et n'allez pas lui faire part de tout le bien que je vous ai dit de lui : il me défendrait de vous écrire encore, et j'en serais désolé. »

On comprend avec quelle joie et quel enthousiasme les élèves d'Evian recevaient ces conseils si sages, si paternels et si pratiques ; un seul les trouvait obstinément indociles, celui d'être discrets, et ils n'avaient rien de plus pressé que de communiquer à leur maître ces lettres du chanoine Verniolles. Mais la modestie de l'excellent abbé Montagnoux n'y trouvait pas son compte, et elle s'alarma, jusqu'à se plaindre, très aimablement du reste, de ces éloges si mérités :

« Le désir de vous être agréable, écrivit-il, m'a fait retarder l'accomplissement d'un devoir qui me tient au cœur et qui me pèse sur la conscience. Dites, bien cher et honoré Monsieur le Chanoine, que diriez-vous d'un supérieur d'établissement chargé de l'éducation d'une nombreuse jeunesse, accablé d'occupations incessantes et variées et qui, dans sa sollicitude paternelle et sacerdotale, enverrait à plus de cent lieues de distance, à des élèves qu'il ne connaît même pas, une lettre, une missive, presque un volume, qu'il enrichit des leçons de son expérience et qu'il embaume des affections de son cœur ? Ne diriez-vous pas que c'est beau, touchant, magnifique : c'est comme le *nec plus ultra* de la bienveillance pour des élèves inconnus, et de la courtoisie française pour un pauvre confrère qu'il entrevoit à travers le prisme de son affectueuse indulgence. Cette proposition, j'ose la soutenir, blessât-elle la modestie d'une personne que tout me fait un devoir de respecter et un besoin de bénir ; et je la soutiendrai même contre vous, si jamais la divine Providence permet à mes yeux de rencontrer les vôtres, à ma main de presser la vôtre, à mon cœur de s'épancher

dans le vôtre, en face de cette belle nature à
la luxuriante végétation, sur les rives de ce lac
qu'on prendrait volontiers pour une perle tombée du ciel, comme nous le disait l'an passé
une voix éloquente et amie.

« Cependant, laissez-moi vous le dire, j'aurais
désiré cette missive et plus longue et plus
courte : plus longue par les excellents conseils
que votre longue et féconde expérience pourrait
donner à ceux que vous voulez bien appeler
vos jeunes amis; plus courte sur un pauvre
sujet que vous avez rehaussé, il est vrai, de
toute la hauteur de votre affection, mais qui
n'en a pas moins fait mettre une partie à l'in-
dex pour les élèves... Vous me comprenez. Le
bon Lafontaine n'a-t-il pas dit quelque part
en parlant de je ne sais quoi :

De loin c'est quelque chose et de près ce n'est rien ?

« Quoiqu'il en soit de cette méprise de votre
cœur, je vous remercie en mon nom et au nom
de nos élèves, comme de nos Messieurs, de
l'intérêt si flatteur que vous daignez porter à
notre chère jeunesse... »

En 1861, la retraite des élèves de Servières
fut particulièrement consolante. M. Verniolles
en rendit ainsi compte à son ami d'Evian :

« Cette année nos chers enfants de Servières
nous ont réjouis et consolés au delà de tout ce
qu'on pouvait attendre. C'est un religieux de

Bordeaux, le R. P. Alexis, carme déchaussé, qui nous a donné les saints exercices de la retraite. Ils ont commencé le 14 novembre et ont fini vers la fête de la Présentation. Jamais je n'ai vu un spectacle si édifiant et si beau. Le P. Alexis est un homme de grand mérite. Il a vu la cour du roi Charles X dans son enfance, il est allié aux plus nobles familles, a passé par l'Ecole polytechnique avec éclat et a porté les épaulettes d'officier d'artillerie, puis il s'est enseveli sous le froc et la bure, et a voulu marcher pieds nus pour mieux convertir les pécheurs. Mais aussi quelle puissance, quel ascendant ne lui donne pas sur la jeunesse cette sublime abnégation de toutes les grandeurs humaines ! Comme il est doué d'ailleurs d'un talent très remarquable, d'un tact et d'une finesse d'esprit tout à fait rares, nos enfants l'écoutaient avec ravissement. Ils étaient comme *fous* de lui, et il nous a fait un bien infini. Ces chers enfants faisaient tous la communion de persévérance le jour de l'Immaculée-Conception, et je suis vraiment enchanté que nos deux familles d'Evian et de Servières se soient réunies ce jour-là au pied des autels de Marie dans un même sentiment de reconnaissance et de ferveur !

« Oh ! que nous sommes heureux, mon cher et honoré confrère, de vivre au milieu d'enfants qui célèbrent ces fêtes avec un tel zèle et qui nous donnent ces consolations ! Qu'il y a loin de là à cet esprit sceptique et frondeur qui domine dans les collèges où la religion n'est ni connue ni aimée !... »

En même temps, M. Verniolles envoyait à M. Montagnoux quelques compositions des académiciens de Servières, entre autres deux études sur *Joseph de Maistre* par M. Chauvac, et sur *Saint François de Sales* par M. Prochasson. Un troisième académicien chantait le séminaire d'Evian. Qu'on juge de la joie de M. Montagnoux :

« Que j'aurais voulu voir, s'empressait-il de répondre, votre intéressante jeunesse enthousiasmée et comme magnétisée par la parole magique de ce P. Alexis, qui, par amour de Jésus-Christ, a caché tous ses titres sous l'humble bure du religieux ! Ce sont ces hommes et ces exemples qu'il faut à la jeunesse de nos jours...

« J'ai attendu avec impatience et lu avec avidité les compositions de vos académiciens. J'y ai trouvé l'esprit et le cœur de leurs nobles aînés dans la carrière, et ces traditions littéraires et religieuses qui font la gloire de Servières. Soyez assez bon pour être mon interprète auprès de votre cher président, M. Prochasson, dont la plume facile et exercée sait si bien reproduire les inspirations d'un noble et tendre cœur. A lui désormais de tenir le dra-

peau d'honneur de l'Académie à la hauteur où
l'ont élevé ses devanciers et de continuer cet
héritage de trésors littéraires qui m'ont valu le
trésor de votre honorable affection. Je conçois
qu'un tel titre n'est pas moins un fardeau
qu'une gloire, depuis que la plume de M. Chauvac a enfanté l'éloge de Joseph de Maistre ;
mais sa lettre me rassure pleinement pour lui.
Aussi pourrais-je lui appliquer, quoique dans
un autre sens, la belle devise de notre aimable
François de Sales, au début de ses études :
Non decidet. Non, il ne dégénèrera pas, ni de
lui, ni de ses devanciers. Mille remerciements
aussi, en mon nom et au nom de mes élèves, à
votre digne vice-président, M. Debertrand, qui
sait dire des choses si gracieuses et si affectueuses à ses frères d'Evian. Oui, ses paroles
aussi ont trouvé un écho fidèle dans nos cœurs
et ont fait sourire plus d'un front ami...

« Ah ! que n'ai-je été des vôtres, le 18 février,
pour tressaillir de joie à la poétique louange
de notre aimable apôtre et remercier à la fois,
dans l'effusion de mon âme, le président si
bien inspiré et l'habile directeur de l'Académie
de Servières ! Permettez-moi de le faire aujour-
d'hui que mon cœur est encore tout ému de
tant et de si belles choses... Oh ! si, comme
vous le dites si gracieusement, Bernard et Vin-
cent de Paul ont dû sourire dans les cieux à
François de Sales le jour où la France ouvrait

les bras à la Savoie, sans doute aussi le saint
évêque de Genève devait sourire à ces deux
grands émules de la charité, le jour où cette
plume française traçait de si belles pages pour
ses enfants du Chablais. Oui, n'en doutez pas,
François de Sales est désormais à la France
comme à la Savoie, et, ne le fût-il pas, vous le
forceriez du moins par vos ingénieuses louanges à être l'aimable protecteur de Servières
comme il l'est d'Evian. C'est sous ses puissants
auspices que j'aime à voir, comme vous aimez
à le dire, se resserrer encore les liens si étroits
qui unissent à jamais nos deux maisons si éloi-
gnées par la distance et si rapprochées dans
son cœur...

« ... Votre Académie va donc en croissant
comme le soleil. Ce ne sont plus seulement
des fleurs suaves, mais des fruits succulents
qu'elle produit, selon la belle devise de l'Académie *florimontane : flores fructusque perennes.* Ces
fleurs et ces fruits, oh ! de grâce, donnez-nous-
en souvent, bien souvent. Pour moi, j'en ai
faim et soif, comme de vie, d'air, de prière et
d'amour... »

En 1862, Mgr Berteaud était à Rome et sa
voix éloquente ravissait d'admiration tous ceux
qui l'entendaient. Son discours au Colysée
suscita un enthousiasme universel dont les
échos retentirent jusqu'à Evian.

« Je ne puis vous dire avec quelle sainte

émotion, écrivit M. Montagnoux, je lis et nous lisons tout ce que le *Monde* nous rapporte de votre grand, sublime et admirable prélat. Grâce à vous et à votre délicate amitié, notre respectueuse affection pour lui se change chaque jour en une nouvelle admiration... Ces louanges et ces grandeurs de Marie qu'il confiait aux brises de la mer, au milieu d'une assemblée de princes de l'Eglise, sa magnifique improvisation à Saint-Louis-des-Français et surtout son grand et ravissant discours au Colisée, sur cette terre imbibée du sang de tant de martyrs, en présence de ces vingt mille auditeurs suspendus à ses lèvres de flamme, tout me remplit d'une joie ineffable, à cause de vous, Monsieur, sur qui jaillit un rayon de cette gloire, à cause de votre diocèse si bien représenté dans cet auguste et incomparable sénat de l'univers catholique, à cause de cette France dont l'épiscopat inonde en ces jours de délices et d'espérances le cœur de tous ses vrais enfants, à cause de l'Eglise et du Saint-Père enivrés d'immenses consolations au milieu d'immenses douleurs.

« Mes yeux se mouillent de larmes de bonheur, pendant que ma plume vous trace ces lignes à la hâte. Je voudrais pouvoir voler vers vous, me jeter dans vos bras, vous redire mes impressions et faire à votre belle jeunesse l'éloge de votre si pieux, si grand et si admirable évêque. Mais que pourrais-je dire de celui dont le nom se trouve sur toutes les lèvres et l'amour, pour ainsi dire, dans tous les cœurs? Si déjà de nos jours l'épiscopat français est au-dessus de tout éloge, à cause de son héroïque dévouement à la chaire de Saint-Pierre, que dire de celui qui a l'insigne honneur de lui servir comme d'organe dans ce nouveau cénacle de l'Eglise universelle? Oui, c'est une gloire sans pareille pour Mgr Berteaud de briller ainsi avec tant d'éclat au milieu de tant de lumière et de vertus, et ce doit être pour vous, ses enfants en Jésus-Christ, un bonheur bien grand d'entendre toutes les voix de la presse porter aux quatre vents du monde un écho de sa grande et magique parole. Pour moi, j'en suis fier et heureux pour vous et je partage en quelque sorte votre joie à la fois religieuse et patriotique... »

« En vérité, Monsieur et bien aimé Confrère, répondait M. Verniolles, quand nous nous serions concertés, quand même nous aurions pu nous communiquer toutes nos pensées et nos impressions, depuis deux mois, votre lettre tout entière n'aurait pas mieux répondu aux sentiments qui nous dominent exclusivement. Nous vivons dans un siècle de merveilles. Dieu fait en son Eglise et dans son incomparable chef des prodiges qui réveillent la foi, qui affermissent notre confiance et font pleurer

tous les bons prêtres de bonheur et de joie.
Les grandes fêtes de Rome, l'affluence des évêques et des prêtres, le dévouement et l'enthousiasme de tous ces pèlerins, et surtout le rôle
glorieux de notre éloquent évêque, voilà ce
qui nous occupe depuis la fin de mai. Ici,
comme chez vous, nous sentons que la foi et la
sève catholique se réveillent et se fortifient
chez nos enfants ; la grâce de Dieu agit visiblement en eux, et comme de graves dangers
menacent l'Eglise, comme de grandes épreuves
attendent peut-être ceux qui voudront rester
fidèles et unis à la chaire de Pierre, Dieu fait
éclater ces prodiges pour que nos courages
s'affermissent et que nos cœurs se retrempent
dans la vénération et l'amour. Ici, comme à
Évian, nos élèves étaient avides de nouvelles de Rome, il fallait leur lire tout ce qu'en
disaient les journaux et ils l'écoutaient toujours avec émotion et respect.

« Mais il faut que je me hâte de vous le dire,
il y avait plus que la présence de notre évêque
à Rome pour nous intéresser. Avec l'agrément
de Monseigneur, nous avions député deux de
nos professeurs qui nous représentaient auprès
du Saint-Père et qui ont déposé à ses pieds
une adresse latine rédigée et signée par nos
élèves. Nos deux pèlerins nous ont écrit durant
le voyage des lettres magnifiques et ils sont
revenus après trois semaines enchantés de leur

pèlerinage. Ils nous ont raconté en détail et continuent de nous raconter les merveilles qu'ils ont vues ; ils sont ravis de toutes les magnificences des églises de Rome et de ses autres monuments, de la grande fête du 8 juin, du visage majestueux et angélique de Pie IX, de l'imposante cérémonie du camp des prétoriens, de l'éloquence de notre évêque au Colysée, de l'enthousiasme qui régnait partout en faveur de notre immortel Pontife. Ah ! si vous aviez pu voir avec quelle joie, avec quelles chaleureuses acclamations nos élèves ont reçu ces heureux visiteurs de la Ville éternelle ! Comme ils les entouraient ! Comme ils les interrogeaient et les écoutaient avec un religieux silence et une sainte avidité !... »

M. A. Aigueperse, un des deux pèlerins de Servières, avait écrit de Rome à M. Verniolles une lettre dont on nous saura gré d'encadrer ici le passage où il est question du célèbre discours de Mgr Berteaud au Colysée :

« Le lendemain de notre arrivée, jeudi 5 juin, Mgr l'Evêque de Tulle prêchait au Colysée. J'ai été placé de manière à l'entendre parfaitement. L'auditoire, le lieu, l'orateur, tout a été magnifique. Cet immense colosse, à demi ruiné, dont on ne peut pas se faire l'idée sans l'avoir vu, semblait vouloir remplir de nouveau sa vaste enceinte. En haut, le long des grandes arcades circulaires superposées, on voyait se promener quelques visiteurs, des soldats surtout, qui étaient comme perdus dans ces masses et ces hauteurs. Des auditeurs plus nombreux se pressaient sur le gradin inférieur proche de l'estrade. Dans l'arène, au milieu de laquelle s'élève la croix de bois, plus de six mille personnes étaient réunies. Le chemin de la croix a précédé. L'*Adoramus te, Christe*, était chanté, le *Pater* et l'*Ave* récités d'une grande voix par toute cette foule. L'orateur a été digne du lieu et de l'auditoire. Je ne puis pas vous analyser son discours. D'ailleurs le *Monde* a dû citer la correspondance de Rome qui en a rendu compte bien mieux que je ne saurais le faire. Les trois grandes idées développées par Monseigneur étaient les suivantes : L'Église a triomphé par le passé ; — elle triomphera dans l'avenir ; — nous sommes ici pour amener ce triomphe par nos prières. Tout cela a été étendu, décoré, développé dans le style étincelant que vous connaissez, avec l'imagination du grand poète, la science du grand théologien, le feu du grand orateur. Il a évoqué le souvenir des puissants Césars d'autrefois, assis là-haut, interrogé ces vieux rochers et ces grandes masses ; il a eu des paroles admirables sur le Souverain Pontife, sur le rôle que remplit ici l'épée de la France ; il a peint avec beaucoup de hardiesse et d'exactitude les temps actuels au moyen d'une longue citation de saint Augustin ; il nous a montrés au jour d'une grande bataille : en face de l'ennemi, Dieu dans le ciel, l'Eglise sur la terre ; qui donc leur tiendra tête ?...

« Quelle voix puissante que celle de cette grande Rome ! Comme tout parle ici ! Chaque église, vieille de tant de siècles, garde des traces et des témoignages de chacun des temps qu'elle a traversés. A chaque pas, vous heurtez les tombeaux des saints et des martyrs ; à chaque pas encore, vous rencontrez des débris de l'ancien monde. Presque sur chaque place, vous apercevez quelque colonne triomphale, quelque obélisque géant que la main d'un Pape a tiré par tronçons du sein de la terre, a reconstitué et a sanctifié par quelque grand signe chrétien. Partout des fontaines grandioses qui sont autant de monuments magnifiques ; l'eau est lancée dans toutes les directions avec une prodigalité superbe... »

Cependant M. Verniolles était devenu curé de Beaulieu. Mais il ne cessa pas ses relations avec l'abbé Montagnoux. A peine installé, il écrivit à son ami savoyard :

« Que vous dire de ma nouvelle paroisse ? Je ne l'occupe que depuis trois mois, mais jusqu'ici je m'en trouve à merveille. Je suis arrivé à Beaulieu la veille de la Toussaint... J'ai été très bien accueilli par les habitants de cette petite ville. Ils paraissent très heureux de m'avoir pour pasteur, je dirais même très

honorés, si la modestie me le permettait. J'ai
commencé à m'habituer aux travaux du ministère : partout la sympathie, l'affection, la
confiance semblent avoir bien disposé les esprits en ma faveur. Vous me faites presque un
reproche de vous avoir surpris et de ne vous
avoir rien dit qui vous fît pressentir ma sortie
de Servières. J'y ai pensé souvent, mais je ne
le pouvais guère. Cette question, si grave pour
moi, est restée indécise jusqu'au dernier moment. Elle était posée même avant le départ
pour Rome de Monseigneur de Tulle. J'avais
cru à un certain moment que le prélat me
donnerait la satisfaction que je demandais,
mais je me suis trompé. Je ne m'en afflige pas,
et bien qu'il y ait eu de pénibles séparations,
je me trouve plus heureux et plus à mon aise
dans ma petite cure de Beaulieu. »

Pour Évian et pour M. Montagnoux surtout,
le nom de M. Verniolles et le nom de Servières
étaient inséparables, et dans toutes les lettres
venues des bords du Léman ces deux noms
retentissaient avec une égale poésie. Il semble
que M. Montagnoux sentait le vide fait dans le
cœur de son ami et qu'il cherchait, en quelque
sorte, à le combler en lui parlant souvent de
son Servières aimé. « Servières ! lui écrivait-il,
oh ! que de poésie pour moi dans ce seul mot !
Quels suaves parfums m'apporte encore la
brise de la Dordogne sur les ailes de l'ange de

l'amitié ! C'est là que le Ciel m'a fait trouver
un cœur d'élite nourri des grandes traditions
classiques et formé à l'école des plus aimables
vertus ; c'est là que j'ai trouvé dans une douce
et pieuse solitude,cette brillante jeunesse qui
se préparait, sous votre œil de père et votre
main de maître, aux grands combats de la
pensée, aux joyeux tournois des belles-lettres.
C'est de là que nous sont venus ces précieux
recueils de drames et de poésies, qui sont là
sous mes yeux et ceux de mes élèves comme
un gracieux bouquet de fleurs, ou comme un
verdoyant faisceau de palmes académiques.
Que fait-on, puis-je et dois-je vous demander,
dans notre bien-aimé Servières ? Les beaux-
arts y marchent-ils toujours de front avec la
piété ?... J'aime à voir se resserrer, quoique
dans le mystère du silence, cette heureuse
liaison entre Servières et Évian... Ma volée de
cette année, sans compter de bien brillants
sujets, a fait, je crois, de vrais progrès, grâce
à son travail soutenu. Plus que jamais, nous
avons vogué, selon vos conseils et selon la
tendance des vraies études classiques, à pleines
voiles en plein catholicisme, et nous avons fait
fi de toute cette friperie mythologique, qui fait
sourire de pitié, quand elle ne soulève pas le
cœur par son atmosphère nauséabonde et pes-
tilentielle. M. Veuillot, dans ses satires, vient
comme de lui donner le coup de mort en pla-

nant en maître dans les belles et pures régions
de la foi, et en fustigeant de sa plume de fer
les tristes Apollons de notre moderne Parnasse.

« C'est Servières qui nous a unis : qu'il reste
toujours après Dieu le centre de nos affectueux
souvenirs... Je continue à faire les vœux les
plus sincères et les plus ardents pour vous et
pour votre nouvelle et grande famille spirituelle. Que Beaulieu soit toujours pour vous
votre *beau* et *bon* lieu, le lieu de votre repos, le
théâtre fécond de votre zèle, la terre de vos
consolations religieuses et de vos conquêtes
sur l'ennemi des âmes... » (1863.)

A Beaulieu comme à Servières, M. Verniolles
tient son ami au courant de toutes les nouvelles de son ministère. — Il lui parle de sa vieille
mère « qu'il entoure, dit-il, de petits soins.
d'affection, de respect, de témoignages de
reconnaissance » ; il lui annonce sa mort en
ces termes : « Elle a passé deux ans et demi
dans mon presbytère, heureuse et souriante
de se trouver toujours à mes côtés, édifiant
tout le monde par sa piété, sa douceur, sa
sérénité. Elle est tombée malade à l'église, le
jour de saint Joseph, et elle a rendu sa belle
âme à Dieu le 26 mars (1865). Impossible de
vous peindre tout ce que j'ai éprouvé d'angoisse
depuis que ce grand vide s'est fait dans ma
maison et dans ma vie tout entière. Ma mère
avait été toute sa vie une fervente chrétienne,

et j'espère la revoir dans le ciel. Mais je vous avoue que je ne me sens plus le même depuis que j'ai perdu celle qui me donnait tant d'amour. » — Il lui apprend la fondation de l'école des Frères, œuvre qui lui a coûté bien des sacrifices et bien des soucis, mais dont il espère beaucoup pour l'avenir de sa paroisse. — Il se plaint d'avoir peu de relations avec son cher Servières et d'être un peu tenu à l'écart par son successeur. — Il caresse le projet d'aller à Rome l'année suivante et il espère y rencontrer « *son cher et digne ami* ». « Quelle joie aurions-nous de faire connaissance dans la Ville éternelle ! Et si je pouvais ensuite vous suivre à Évian, admirer vos fêtes littéraires, caresser et encourager des enfants à qui vous avez fait connaître mon nom, quelle douce consolation après tant de peines et quel délicieux souvenir pour le reste de ma vie ! » (1866.)

M. Montagnoux ne put faire ce pèlerinage et il en exprima tous ses regrets à M. Verniolles, qui, dès son arrivée à Rome, lui écrivit : « Me voilà dans la Ville sainte. J'éprouve une joie indicible à vous écrire quelques lignes d'ici ; et vous qui aimez tant l'Eglise et son auguste Chef, je suis sûr que vous recevrez cette lettre avec plus de bienveillance que les autres. C'est pour moi une grande tristesse de songer que je ne vous verrai pas. J'avais tant rêvé ce bonheur de vous trouver ici, sur cette terre pleine

de merveilles et tout embaumée de pieux souvenirs ! »

'C'est ainsi que se poursuivait cette correspondance délicieuse entre ces deux hommes si
bien faits pour vivre ensemble et pourtant si
éloignés l'un de l'autre. Rentré à Servières, en
1872, M. Verniolles écrit à Évian : « Vous dire
par quelle suite d'incidents et de revirements
imprévus je suis rentré à Servières après une
absence de dix ans, serait chose trop longue
pour une lettre. Un jour, nous nous verrons,
j'espère, et je vous expliquerai tout de vive
voix (1). Qu'il vous suffise de savoir que notre
pauvre maison est dans un état bien critique.
Je sortis de l'enseignement, un peu malgré
Monseigneur, parce que le gouvernement du
temporel était entièrement soustrait à mon
autorité et à mon contrôle ; il y avait ici un
ancien économe complètement indépendant du
supérieur, absolu dans ses allures, et qui tenait
tout dans un profond mystère. A la fin, il a
fallu voir où en étaient les affaires financières :
il s'est trouvé un énorme déficit. L'alarme a été
grande : Monseigneur a fait appel à mon dévouement, et malgré mes soixante ans qui
vont bientôt sonner, je me suis rendu à ses
désirs. Voilà l'histoire abrégée de ma sortie,
de mon absence, de ma rentrée, petits événe-

(1) N. B. Ces confidences de M. Verniolles demanderaient des
explications. On les trouvera aux chapitres suivants.

ments qui ont passablement occupé le diocèse. »

« Vous voilà enfin, répond M. Montagnoux, rentré dans votre cher Servières où vous aviez laissé une partie de votre cœur et où la jeunesse a dû saluer avec joie votre nouvelle bienvenue. Depuis longtemps mes vœux vous y rappelaient. Cet arsenal catholique, comme l'appelait un jour l'illustre Veuillot, a retrouvé pour moi sa poésie qui a procuré de si douces jouissances à mes premières années de professorat. Je sens qu'il y a là sur les ruines du vieux castel de Turenne un cœur ardent et tendre qui bat pour l'Église, pour la jeunesse et un peu aussi pour son pauvre et bien honoré ami d'Évian. » (1873.)

Dans l'été de 1874, Louis Veuillot alla passer quelques jours à Évian et il fit plusieurs visites au collège, où il fut reçu avec enthousiasme par M. Montagnoux et ses élèves. Les détails de ces séjours et de ces visites furent aussitôt envoyés à Servières. « Nous possédons depuis trois jours notre bien aimé évêque qui se délasse sous nos ombrages et dans nos eaux de deux mois de visites pastorales. Nous lui avons donné hier matin une séance littéraire, où Mgr d'Evreux et M. Veuillot n'ont pu assister. Mais que nous avons été dédommagés dans l'après-midi !... Notre grand-vicaire a parlé à M. Veuillot des chants et des compositions de nos élèves, en lui exprimant le regret de son absence, et vite il a promis sa visite pour deux heures. Notre fanfare l'a accueilli sur le seuil et immédiatement il s'est rendu dans la salle encore toute décorée du matin. Si vous aviez vu l'épanouissement de ces jeunes fronts et entendu les acclamations de la communauté à la vue de ce vaillant champion du Christ ! Louis Veuillot a donné une délicieuse et sublime homélie sur l'obéissance, plusieurs fois interrompue par les vivats et par les battements de mains. « Ceux qui ne savent pas se « mettre à genoux rampent à plat ventre. Il « n'y a plus qu'une grande dame : la religieuse ; « plus qu'un grand seigneur : l'évêque. Malgré « tant de révolutions et de changements, l'É- « pouse de J.-C. n'a pas changé un pli à sa « robe, etc. » Notre jeunesse était vraiment enivrée de bonheur. Toutes les oreilles étaient tendues ; car malheureusement la voix de Louis Veuillot est basse et peu sonore. Tous les cœurs palpitaient sous cette parole de feu dont nos élèves vont essayer de reproduire les moindres accents. »

Presque en même temps que Louis Veuillot était à Évian, se trouvait à Servières un ami d'enfance du P. Montagnoux. On pense avec quelle joie il fut reçu par M. Verniolles, qui ne pouvait assez lui parler d'Évian et qui écrivait à M. Montagnoux : « A côté du séminaire, sur le bord d'un torrent qui fait là une énorme chute, nous avons une chapelle en l'honneur de la Sainte-Vierge, bâtie sur le flanc des rochers. Le 8 septembre, ce sanctuaire est visité par un grand nombre de pèlerins des environs, et la fête de la Nativité est précédée d'une neuvaine préparatoire. Qui prêchait cette neuvaine cette année? vous ne le devineriez pas sans doute. C'est un enfant de la Savoie, devenu enfant de saint François d'Assise. Ce Franciscain, attaché à la maison de Bourges, s'appelle en religion Frère Maurice, et il est fils de M. Rupert, publiciste distingué, ancien rédacteur du *Monde*. Le P. Maurice vous a beaucoup connu dans son enfance; il a été fêté, encouragé et caressé par vous. « Oh ! me disait-il, « que M. Montagnoux était alors aimé des petits « enfants !... » J'ai été tout heureux de prouver que j'étais de vos amis en lui montrant quelques-unes de vos lettres... »

En 1878, M. Verniolles ayant rencontré à Vichy un religieux qui revenait d'Évian, s'empressa d'annoncer cette heureuse rencontre à M. Montagnoux : « J'ai vu longuement, lui écrivait-il, le F. Gustave. Il venait tout enthousiasmé de votre bon accueil et de l'impression que lui avaient faite la piété et la bonne tenue de vos élèves. En l'entendant causer, je pensais aux nôtres et je me disais que nos chers enfants d'Évian et de Servières doivent bien se ressembler. Quel dommage que nous ne soyons pas à deux ou trois lieues de distance, pour

que nous puissions, maîtres et élèves, nous
visiter et fraterniser tous ensemble !... Le
F. Gustave m'a dit qu'il était chargé de m'embrasser deux fois. Je vous remercie. Il m'a
donné sa photographie, et m'a dit qu'il voulait
avoir la mienne. Cela m'a décidé à poser devant
un photographe. Je ne l'avais plus fait. Je vous
envoie une de ces cartes, parce que je crois
que dans le temps vous me l'aviéz demandée. »

Comme bien on le pense, M. Verniolles n'entretenait pas cette correspondance sans mettre
son ami au courant de ses publications et de
ses ouvrages. L'appréciation et les critiques de
M. Montagnoux lui étaient précieuses et il se
montrait particulièrement heureux de ses suffrages. C'est ainsi que le distingué professeur
d'Évian eut à donner son avis sur presque tous
les ouvrages de M. Verniolles. Pour plusieurs,
il fit des articles bibliographiques très élogieux,
et il saisissait toujours avec empressement
l'occasion de l'apparition de ces ouvrages pour
adresser une charmante lettre à l'auteur.

« Voilà bientôt une éternité que nous sommes sans nouvelles l'un de l'autre, lui écrivait-il en 1888. Heureusement, le temps et la distance sont impuissants à détruire les vraies
affections dont le bon Dieu est l'auteur et le
centre béni. Merci donc de votre bonne missive
et de votre précieux envoi, qui m'ont rafraîchi
les doux souvenirs de notre vieille amitié. A la

distance de plus de trente ans, le nom de
M. Verniolles a toujours pour moi le même
charme, le même parfum, je dirais la même
poésie. Je vois avec autant de plaisir que d'édification que les années sont impuissantes aussi
à ralentir votre beau dévouement pour la chère
jeunesse chrétienne. Je vous en fais mes plus
sincères compliments, comme je vous adresse
mes plus chaleureuses félicitations sur votre
nouvelle production des *Récits évangéliques*. »

Quelques années avant sa mort, en 1895,
M. Montagnoux avait composé une ode à la
Savoyarde (1). Ayant lu cette poésie dans l'*Univers*, le vieillard de Servières écrivit au poète
d'Évian :

« Mon cher et bien vénéré Confrère,

« J'éprouve le besoin de vous dire avec quel
bonheur j'ai lu vos adieux à la *Savoyarde*. Il y a
bien longtemps que je ne vous ai donné signe
de vie; mais je ne vous oublie pas et ne vous
oublierai jamais. J'ai été touché du bon souvenir que vous m'avez envoyé par votre confrère
le P. Gout, qui a prêché notre retraite pastorale. Je n'ai pas eu le bonheur de le voir : je
ne voyage plus. Mais il a vu M. Poulbrière et il
lui a parlé de vous et de moi.

« Que vous dirai-je de ces vers magnifiques
que j'ai trouvés dans notre cher *Univers* ? J'ad-

______

(1) Cloche de Montmartre, don de la catholique Savoie.

mire votre imagination toujours jeune et brillante, votre foi et votre patriotisme. C'est bien
votre excellent cœur qui _vous a inspiré. Nous
avons fait lire cette belle poésie en public, et
nos élèves qui aiment le Sacré-Cœur, étaient
attentifs et ravis. Merci de leur part pour cette
jouissance que vous leur avez procurée.

« Je voudrais, mon vénéré confrère, vous
entretenir plus longuement. Mais tenir la plume
un peu de temps est pour moi une fatigue. Je
suis dans mes 82 ans depuis plusieurs mois.
Demandez au bon Dieu que je me prépare
dignement à paraître devant lui.

« Agréez, mon excellent et vénéré ami, la
nouvelle expression de ma respectueuse affection. »

M. Montagnoux se hâta de répondre :

« Annecy, avant-veille de la Toussaint 1895.

« Bien cher et vénéré Monsieur le Supérieur,

« Merci et grandissime merci de votre gra-
cieuse et bienvenue missive qui m'est arrivée
tout embaumée de souvenirs. Vite, à l'adresse
j'ai reconnu votre écriture, comme dans la
lettre j'ai retrouvé votre cœur aussi aimant
qu'aimé. Le bon moment que m'ont fait passer
ces lignes trop courtes, il est vrai, mais si
cordialement salésiennes ! Hélas ! les années
ont pesé sur nos têtes blanchies, mais, grâce à

Dieu, nos cœurs sont restés jeunes et vaillants, n'est-ce pas? J'en vois la preuve dans vos sentiments qui ont gardé la grâce, la fraîcheur, le lyrisme et l'enthousiasme d'antan.

« Vous avez pu constater aussi par mes *Adieux à notre Savoyarde*, que mes 68 ans accomplis n'ont pas encore glacé votre ancien et honoré correspondant de 1857.

« Que d'événements depuis cette époque déjà si lointaine ! Il serait trop long de vous énumérer même ceux qui concernent votre ancien élève, professeur et ami d'Evian-les-Bains.

« Laissez-moi seulement vous dire que, depuis trois ans, j'ai dit adieu à mon cher collège de 37 ans comme aux rives enchantées du Léman, pour venir m'abriter ici dans notre maison-mère et sur les rives gracieuses du lac qui avait bercé mes rêves du jeune âge. Je suis maintenant en pleine mission de missionnaire ambulant, promenant mon sac de voyage d'un presbytère et même d'un diocèse à l'autre...

« J'aime fort cette vie d'apôtre, où l'on sent mieux le travail de Dieu dans les âmes. Ainsi, je reviens de prêcher dans une de nos paroisses où se vénère le corps d'un saint ermite bénédictin du onzième siècle, sur un pittoresque monticule où saint François de Sales aurait désiré finir ses jours, en servant Dieu avec son chapelet et sa plume (Saint-Germain

sur Talloirés), et, demain matin, je pars pour
une autre paroisse où j'inaugurai mon sacerdoce, il y a 42 ans, par un vicariat de quelques
mois seulement.

« Le lendemain du jour où je quittai le cher
Evian, j'allais par 20 degrés de froid, commencer pour Noël une retraite de mission
à Chamonix, au pied même du Mont-Blanc.
Les soins de l'hospitalité et les consolations
du saint ministère me faisaient oublier les
inconvénients de la température. Oh! que le
bon Dieu est bon pour ceux qui l'aiment!

« Savez-vous, mon bien aimé et honoré
chanoine-supérieur, que j'ai eu le bonheur
insigne et immérité de faire le grand et délicieux pèlerinage de Rome et de la Terre-Sainte
et d'assister au magnifique Congrès Eucharistique, en compagnie d'un mien frère, actuellement directeur du noviciat apostolique de
Bethléem, pépinière de vocations religieuses
pour le Levant (Frères des Ecoles chrétiennes)?
La poésie n'a pas manqué sur le navire (*la Ville
de Brest*), ni ailleurs. Quelles impressions
dans ce pèlerinage de près d'un mois! C'est
inénarrable.

« A Jérusalem, logé chez les bons Frères,
j'ai pu prêcher dans leur chapelle comme dans
celle des Clarisses, comme dans la basilique
de Nazareth, etc. A Rome, j'ai pu aussi faire
remettre par le camérier de Léon XIII une

poésie qui m'a valu une bénédiction du *Lumen in cœlo,* etc.

« Savez-vous aussi, vénérable et vénéré doyen de l'enseignement chrétien, qu'en 1890 j'ai failli faire le grand pèlerinage de l'éternité? Le bon Dieu a daigné, dans sa miséricorde, m'octroyer un regain de santé que je travaille à rendre salutaire aux âmes. Savez-vous enfin que, grâce à une poésie sur les Noces d'or du Pape, le collège d'Evian a reçu comme cadeau d'un prix inestimable, une splendide photographie de 92 cent. de haut, dans un cadre doré de 1 m. 40 sur 1 m. 20? Ainsi, le salon épiscopal est enrichi de deux beaux portraits de Pie IX et de Léon XIII, expédiés du Vatican comme dons de ces deux grands papes.

« Ne croyez pas que j'aie quitté tout entier le cher Evian où votre nom a été, depuis longtemps, connu, aimé et vénéré. Si vous étiez témoin des battements de mains qui accueillent l'ex-rhéteur, à chacune de ses apparitions au réfectoire! La jeunesse est si aimable et si aimante! Vous le savez mieux que moi, vous qui lui avez consacré vos tendresses, vos labeurs, vos journées de bénédictin. Je n'ai pas oublié vos belles Noces d'or, où vos anciens élèves vous formaient une si belle couronne sacerdotale et où votre Evêque vous faisait l'agréable et délicat reproche de lui ravir de la besogne en lui envoyant des élèves qu'il n'avait presque plus qu'à consacrer. Puisque vous avez eu l'amabilité flatteuse de laisser lire à votre chère communauté la poésie salésienne, bombardée de ses sympathies, soyez assez bon pour offrir en retour à vos intéressants et heureux élèves mes bien affectueux souhaits et mes sincères remerciements; sans les connaître je les aime, parce qu'ils sont vos fils de prédilection.

« Pardon, mon bien honoré Monsieur le Chanoine, de vous avoir trop parlé de ma pauvre personne, mais vous aviez désiré de mes nouvelles. Je vous les ai données avec autant de simplicité que de cordialité. Ne dois-je pas profiter de cette occasion pour vous remercier de votre aimable invitation à vos Noces d'or sacerdotales dont j'ai suivi, plus tard, avec un vif intérêt, le récit détaillé dans l'*Univers* et auxquelles mon cœur n'était pas resté étranger, non plus que ma vieille muse (1). Quand ferez-vous vos Noces de diamant, présage des fêtes du ciel ?

« En tous cas, portez toujours vaillamment le noble poids de vos quinze ou seize lustres si bien remplis *ad majorem Dei gloriam*. Si vos jambes comme les miennes commencent à devenir rebelles aux longues marches, le cœur et l'âme ont des ailes plus rapides que l'oiseau; c'est avec elles que je viens vous saluer près

(1) M. Montagnoux envoya une belle poésie pour cette fête.

du vieux castel de Turenne, au milieu de votre brillante jeunesse, fière d'avoir en vous un tel guide, un tel père.

« En union de prières, de sacrifices et d'espérance, je suis et serai toujours, vénéré doyen, votre tout vôtre en J. M. J. F.

« P. Montagnoux, *miss. S.* »

C'est la dernière lettre de M. Montagnoux à M. Verniolles. Ces deux hommes si bien faits pour se comprendre, pour s'apprécier et pour s'aimer, dans leur dévouement aux enfants, qui travaillèrent tous deux pendant un demi-siècle à l'éducation de la jeunesse, qui avaient formé et caressé plusieurs fois le projet de se visiter, ne se rencontrèrent jamais ici-bas. Ils fournirent tous deux une belle carrière et moururent presque en même temps pour se retrouver au ciel.

CHAPITRE VI

Le Supérieur

C'est en 1858 que M. Verniolles quitta sa chaire de Rhétorique pour prendre le lourd fardeau du supériorat. Il avait à peine 43 ans. Son premier supériorat ne dura que quatre ans, et, en 1862, par suite de difficultés que nous aurons à raconter, il fut nommé curé-doyen de Beaulieu. Mais quelque fécond que fût son pastorat, M. Verniolles, tout en y apportant le zèle et l'ardeur du bon prêtre, tout en le rendant utile par des œuvres multiples, s'y trouva déplacé. Ce n'était pas son élément et il n'était pas fait pour le ministère paroissial. Aussi, lorsqu'en 1872, Mgr Berteaud le rappela à Servières, ce fut aux applaudissements de tout le clergé diocésain, et cette fois, M. Verniolles, comme un exilé qui retrouve le toit paternel, rentra dans son cher petit-séminaire pour ne plus le quitter, même dans la mort.

Servières et son Petit Séminaire

Nous avons donc à dire ce que fut ce long supériorat de près de trente ans. C'est ici surtout que nous nous sentons bien au-dessous de notre tâche, car l'œuvre de M. Verniolles, comme supérieur de Servières, est immense, non pas tant par la variété de ses aspects, que par sa constance et sa régularité.

Devenu supérieur, M. Verniolles resta ce qu'il était déjà, ou plutôt le fut avec une intensité nouvelle : l'ami dévoué des enfants, surtout des enfants que Dieu avait marqués de son doigt pour le sacerdoce.

Il fut d'abord effrayé par la responsabilité qu'il assumait en acceptant cette nouvelle charge. Il hésita même, et nous trouvons dans sa correspondance quelque désir de quitter Servières. Nous avons déjà vu qu'avant de prendre une décision importante, il consultait son directeur du grand-séminaire, M. Porte. Cette fois, il voulut aussi avoir l'avis d'un saint prêtre, dont le nom est resté dans le diocèse, M. Saine, qui lui donna aussitôt cette réponse décisive : « Malgré mon penchant à penser comme vous, mon cher ami, je ne puis partager votre manière de voir. Contrairement à votre avis, je suis persuadé que votre présence à Servières est très utile et même nécessaire. »

M. Porte lui écrivait de son côté : « Je veux commencer ma réponse par des félicitations, non pas pour vous, — un supérieur est plus digne d'être plaint que d'être félicité, mais pour le petit-séminaire qui se trouvera très bien, j'en suis persuadé, de votre direction... Vous ne pouvez pas vous dispenser d'accepter la charge que Monseigneur veut vous mettre sur les épaules. Vous aurez vos difficultés, cela est vrai, mais vous en aurez moins que tout autre, et tout autre n'aurait pas les moyens que vous avez pour faire le bien dans cette maison. Ayez bon courage : c'est Dieu qui vous présente le fardeau ; il vous aidera à le porter. »

« Armez-vous de courage, mon cher supérieur et ami, lui écrivait-il un peu plus tard, et surtout de patience. La *patience !* oh ! voilà la grande vertu des supérieurs. Chaque jour renouvelez la résolution de supporter sans vous lasser les misères, les infirmités et quelquefois peut-être les impertinences de vos inférieurs. Voici un bon bouquet spirituel ; c'est Saint Augustin qui le donne : *Caritas aliis blanda, aliis severa, nulli inimica, omnibus mater...* Quand il ne s'agira pour guérir un mal que d'avoir de la patience et du support, n'y faisons jamais défaut. Si quelquefois il faut autre chose, alors ayons cette autre chose. »

M. Verniolles appliqua-t-il toujours ces sages conseils, ou plutôt, pour parler plus juste, s'efforça-t-il de les appliquer dans la mesure où le permettent les infirmités et les imperfec-

tions de la nature humaine? Oui, assurément ;
et cette patience que lui recommandait tant
son vieux directeur, elle lui fut nécessaire dans
bien des événements de son long supériorat ;
c'est par elle qu'il vainquit bien des difficultés
et sut aplanir bien des obstacles. Une fois, il
parut s'en départir, en 1862, et, ne se sentant
plus le courage de porter un fardeau, dont il
exagérait sans doute le poids et les épines,
il se buta à des questions de personnes et
obligea son évêque, par des instances réitérées,
à lui donner d'autres fonctions. Nous raconte-
rons cette parenthèse de sa vie.

Parmi les lettres de félicitations adressées
au nouveau supérieur, nous sommes heureux
de citer celle de M. Maunoury. « Je n'ose vous
féliciter, Monsieur le Supérieur, lui dit-il, de
la charge pesante qu'on vous a imposée. Mais
je ne vous plaindrai pas non plus de ce que
Notre-Seigneur vous a dit comme à Saint
Pierre : *Pasce agnos meos.* Vous avez à paître les
petits agneaux les plus doux et les plus dociles
d'un troupeau qui lui est cher. Sans doute
vous avez maintenant bien des fatigues et des
inquiétudes. Il faut veiller la nuit et le jour.
Mais la récompense d'un bon pasteur sera
plus belle que celle du plus savant grammai-
rien. »

M. Verniolles se mit donc à l'œuvre pour
paître ces *agneaux* qui lui étaient confiés, et il

s'y mit de tout cœur. Quelles furent ses impressions au seuil de cette vie nouvelle qui s'ouvrait devant lui? c'est lui-même qui va nous le dire, avec cette simplicité et cette naïveté qui faisaient le charme de ses allocutions. On nous saura gré assurément de citer ici ces pages délicieuses, où il donne la définition, où il trace le portrait, où il énumère les graves devoirs du supérieur :

« Ah ! ce fut une heure solennelle dans ma vie de prêtre, que celle où Dieu m'appela à une charge si haute, et je vous pardonne vraiment d'en célébrer l'anniversaire avec un peu de pompe et d'éclat. Ce fut l'heure des pénibles sacrifices, l'heure des grandes obligations ; ce fut le commencement de pensées, de préoccupations et d'émotions toutes nouvelles. Dès ce jour je ne m'appartenais plus, et je devenais le serviteur de tous dans la famille dont j'étais le chef. Dès ce jour, mon temps, mes loisirs, ma liberté, les heures de mes journées ne furent plus à moi. Mes livres tant aimés, mes études chéries, les modestes travaux déjà commencés, ceux que je rêvais pour l'avenir et que je roulais dans mon esprit, il a fallu tout quitter et rompre avec l'objet de mes vieilles affections. Certes, je ne me fais pas illusion, et je ne pouvais trouver là ni la distinction ni la gloire. Feuilleter, comparer quelques livres destinés à la jeunesse, les

rendre plus attrayants et plus faciles, c'était
assez pour remplir ma vie. Des juges respectables avaient vu dans ces travaux un véritable
amour pour la jeunésse studieuse, un désir
ardent et passionné pour ses progrès; c'était
ma récompense, c'était assez pour la consolation et l'honneur de ma vie tout entière.
Années laborieuses, journées si remplies,
heures charmantes et fortunées, veilles si souvent prolongées, mais suivies d'un sommeil si
paisible et si doux; je me tourne vers vous
quelquefois et je pleure, mais vous ne revien-
drez jamais. Oh ! que de fois, dans la sincérité
de mon âme, j'ái souhaité de pouvoir m'enfer-
mer dans la plus étroite cellule de cette grande
maison, n'ayant là d'autre souci que mes livres
et mes pensées, et ce rêve, qui avait été ma
plus chère ambition, il a fallu y renoncer, en
faire à Dieu le sacrifice.

« Et encore, l'heure des pénibles sacrifices
a été pour moi l'heure des grandes et formi-
dables obligations. Quand j'ai été chargé de
vous conduire, j'ai pris sur moi toute la
responsabilité de vos pères et de vos mères;
j'en ai acquis presque tous les droits, mais
aussi j'en ai accepté tous les devoirs. Veiller
à tous vos instants, chercher jour et nuit les
moyens d'empêcher le mal et d'augmenter le
bien, voilà ma tâche, voilà ce que je dois
poursuivre sans trêve ni repos. « Pasteurs,

disait l'immortél Fénelon, pasteurs, soyez
pères ; ce n'est point assez : soyez mères ! »
— Je suis père, en effet, et les devoirs du père
incombent directement sur moi. Le père est
le représentant de l'autorité dans la famille.
Le père, c'est le symbole de la force et de la
fermeté ; c'est à lui et c'est à moi qu'il appartient de tracer la règle, de rappeler le devoir,
de commander, d'avertir et de redresser, de
punir et de reprendre, de réprimer les passions
naissantes, d'étouffer les mauvais penchants.
C'est pour moi un devoir rigoureux de combattre tous les vices, d'écarter de cette solitude
toutes les influences funestes, et parfois de
couper par la racine les germes de l'insoumission, de la corruption ou du mal. Mais je suis
mère aussi, et je dois en avoir la sollicitude et
la tendresse. Petits enfants, vous avez droit à
ce que je vous empêche de sentir l'absence de
celle qui vous berça sur ses genoux. Petits
enfants, si le moindre accident vous arrive, si
quelque danger vous menace, si la souffrance
vous visite, il faut que ma sollicitude s'éveille,
il faut que tout ce qui vous arrive de douleur
ou de joie retentisse dans mon cœur. Si l'un
de vous se relâche dans le bien, se ralentit
dans le travail, il faut que j'aie pour lui les
encouragements de la mère absente. Mais si
j'en ai les soucis et les peines, j'en ai bien les
jouissances aussi. Oh ! quand l'un d'entre vous

a fait des progrès dans la science et la piété,
quand vos défauts naissants se changent en
vertus, avec quelle douce émotion je transmets
à vos mères des nouvelles qui les rendront
heureuses ; quel bonheur de leur dire que vous
devenez chaque jour dociles, studieux et bons !

« A ces devoirs, à ces sollicitudes qui pèsent
sur moi doivent répondre votre obéissance,
votre soumission, votre affection et vos res-
pects ; et c'est pour cela qu'il est un jour où
les sentiments qui résident habituellement
dans vos cœurs, vous les manifestez publiquement. Ah ! si ces sentiments n'existaient pas
en vous, je ne voudrais pas de ces démonstra-
tions qui seraient alors fausses et menteuses.
Mais je sais que vous êtes sincères. Ce que
disent aujourd'hui vos discours, vos chants et
vos acclamations, ce que disent les inscriptions
et les gracieux emblèmes qui ornent cette
enceinte, vous le dites tous les jours par votre
conduite, par votre piété, par votre application
au travail. C'est pour cela que je vous en
remercie du fond de mon âme...

« Je suis tout heureux aussi d'être entouré
de vos maîtres. Par moi-même je ne puis
presque rien pour vous. C'est par eux que le
bien se fait, que vos intelligences grandissent,
que vos cœurs s'épurent, que votre vertu
s'affermit et se prépare aux grandes épreuves
de la vie. Messieurs, n'oubliez jamais que vous

devez amour, reconnaissance et respect à ceux
qui vous consacrent leurs plus belles années.
C'est par la reconnaissance et l'amour, c'est
par le respect et la soumission envers ses
supérieurs et ses maîtres, qu'on s'honore soi-
même, et qu'on se grandit. C'est par l'insolence
et l'orgueil, c'est par l'insoumission et l'ingra-
titude qu'on se dégrade et qu'on s'avilit. Oh !
si vous saviez combien de titres ils ont à votre
respect ! Ils ont été mes élèves avant vous, et,
qu'ils me permettent d'évoquer ce souvenir,
je crois voir encore la place qu'ils occupaient
et je n'oublierai jamais que par leur affection,
leur dévouement, leur docilité, leur ardeur au
travail, leur émulation et leurs succès, ils me
rendaient heureux. Les sentiments et les vertus
qu'ils avaient, ils ont le droit de les trouver en
vous. Soyez dignes de vos devanciers, gardez
les traces qu'ils vous ont laissées ; que toutes
les nobles traditions se conservent ici, que les
derniers venus soient dignes de leurs aînés.
Soyez fiers et jaloux d'honorer la maison qui
est pour vous une seconde mère. Servières a
déjà son passé, ses traditions, son histoire, sa
réputation à défendre et à protéger ; elle a une
foule d'enfants qui l'honorent, qui l'aiment ;
elle compte parmi eux des héros qui ont porté
son nom jusqu'aux extrémités de la terre.
Gardez-vous de déchoir et de déroger, et Servières sera toujours l'honneur et la gloire de

ces contrées, un objet d'admiration et d'envie pour les contrées voisines ; Servières aura, encore de belles et brillàntes destinées. »

Nous avons tenu à citer ces pages, parce qu'elles sont comme le programme du supériorat de M. Verniolles. Pendant près de trente ans, il s'efforça de l'appliquer et de le réaliser, avec des variantes sans doute, mais il ne s'en écarta jamais essentiellement. Presque tous les jours, durant ce long espace de temps, il adressa la parole aux élèves ; mais toutes ses allocutions ne furent pas autre chose que le développement d'une pensée ou d'un point de ce discours-programme de 1860.

Nous n'avons donc qu'à étudier en détail le portrait qu'on vient de lire et à en montrer les aspects plus particulièrement mis en relief par M. Verniolles.

D'abord, il s'identifia avec ses professeurs. Sans rien abdiquer de son autorité personnelle dont il se montra, en plusieurs circonstances, jaloux jusqu'à l'excès, il voulut et il exigea toujours que les élèves ne pussent jamais la trouver en contradiction avec celles de leurs maîtres. Dans une maison d'éducation, un supérieur ne peut évidemment ériger en principe l'infaillibilité de ses collaborateurs ; mais il doit toujours étayer leur autorité de la sienne propre, et si, dans des cas très rares, cette autorité se trouve en défaut, la discipline la plus élémentaire exige une soumission préalable et complète de la part de l'élève. Ce n'est qu'à cette condition qu'on aura l'unité de direction indispensable en matière d'éducation.

M. Verniolles voulait donc cette unité de direction et d'autorité, et, en toute occasion, il le proclama devant les élèves pour les bien convaincre que supérieur et professeurs ne faisaient qu'un. Cette pensée lui était familière et nous la retrouvons dans presque toutes ses allocutions.

« En écoutant toutes ces paroles flatteuses qui résonnent à mes oreilles et toutes ces louanges si peu méritées, je serais bien mal à l'aise, je l'avoue, si je ne savais que mon humble personne ici n'est rien. Vous vous adressez au chef de cette maison, et, en lui, vous voyez tous ces maîtres qui vous aiment et vous instruisent, qui tous les jours se dévouent et travaillent pour vous... »

« Si je consens à recevoir en ce jour des témoignages de reconnaissance, je l'ai déclaré bien des fois, c'est à condition qu'ils ne s'adressent pas à mon humble personne, mais à ces maîtres dévoués qui vous consacrent leurs travaux... »

« Cette publique manifestation, la verdure et les fleurs qui décorent ces murs, les inscriptions et les guirlandes suspendues sur vos têtes, ces chants d'amour et d'allégresse né

sont pas un honneur pour moi seulement, mais
aussi un honneur et une gloire, une récompense véritable pour les professeurs qui m'entourent et qui chaque jour forment votre esprit
et votre cœur... »

« Laissez-moi vous dire, mes chers enfants,
que je me réjouis de cette manifestation de
votre piété filiale, et savez-vous pourquoi?
C'est que vous montrez par là que vous aimez
vos maîtres. Je sais en effet que ces tributs de
reconnaissance ne s'adressent pas à moi seul.
Vous entendez honorer ici tous ceux qui travaillent à vous instruire, à vous rendre meilleurs, et assurément, dans cette œuvre importante, ce n'est pas moi qui ai la meilleure
part... »

« Je suis bien touché de tout ce que je viens
de voir et d'entendre, mais j'en éprouve un
peu d'embarras et de confusion. Ce n'est pas à
moi, qui désormais ne puis rien et ne fais presque rien pour vous, c'est à ces bons maîtres
qui m'entourent que doit s'adresser l'expression de votre reconnaissance et de votre respect. Il est bien entendu que je reporte sur
eux tous les honneurs, tous les hommages de
cette journée... »

Il est donc établi, et ce que nous venons
de dire et de citer suffit amplement pour le
prouver, que M. Verniolles comprit bien son

rôle de supérieur dans ses rapports avec les professeurs. Qu'on le remarque, nous n'allons pas jusqu'à affirmer qu'il le remplit toujours sans aucune défaillance, et nous savons bien qu'on peut nous opposer quelques conflits regrettables; mais ils furent très rares, et, même alors, surtout alors, il s'efforça de n'en rien faire paraître devant les élèves et de sauver ainsi le principe de solidarité absolument indispensable pour maintenir la discipline et l'autorité.

Un autre principe de direction qu'il appliquait toujours avec une scrupuleuse exactitude, c'était de se rendre compte par lui-même de tout ce qui se passait dans la maison. « J'y veillerai *par moi-même,* » disait-il souvent, et on le voyait en effet partout, présidant tous les exercices généraux, donnant à tous l'exemple de la régularité et de l'obéissance. Sans se noyer dans les petits détails, les laissant à l'initiative et à la sagesse des professeurs, il tenait personnellement les rênes pour les grandes lignes et imprimait son autorité partout. Sa présence seule était une garantie efficace du bon ordre, de la bonne tenue, et elle imposait immédiatement le respect et l'obéissance, même aux plus récalcitrants.

Du reste, pour être ferme et vigilante, son autorité ne cessa jamais d'être paternelle, douce, condescendante même. Son expression favorite était : *Mes chers enfants !* Parfois, dans l'abandon de l'intimité, il allait jusqu'à dire tout court : *l'enfant !* Oui, tous les élèves étaient ses enfants et il les aimait comme un père. En lui, il y avait véritablement deux hommes, le supérieur et l'ami, qui s'affirmaient tour à tour sans jamais s'exclure. Même quand il faisait des remontrances sévères, dans le supérieur qui grondait, on sentait battre le cœur du père.

Sur la fin de 1888, quelques germes de mauvais esprit et d'insubordination se manifestaient parmi les élèves. Répondant aux vœux qui lui étaient adressés le 1ᵉʳ janvier 1889, M. Verniolles s'exprima ainsi : « Vous nous souhaitez une année heureuse, c'est bien. Mais c'est vous-mêmes, justement, qui pouvez la rendre heureuse. Cela dépend absolument de votre conduite, de votre docilité, de votre bon esprit. Or, si je vous disais que, durant ces dernières semaines, tout le monde s'est conduit de façon à nous donner ce bonheur, vous ne me croiriez pas. Car vous n'avez point oublié avec quel accent, avec quelle émotion, je vous ai parlé il y a quinze jours. Ce langage était réfléchi, il était sincère. J'ai le droit de dire avec le saint vieillard des Machabées que la feinte et la dissimulation ne conviennent point à mon âge... Un principe, une règle que vous ne devez jamais oublier, c'est que le respect de l'autorité, la soumission à vos maîtres est pour vous un devoir de religion, un devoir vraiment sacré. Quand vous discutez et critiquez leurs actes, songez-vous bien que ce sont des prêtres ?... Un second principe, c'est que vous êtes tous plus ou moins solidaires, c'est-à-dire que le bien qui s'accomplit par un seul rejaillit sur tous comme un honneur et doit vous réjouir tous ; et aussi le mal qui se commet est un déshonneur, et doit vous contrister et vous humilier tous.

« Il y a soixante et quelques années que je suis entré dans cette maison. J'ai vu ici plusieurs milliers de jeunes étudiants. Eh bien, voici ce que j'ai constamment remarqué : ceux d'entre eux qui avaient contristé leurs maîtres par leur mauvais esprit, c'est-à-dire par un esprit d'orgueil et d'indépendance, par un esprit de critique et d'opposition, ont presque toujours mal réussi dans leur carrière, même avec des talents remarquables, et souvent ils ont mal fini. Au contraire, presque tous les enfants que j'ai vus respectueux, dociles, défiants d'eux-mêmes, confiants et affectueux pour leurs maîtres, même avec des talents très ordinaires, ont prospéré dans le cours de la vie. »

C'est sur ce ton paternel que M. Verniolles faisait toutes ses remontrances. Quand il avait à sévir, — et il le faisait avec une fermeté qui défiait toute résistance, — on sentait que c'était le père qui corrigeait. On pouvait dire de lui *qu'il châtiait parce qu'il aimait.*

Mais aussi qu'il était heureux quand il pouvait faire plaisir à *ses enfants,* leur témoigner sa satisfaction et celle de leurs maîtres ! Félicitations, récréations prolongées, congés et promenades extraordinaires, il mettait tout en œuvre pour multiplier ces dilatations du cœur et ces délassements de l'esprit qui font le charme de la vie écolière. Nous le voyions arriver à la lecture spirituelle avec des promesses dans les yeux et des sourires sur les lèvres. Parfois il s'arrêtait à une fenêtre et cherchait à deviner dans le scintillement des étoiles, sans être astronome, le temps qu'il ferait le lendemain. Nous, nous devinions la pensée et le désir du père, et il arriva plus d'une fois, avant qu'il eût ouvert la bouche, que des applaudissements enthousiastes et des *Vive M. le Supérieur !* lui montraient qu'il s'était trahi et que le congé du lendemain n'était plus un secret pour personne. Oh ! nous savons bien que ces industries ne sont pas connues et ne peuvent être appliquées partout. Mais qu'on en pense ce qu'on voudra : elles sont merveilleusement efficaces pour entretenir le bon esprit, l'émulation et l'ardeur au travail.

Père par l'autorité et la bonté, M. Verniolles était mère par l'affection tendre et délicate qu'il aimait à témoigner aux élèves, surtout aux plus jeunes. Il avait des délicatesses et des attentions qu'on aurait pu prendre pour de la faiblesse, et qui n'étaient en réalité que des effusions de son cœur. C'est surtout dans l'intimité que le supérieur s'effaçait, et que, le cœur sur la main, ce vieillard aux cheveux blancs, se faisait en quelque sorte petit enfant pour causer plus familièrement et plus utilement. Nouveau patriarche Jacob, il put être accusé d'avoir quelques prédilections pour Joseph ou Benjamin. Ces prédilections étaient plutôt apparentes que réelles ; car, en vérité, M. Verniolles aima tous ses enfants et son cœur largement ouvert leur donna toujours et à tous le plus libre accès.

Il se montrait surtout délicatement affectueux dans le malheur. Un jour, un tout jeune élève reçut la nouvelle de la mort de deux jeunes sœurs emportées coup sur coup en quelques jours. Comment la lui apprendre ? M. Verniolles le fait venir chez lui. « Vous aimez bien votre maman, mon enfant, lui dit-il... Eh bien ! il faudra l'aimer encore davantage désormais : vos deux petites sœurs sont au ciel. » L'enfant éclate en sanglots et verse d'abondantes larmes. M. Verniolles l'embrasse affectueusement et s'ingénie à le consoler. Ce fut le point de départ, l'origine d'une affection qui ne se démentit jamais.

Du reste, ce véritable chef de famille n'oubliait

pas qu'il était prêtre et qu'il était à la tête d'une
véritable pépinière sacerdotale. Sa préoccupation constante fut de cultiver ces vocations
naissantes dont il avait la charge et la responsabilité. Il ne négligeait rien pour les faire
grandir et prospérer. Constamment il montrait
à ces jeunes adolescents, comme couronnement
de leur éducation, pour les exciter davantage
à la piété et à la vertu, la montagne du sacerdoce qu'ils étaient appelés pour la plupart à
gravir bientôt.

Toute sa vie de supérieur peut être résumée
dans ces lignes que lui écrivait un jour l'illustre évêque de Rodez, Mgr Bourret :

« Je ne connais rien de plus beau, ni de plus
respectable que la vie de ces prêtres vénérables qui passent leur temps dans l'humilité
d'un ministère des plus fructueux, et préparent
dans l'ombre de la retraite de bons prêtres à
l'Eglise. Ce sont là les hommes qui rendent
les plus grands services et ceux dont la couronne sera un jour la plus éclatante. »

Le Supérieur de Servières fut un de ces
hommes et il ne perdit jamais de vue ce but si
élevé dans la direction et dans l'esprit dont il
dota cette maison. Préparer des chrétiens, des
prêtres, c'était la pensée dominante, le levier
puissant de son supériorat, de sa vie tout
entière. Aussi les bons résultats de ce gouvernement ferme, sage et paternel ne tardèrent

pas à se manifester, et, grâce à l'habile direction de M. Verniolles, Servières devint un petit-séminaire modèle.

Nous avons eu déjà occasion de faire remarquer tout ce qu'il y avait de délicatesse, d'amabilité, de bonté et de condescendance dans la correspondance de M. Verniolles. Mais c'est surtout comme Supérieur, qu'il se servit de ce moyen puissant d'enseignement et d'éducation. Il aimait à entretenir des relations avec les enfants de Servières ; il leur demandait d'écrire souvent, avec le plus filial abandon, et il répondait toujours en ami, en père, en prêtre. On pourrait faire tout un volume, fort intéressant et fort instructif, avec les lettres qu'il adressa aux élèves pendant son supériorat. Il les suivait pas à pas dans la vie, leur donnant dés conseils, les prémunissant contre les dangers du monde, leur rappelant avec à-propos leurs souvenirs d'enfance, leurs impressions premières. Ces faveurs épistolaires, dont on se montrait fier, n'étaient pas réservées exclusivement aux élus du sacerdoce ; ceux même qui avaient quitté le petit-séminaire, pour embrasser toute autre carrière, y avaient une large part, et ils étaient sûrs d'être accueillis avec bonté, avec affection, toutes les fois qu'ils allaient frapper à ce cœur de père.

Qu'on nous permette quelques citations :

« Mon tout aimable ami,

« Je ne viens pas vous demander si vous
vous trouvez bien en vacances, si vous vous y
amusez bien ; vous étiez si content de les voir
arriver, si joyeux au moment du départ, que
vous devez tirer bon parti de votre temps, j'en
suis sûr. Mais laissez-moi vous demander si
votre pensée ne se porte jamais à Servières, si
vous vous souvenez quelquefois de vos amis.
Pour moi, je vous l'avoue, le souvenir de mes
chers élèves me revient plusieurs fois chaque
jour. Dans mes petites courses, dans mes promenades solitaires, une douce illusion me sai-
sit tout à coup. Je me persuade que je suis assis
au milieu de vous tous, derrière ma petite
table, et que nous expliquons du grec ou du
latin, ou que nous parlons histoire, éloquence,
poésie. Il me semble que je vous vois, vous,
la tête appuyée sur l'épaule du bon M. X... Je
veux vous regarder d'un œil un peu sévère, je
veux vous accuser de nonchalance et de paresse,
enfin j'ai presque envie de me fâcher. Mais
j'aperçois sur vos lèvres un certain petit sourire, je suis forcé de sourire à mon tour, et me
voilà désarmé... »

« Je suis touché, écrit-il au même, des sentiments que vous conservez pour l'établissement de Servières. La reconnaissance pour
cette maison fera toujours l'honneur de ses
enfants, et j'aime bien qu'on n'oublie pas tout

à fait des murailles qui sont pour moi riches
de souvenirs. Au reste, les bons souvenirs de
Servières sont presque toujours accompagnés
de gratitude pour les grâces de Dieu qu'on a
reçues dans cette maison ; et à ce point de vue,
le sentiment que vous exprimez est une véritable vertu que Dieu ne peut manquer de
récompenser et de bénir. Si vous aimez vraiment Servières et ceux qui l'habitent, venez le
visiter de temps en temps quand vous serez
libre. Vous y trouverez des amis qui vous ten-
dront la main aussi cordialement qu'autrefois. »

A un jeune homme qui vient d'entrer au
grand-séminaire et qui lui fait part de ses
premières impressions, il répond aussitôt :

« Le grand-séminaire est pour moi un pays
assez connu et surtout beaucoup aimé. Cependant je ne sais trop où se trouve cette cellule 22,
qui a l'avantage de loger un de mes amis. Peu
m'importe d'ailleurs l'endroit où elle est placée.
L'essentiel est que vous en soyez content, que
vous vous y trouviez bien, qu'elle ne vous voie
jamais triste, inquiet et ennuyé. Oui, je désire
beaucoup que vous et votre cellule vous fassiez
bon ménage. Il faut commencer par l'aimer
beaucoup vous-même, si vous voulez qu'elle
vous paraisse douce, aimable et d'un visage
riant. Car elle est un peu capricieuse, je vous
en avertis. Et si vous aviez le malheur de lui
faire mauvaise mine, de l'aborder d'un air

maussade, de la fuir le plus souvent possible,
soyez-sûr qu'elle vous paierait de retour ; elle
se vengerait en vous offrant un visage sombre,
lugubre, elle vous paraîtrait insupportable.
Soyez donc plein de prévenances et d'assiduités
pour cette nouvelle *fiancée* ; elle vous récom-
pensera largement, je vous le promets. Voilà
des choses qui vous paraîtront singulières et
que je ne croyais pas vous dire à propos de
votre n° 22. Après tout, je ne suis pas fâché de
vous les avoir dites. Il se peut qu'avant la fin
de votre séminaire, vous trouviez qu'il y a dans
cela une vérité et un conseil utile. Je crois
même que c'est tout le secret du bonheur qu'on
peut trouver au grand-séminaire. J'en ai fait
l'expérience en habitant les cellules et même
les chambres plus spacieuses. *Cella continuata
dulcescit, male autem custodita*, etc. Celui qui a
écrit ces paroles l'avait bien éprouvé aussi :
c'est l'auteur de l'Imitation, ni plus ni moins,
non pas au n° 22 (et c'est vraiment dommage),
mais au chap. 20, liv. I. — En voilà assez,
j'espère sur votre cellule et votre numéro... »

« De tous les enfants que j'ai connus et aimés,
écrit-il à un autre, aucun ne m'a laisé un souvenir plus doux que le vôtre. Je vous ai donné
pendant trois ans une affection pleine de tendresse, une affection toute spirituelle et fondée sur des communications intimes et saintes.
De votre côté, vous m'avez donné toute votre

confiance, tout votre filial amour, tout votre cœur. Je sais que j'ai eu le bonheur plus d'une fois de vous encourager, de vous consoler, de vous soutenir, de vous donner un peu de paix, et de joie. C'est un grand bonheur pour un prêtre. Et jamais le moindre nuage n'est venu assombrir ces jours où j'ai été votre maître et votre père. Vous aviez pour moi un respect et un abandon que je ne méritais pas et qui me couvraient de confusion... Par la lettre d'un séminariste, j'ai appris que vous alliez être ordonné prêtre, et au moment où ces lignes vous parviendront vous serez revêtu de la sublime dignité du sacerdoce. Que de chers souvenirs se sont réveillés, cher enfant, lorsqu'on m'a transmis cette nouvelle... Je vous ai connu presque enfant, et je me suis senti attiré vers vous. Votre confiance naïve, votre affectueuse tendresse, votre respectueuse docilité pour mes moindres avis me sont encore présentes comme si tout cela était d'hier... Ne serez-vous pas assez charitable pour me donner une large part à vos ferventes prières durant ces premiers jours de votre sacerdoce ?... »

« Je me réjouis, écrit-il à un autre séminariste, de savoir que vous serez bientôt sousdiacre. Vous réciterez la prière de l'Eglise, ces belles et touchantes formules de l'office divin. Parfois, avant de commencer, vous penserez à moi, vous prierez pour moi. Cette pensée me fait du bien. Hier soir, par exemple (7 décembre) quand je lisais les poétiques homélies de Saint Germain sur les grandeurs et les privilèges de Marie Immaculée et Mère du Sauveur, je souffrais de n'avoir personne pour lui communiquer mon enthousiasme et mon admiration pour des beautés si sublimes. Désormais, je saurai que votre lèvre, votre esprit et votre cœur prononcent et goûtent les mêmes paroles, les mêmes sentiments que moi. *Quam dulcia faucibus meis eloquia tua, super mel ori meo !... Lucerna pedibus meis verbum tuum, et lumen semitis meis.* Que vos oracles sont doux à mes lèvres, Seigneur ! Ils sont dans ma bouche plus suaves que le miel. Votre parole est la lampe placée devant mes pieds, c'est la lumière qui éclaire mes pas !... En songeant à vous et au saint bréviaire que vous allez réciter tous les jours, le souvenir de ces deux versets que vous prononcerez si souvent désormais m'est tout à coup venu à l'esprit. Que vous allez être heureux, vous qui aimez tant la parole de Dieu, les saintes Écritures ! Savourez à votre aise cette poésie toute divine. Priez un peu pour moi, qui suis si distrait, si chargé de soucis, si froid et si blasé pour toutes les saintes choses. »

A un ancien professeur qui lui rappelle de douces relations, il répond :

« Votre lettre est une de celles qui me font

vraiment plaisir. Vous me rappelez de doux et aimables souvenirs, ces visites si gracieuses et si cordiales du mardi, où je me délassais des études de la journée et parfois des soucis de la semaine entière. Je vous trouvais toujours calme, bienveillant, droit, et surtout charitable et indulgent pour tous. L'expression de mes sentiments, de mes blâmes et de mes antipathies parfois, ne vous édifiait pas toujours. Mais vous étiez assez tolérant pour me pardonner bien des choses. Avec ma trempe de caractère, il est difficile de ne pas sentir vivement, de ne pas dire avec franchise ce qui vous plaît et ce qui ne vous va pas. Mais vous, cher ami, vous étiez toujours là pour excuser et atténuer tout, pour tout expliquer en bonne part. Votre départ a fait un grand vide dans notre maison ; je m'en aperçois souvent. Mais il en a fait un qui est personnellement douloureux pour moi. Je vous le dis sans compliment, sans ombre de flatterie : vous me manquez ici dans mes joies et dans mes tristesses... »

Enfin voici une lettre qui soulève un voile de cette âme d'élite et qui nous montre bien que M. Verniolles comprenait tous les devoirs de l'affection surnaturelle et sacerdotale, en même temps qu'il recherchait tous les avantages et toutes les douceurs de la véritable amitié :

« Je vous remercie, mon cher enfant, de

l'expression de votre gratitude et de votre tendresse filiale : j'en suis touché, parce que je
connais votre cœur, et je sais que tout cela est
très sincère. Mais comment donc avez-vous
pu, dans votre examen de conscience, vous
figurer que vous n'aviez pas répondu à mes
bontés et que j'avais, en bien des choses, à me
plaindre de vous ? Biffez tout cela de votre pensée, s'il vous plaît : cherchez d'autres matières
à votre examen, et d'autres péchés à confesser.
Je vous rends témoignage, bien cher enfant,
que vous avez été toujours attentif, obligeant,
dévoué, affectueux, et que vous avez toujours
mis un empressement plein de délicatesse dans
les petits soins qu'exige ma santé et les secours
que réclamaient mes travaux littéraires. J'en ai
été souvent touché : je n'ai pas su vous le dire
assez peut-être; vous pouvez toutefois compter
sur ma sincérité et sur mon cœur de père. —
Et maintenant vous me demandez des conseils,
vous me parlez de votre ennui, de votre isolement. Vous devez donner plus de temps que
jamais à vos exercices de piété. Accoutumez-
vous à faire une méditation un peu sérieuse
tous les matins; soyez fidèle chaque soir à
votre lecture spirituelle, à votre examen de
conscience. S'il faut vous imposer des sacrifices,
un peu de violence même, pour y être fidèle,
sachez donner au bon Dieu cette preuve de bon
vouloir. La pensée de l'entrée au séminaire,

la lointaine perspective du sacerdoce de Jésus-Christ vous donneront de la force et du courage. — Et moi aussi, quand je repasse ces entretiens intimes, ces relations journalières que j'ai eus avec vous, je me pose une question : vous ai-je assez souvent exhorté à la piété, à la ferveur, à l'acquisition des vertus de l'aspirant au sacerdoce?... Vos fonctions de secrétaire amenaient entre nous des préoccupations toutes profanes ; quand vous me visitiez et me serviez dans mes infirmités, je cherchais plutôt à me distraire qu'à être sérieux ; et me trouvant avec un enfant dévoué, discret et fidèle, dont le cœur se montrait à nu dans la physionomie et le regard, je ne songeais qu'à faire diversion aux peines et aux soucis qui ne manquent jamais à un supérieur. Si je vous ai mal édifié sur ce point, cher enfant, vous me pardonnerez et prierez pour moi. Attachez-vous à la piété ; tout le reste n'est rien : *Vanitas vanitatum, præter amare Deum...* Voilà le cri que vous jette un cœur où vous avez pu lire bien des fois. »

Est-il besoin d'insister ? M. Verniolles chercha avant tout à faire du bien aux enfants. Même en leur prodiguant son affection, il eut pour but de les attacher davantage à la piété, à la vertu, et de leur en rendre les sentiers plus faciles et plus aimables. Du reste, c'est le propre du véritable prêtre, d'avoir un cœur

aimant, et pour lui, quoi qu'on ait pu dire,
une des plus grandes jouissancés, c'étaient les
douceurs de l'amitié, mais d'une amitié sincère
et réciproque, qui, tout en étant discrète et
réservée, ne s'arrêtait jamais aux calculs de
l'intérêt et de l'égoïsme. Le seul reproche
qu'on pût lui faire peut-être, c'était de se renfermer dans un cercle trop étroit, dont il était
bien difficile de franchir les limites. C'est ce
qui explique sans doute certains froissements,
certaines antipathies qu'il rencontra parfois,
sans rien perdre néanmoins de l'estime et du
respect universels. Quelques-uns purent se
plaindre de son caractère, tous rendirent hommage à son esprit sacerdotal et à son âme
d'élite.

M. Verniolles aima aussi Servières jusqu'à
la passion, jusqu'à l'emportement. Il s'identifia
tellement avec son cher petit-séminaire, qu'il
en fit en quelque sorte son bien, sa propriété.
Il en vint à ne parler que de lui, à ne vivre
que de lui. Tout ce qui, de près ou de loin,
touchait à cette maison, était pour lui sacré.
Ses amis étaient ses amis, ses ennemis — si
l'on peut ici employer ce mot — devenaient
ses ennemis. Il ne souffrait pas qu'on s'attaquât
à cette arche sainte, et il la défendait, lorsqu'il
la croyait atteinte, avec une indomptable énergie. Il aurait voulu que tout le monde parta-
geât ses préférences, qui allaient parfois jus-

qu'à l'ostracisme, tant il lui semblait que l'avenir même du diocèse était essentiellement lié à
l'avenir de Servières. Lui, d'ordinaire si réservé,
si respectueux de l'autorité de ses supérieurs,
si défiant de lui-même, devenait intraitable,
agressif peut-être, lorsqu'il croyait que la
prospérité du petit-séminaire était compromise.
Il élevait la voix et portait ses doléances jusqu'aux pieds de l'évêque, et, s'il n'obtenait
pas toujours satisfaction immédiate, en concen-
trant sa douleur, il savait bien faire comprendre qu'il était atteint dans ce qu'il avait de
plus cher. Nous avons été plusieurs fois le
témoin de cette douleur. Ses protestations
indignées pouvaient paraître excessives ; mais
elles furent toujours l'expression de ses convictions profondes et de sa foi invincible à la
mission providentielle de Servières.

Il faut bien en convenir, du reste, les événements finirent toujours par lui donner raison,
soit dans ses appréhensions, soit dans ses
espérances à l'égard de Servières. En deux ou
trois circonstances, on crut devoir prendre
des mesures malgré lui, malgré sa vive opposition, des mesures graves, qu'on pensait être
dans l'intérêt général du diocèse, mais qu'il
regardait, lui, comme préjudiciables à son
œuvre. Ces essais aboutirent à des échecs,
comme il l'avait prédit, et il fallut bientôt rapporter ces décisions. Ce furent les grandes

épreuves des dernières années de ce supériorat
fécond, et elles furent terribles. Nous aurons à
en parler encore, et sans nous départir, du
respect et de la réserve qui nous sont com-
mandés, nous tâcherons d'en dire assez pour
remplir notre rôle d'historien et pour faire
comprendre toutes les peines, toutes les douleurs ressenties par M. Verniolles, dans ces
conjonctures difficiles.

Mais aussi avec quelle reconnaissance il
recevait les témoignages de sympathie et de
dévouement en faveur de Servières ! Avec quel
empressement il accueillait, il comblait d'attentions les amis du petit-séminaire ! Il leur
en faisait les honneurs avec une distinction
parfaite, avec une amabilité exquise. Il provo-
quait leurs visites et leur faisait d'aimables
reproches lorsqu'elles se faisaient trop attendre. Si parfois parmi les visiteurs il se trouvait
quelque personnage de marque, sans en tirer
vanité, il savait en tirer profit pour l'honneur
et le beau renom de Servières.

C'est ainsi qu'il accueillit Louis Veuillot en
1862. Le vaillant polémiste en témoigna sa
satisfaction en écrivant sur Servières une page
délicieuse, que l'on conserve précieusement
dans les archives du petit-séminaire, et en
gardant toujours le souvenir de cette maison.

En 1873, l'*Univers* ayant déplu au gouvernement pour ses articles sur les *trois ducs*, fut

supprimé pour six mois. M. Verniolles trans-
mit à Louis Veuillot une adresse de respec-
tueuses félicitations, signée de tous les professeurs. Il reçut cette belle et fière réponse,
où se trouve rappelée la visite de 1862 :

« Messieurs, j'aurais bien parié que Servières
ne m'enverrait pas des condoléances, mais des
félicitations. Dans ce lieu de saint travail et de
sainte pauvreté, l'Orphée chrétien vous a dit
les chants qui rendent belles et douces les
austères perspectives de la vie.

« Vous savez le prix incomparable dont
Jésus-Christ paiera la goutte de sang, la goutte
de sueur et jusqu'à la goutte d'eau. Vous ne
me plaignez pas d'être entré en négoce avec
ce marchand qui va par le monde, prodiguant
ses richesses aux moindres choses qu'on a
voulu faire pour lui.

« C'est à Servières, où votre grand évêque
m'avait donné l'hospitalité, que j'ai appris la
première nouvelle de Castelfidardo, peu de
temps après la suppression de l'*Univers*. Nous
étions accablés : l'évêque reprit la parole :
« *Ecce video cœlos apertos, et Filium hominis stan-*
« *tem a dextris Dei.* » Il faut que le froment soit
broyé pour faire le pain, et qu'il meure en terre
pour faire la vie. Il faut que des tombeaux
s'ouvrent sur la voie de la justice. « *In semita*
justitiæ, vita. » Cette tombe est un berceau. La

bonne terre est le berceau du bon grain qu'on y jette pour qu'il meure. L'homme ennemi croit semer la mort, il sème la victoire et la vengeance du Maître éternel à qui appartiennent la terre et le grain !

« Après quinze ans, je me souviens de la soirée de Servières, et je suis consolé comme je le fus alors. Dieu sait ce qu'il a mis dans les berceaux. Faisons-lui crédit ; attendons son heure. Nous sommes les hommes de la patience et de l'espérance. Quand il faudrait mourir, nos cœurs voient les cieux ouverts et le Fils de l'homme debout à la droite de Dieu. Parmi les témoins consentants de la mort d'Étienne, il y a toujours quelqu'un qui sera Paul, et c'est assez.

« Je vous embrasse, Messieurs, avec les sentiments fraternels qui vous sont dès longtemps connus. Je peux dire qu'ils deviennent plus respectueux et plus tendres à mesure que je vois mieux le train accoutumé du monde. C'est vous, prêtres pauvres et dévoués, qui referez la France. Vous qui croyez, c'est vous qui croîtrez. Vous êtes le grain, vous produirez l'épi.

« Priez pour moi.   LOUIS VEUILLOT. »

C'est surtout par M. Verniolles et grâce à son impulsion, que les doctrines de l'*Univers* sont de tradition à Servières. Il fut toujours le lecteur assidu, l'admirateur enthousiaste du vaillant journal, dont il appréciait particulièrement l'orthodoxie invariable et la fidélité aux enseignements de l'Église. Il eût manqué quelque chose, ce semble, à notre rôle d'historien si nous n'avions signalé, en passant, les rapports qui existèrent entre le supérieur de Servières et celui qu'on a justement appelé le *lion de la Presse contemporaine.*

Un ancien élève de Servières que sa haute intelligence et ses talents remarquables avaient élevé au faîte des honneurs, et qui conserva toujours l'empreinte de sa première éducation du petit-séminaire, M. Brunet, échangea plusieurs lettres avec M. Verniolles. Elles sont trop honorables pour que nous n'en citions pas au moins ce qui regarde Servières.

« Malgré la différence d'âge et le temps écoulé, ce sont toujours des amis et de bons amis que je vois dans mes excellents maîtres de Servieres. J'ai toujours eu pour eux le culte du souvenir et la mémoire du cœur, et je me souviens particulièrement de l'excellent abbé Verniolles et du soin avec lequel, dans les promenades, je recherchais sa conversation toujours si indulgente et toujours si utile. Je pourrais vous citer — et je vois d'ici votre étonnement — tel et tel endroit, où vous me dites telle et telle bonne chose qui frappa mon esprit et que je n'ai pas oubliée... Quelle différence entre les

maisons d'éducation religieuse et les établissements de l'Université ! Ici, la vie d'école absolument aride, le labeur quotidien mesuré à
l'heure et aux minutes ; là, au contraire, la vie
de famille, une vigilance affectueuse qui suit
l'élève tout le jour, toute la nuit, à l'étude, aux
récréations, aux repas, partout. Aussi, lorsque
l'élève avance dans la vie, celui qui, comme
moi, a été contraint par les règlements de
l'époque, de partager ses études entre ces deux
genres d'établissements, constate, lorsqu'il se
recueille, qu'il n'a oublié aucun de ses anciens
maîtres du petit-séminaire, tandis que, parmi
les autres, il en est un ou deux à peine qui
réveillent en lui un souvenir à demi reconnaissant. Bien souvent j'ai passé devant le lycée
où je terminai mes études, et sa vue ne me fit
éprouver jamais la moindre émotion. Je ne
puis, au contraire, entendre prononcer le nom
de notre cher Servières sans que le cœur me
batte, et ma plus grande joie serait de revoir
un jour cette bonne et sainte maison... J'irai
vous voir un jour, j'espère : ce sera double
plaisir pour moi. Au bonheur de revoir un
établissement si cher à tous mes souvenirs
d'enfance, je joindrai la grande joie de serrer
la main d'un de mes meilleurs et plus vénérés
maîtres, et ce sera de bien bon cœur que je
l'embrasserai... »

Celui qui portait ces appréciations si flat-

teuses sur Servières devint un jour ministre
de l'instruction publique. M. Verniolles ne
pouvait manquer de souligner cette gloire pour
le petit-séminaire. Mais, pour ne pas être accusé
de flatterie, il profita d'un discours célèbre
que prononça M. Brunet au Sénat pour lui faire
parvenir ses félicitations.

« Monsieur le Ministre, lui écrivit-il, je
viens de lire dans les journaux le discours
que vous avez prononcé au Sénat, et je
tiens à vous dire toute mon admiration pour
votre talent et votre fermeté, surtout pour
les courageuses déclarations que vous avez
faites. Si nous devons être sauvés, ce ne
sera pas, à mon humble avis, par des équi-
voques et des finesses parlementaires ; mais
ce sera en attaquant la révolution de front
et en lui déclarant ouvertement la guerre,
comme vous l'avez fait avec tant d'intrépidité
et de succès. De tout ce que nous avons vu
depuis le 16 mai, il me semble que votre atti-
tude et votre discours sont ce que nous avons
eu de plus rassurant et de plus décisif. Il ne
m'appartient pas de vous féliciter : permettez
du moins que je vous en exprime toute ma
joie. Il y a plus d'un mois, Monsieur le Ministre,
que la confiance du Maréchal vous a appelé à
un poste d'honneur, qui est surtout un poste
de péril et de combat. Avec votre caractère
généreux, vous l'avez accepté parce qu'il y a

du bien à faire et des dangers à courir. Par un sentiment de réserve et de discrétion que vous comprenez, je ne suis pas venu vous offrir mes hommages de félicitation au moment où vous deviez être écrasé de travail et absorbé par les réceptions officielles. Mais vous ne doutez pas, j'en suis sûr, que je n'aie appris avec émotion et bonheur votre élévation à des honneurs justement mérités. Notre chère maison de Servières peut montrer maintenant avec orgueil à tous ceux qui l'aiment celui qu'elle a compté parmi ses enfants.

« Daignez agréer, etc. »

« Je remercie mon ancien et bien excellent maître, répondit le ministre, de son bon souvenir et des félicitations affectueuses qu'il a bien voulu m'adresser. Merci de me dire qu'on se souvient de moi à Servières. Et moi aussi je garde à cette chère maison une mémoire affectueuse ; à elle, à ceux qui l'habitaient avec moi, à son si digne et si éminent supérieur actuel en particulier. »

Ainsi, M. Verniolles ne négligeait aucune occasion de rehausser et de mettre en relief le nom de Servières. Mais ce qu'il aimait par dessus tout, c'était l'âme de Servières, ses traditions, son esprit de famille, si justement célébré par M. Brunet et avec lui par tous les personnages distingués qui ont passé dans cet établissement. Écoutons-le lui-même nous chanter avec des accents émus, cette âme, ces traditions, cet esprit :

« L'âme de Servières !, c'est encore mieux que son esprit. Elle se compose de souvenirs, de traditions, d'empreintes données aux jeunes âmes par les Capitaine, les Touron, les Vermeil ; elle se compose d'un mélange de naturel, de simplicité, de vertus modestes et sacerdotales, et de ce charme indéfinissable que les plaisirs et les fêtes de notre adolescence attachent aux lieux et aux personnes qui en furent les témoins.... Il est bon de réveiller et de ranimer ces pensées dans un temps où le terre à terre, le prosaïsme, la question d'argent, de confortable, de bien-être envahit tout et semble primer tout le reste. Pour mon compte, j'aurai le culte de mon vieux Servières jusqu'au dernier soupir, dussent les Ferry et les P. Bert le transformer en brillante fabrique de bacheliers !... — Vous me faites trop d'honneur en me disant que je suis pour une large part dans l'âme faite à Servières. Je n'ai été qu'un canal tout au plus, un disciple affectueux et dévoué des vénérables maîtres que j'ai nommés. Mais je les ai beaucoup aimés et secondés de mon mieux... »

« ... Au reste, laissez-moi vous le dire, vous seriez mal inspirés si vous songiez jamais à rougir du titre d'enfants de Servières. Il est beaucoup de maisons d'éducation plus opulen-

tes et plus illustres que la vôtre ; mais la vôtre
a bien sa noblesse et ses titres de gloire, et le
premier de tous peut-être c'est d'avoir été la
maison tendrement aimée et cent fois célébrée
par notre grand évêque, Mgr Berteaud. Je
voyais, il y a quelques jours, avec quelle avidité, avec quelle joie et quelle fierté, vous
recueilliez quelques fragments de ces hymnes
d'amour que j'ai entendus en l'honneur de la
maison de Servières. « Je contemple avec joie,
disait le prélat au cœur si aimant, je contemple avec joie tous ces enfants qui se préparent
ici aux combats du Seigneur. Ne croyez pas
que je me méprenne sur les magnificences de
la terre qui m'a été confiée. Qu'il est beau
Servières avec ses vastes horizons, avec ses
grandes roches agrestes, ses prairies vertes,
ses torrents qui bondissent, cette terre en
apparence si tourmentée. C'est là que la sagesse
s'est bâti une demeure, et elle y appelle les
enfants, les adolescents. S'il y a quelque part
un petit enfant à la lèvre souriante, qu'il vienne
ici. Cette maison, qui fut autrefois un château
féodal, est maintenant la citadelle de la vérité,
de la lumière, du saint amour des âmes. » —
Ces belles et touchantes paroles, ce sont comme
les parchemins et les titres de noblesse de la
maison de Servières. N'oubliez pas que parmi
ceux qui entendirent ces témoignages si flatteurs, presque tous se montrèrent dignes de

les recevoir. Ils ont bien servi l'Église, ils ont honoré les divers emplois qu'ils ont exercés dans le monde. Gardez bien ces traditions, marchez sur les traces de vos devanciers... »

« Notre isolement a ses mauvais côtés sans doute ; mais aussi n'avons-nous pas un air pur et fortifiant, et les vastes horizons, et les frais ombrages, et les promenades aux sites variés ? Nos enfants envieraient-ils ces cours de récréation placées au sein des villes et bordées de hautes murailles, avec des routes poudreuses et brûlées par le soleil ? Ne préfèrent-ils pas nos larges et vertes allées, et ces heures délicieuses, passées sous nos grands arbres, sur un lit de mousse et de gazon ?... (1) »

Tout en se considérant comme un dépositaire vigilant et scrupuleux des traditions de Servières, M. Verniolles ne négligeait pas le côté matériel. Les embellissements successifs, les réformes importantes qui eurent lieu sous son administration en témoignent assez. Mais nous manquerions à la vérité, en ne reportant pas une bonne partie du mérite de ces embellissements et de ces avantageuses réformes sur celui qui fut pendant plus de vingt ans son bras droit, son collaborateur actif et intelligent, M. le chanoine Chérière, l'économe actuel. Dans un des chapitres suivants nous aurons à nous arrêter plus longuement sur ce sujet.

(1) Discours du 27 juillet 1881.

Le séminaire de Servières possède deux propriétés, où les élèves ont l'habitude, les jours
de fête et de congé, d'aller en promenade. Les
grands arbres de la Bourgeade et de Vourmelle
abritent leurs ébats joyeux et sont les témoins
silencieux de leurs jeux et de leurs conversations bruyantes. C'est là aussi que M. Verniolles
aimait à chercher une diversion à ses préoccupations absorbantes, un délassement réconfor-
tant après ses nombreux travaux. Il laissait
pour quelques heures ses chères études, et on
le voyait, à la tête d'une escouade d'ouvriers,
souvent choisis parmi les élèves, tracer des
allées spacieuses, planter des arbres de toute
essence, jeter à profusion des graines dans les
landes incultes pour les transformer en pépi-
nières fertiles, sans se laisser le moins du
monde effrayer ou déconcerter par le vers du
fabuliste :

Passe encor de bâtir, mais planter à cet âge !

Il avait une prédilection particulière pour le
pin et ses différentes espèces, sans doute
parce que cet arbre vient plus vite et qu'il
espérait en jouir plus tôt. C'était chez lui
une manie bien pardonnable, presque enfan-
tine, et son plus doux passe-temps, dans les
dernières années de sa vie, c'était de suivre
avec intérêt les progrès annuels de ces plantations qu'il avait faites. Il ne manquait jamais,

dans ces douces promenades, de se munir d'un
mètre et de faire mesurer avec une précision
mathématique la longueur des jeunes pousses
de chaque année. Aujourd'hui les plantations
de M. Verniolles donnent une plus-value considérable aux deux propriétés du petit-
séminaire. Mais elles restent surtout comme la
preuve vivante de ce qu'il y avait de simplicité
et de charme dans les goûts et les récréations
du vieillard octogénaire, et comme une des
manifestations les plus touchantes de son
amour de Servières.

CHAPITRE VII

Le Prêtre et l'Educateur

Un écueil assez ordinaire pour les professeurs de nos séminaires ou collèges catholiques, qui sont revêtus du sacerdoce, c'est de trop faire abstraction de leur caractère sacerdotal et de ne pas assez s'en inspirer dans la formation et l'éducation de leurs élèves. Ils sont trop exclusivement *professeurs*, et, ne se souvenant pas assez qu'ils sont prêtres et qu'ils doivent enseigner en prêtres, ils deviennent *laïques* jusqu'à un certain point, ou du moins ils donnent un enseignement laïque, qui peut bien faire des savants, mais qui ne saurait faire des chrétiens solides et convaincus. Nous pourrions trouver là peut-être, en partie du moins, l'explication de certaines défaillances, de certaines apostasies même, qui se produisent trop souvent parmi les anciens élèves de nos maisons d'éducation.

M. Verniolles avait compris cette lacune et

signalé ce danger. « Certains professeurs ecclésiastiques, disait-il, ont comme scindé leur
âme en deux parts, qui n'ont presque rien de
commun. Mettez-les dans la chaire, placez-les
au confessionnal, faites-les monter à l'autel, ils
sont pieux, ils sont fervents, ce sont de vrais
apôtres qui n'aiment que l'Evangile, et qui
savent à merveille foudroyer le monde et ses
impures vanités. Mais placez-les sur leur
pupitre de professeur, ce ne sont plus les
mêmes hommes. Ne faut-il pas qu'ils suivent
un programme, qu'ils adoptent les méthodes
reçues, qu'ils emploient les livres en vogue
dans les collèges, qu'ils les expliquent de leur
mieux et les fassent aimer ?... Les voilà donc,
durant toute une année, paraissant oublier
qu'ils sont prêtres et qu'ils élèvent avant tout
des chrétiens ! Ils expliquent Virgile, Sophocle,
Homère, Horace, Ovide peut-être, ils font
admirer Cicéron, Plutarque, Tite-Live, Salluste;
et c'est à peine s'ils donnent quelques heures
dans l'espace de dix mois à saint Jean Chry-
sostome et à l'Evangile. Ils présentent ces
auteurs païens comme des modèles achevés
pour former les sentiments et les pensées de
leurs élèves, et ne conçoivent rien au delà de
cet idéal de toute perfection. Quand ils donnent
à leurs élèves une composition latine ou française, ils puisent encore dans cet éternel
répertoire de la mythologie païenne, de l'his-

toire grecque et romaine. Ils se servent avec un respect scrupuleux des manuels de composition qui se trouvent à foison chez Hachette, Belin ou Delalain. Ils chargeront leurs élèves de mettre une harangue dans la bouche de Miltiade, de Périclès ou de Léonidas aux Thermopyles. Ils feront parler en rhétoriciens Cincinnatus, Camille, Scipion et Annibal ; qui sait même s'ils ne feront pas intervenir dans une description Neptune avec ses nymphes, Apollon et les Muses ? Ce sera tout leur enseignement littéraire, et leurs plus beaux sujets pour les exercices de composition... »

Avons-nous besoin de le dire ? M. Verniolles n'admettait pas cet amoindrissement, cette décapitation. Comme professeur et comme supérieur, il entendait faire marcher de pair l'instruction et l'éducation ; il voulait que les élèves vissent toujours le prêtre dans leurs professeurs ; mais il entendait en même temps que les professeurs ne fissent jamais abstraction de leur esprit sacerdotal, mais y puisassent toujours la sève féconde de leur enseignement.

Un des obstacles les plus ordinaires, et, il faut bien le dire, les plus facilement acceptés, c'est la place trop étroite qui est faite dans nos programmes d'enseignement à la partie religieuse. Alors qu'il faudrait christianiser tout l'enseignement, on le déchristianise en quelque sorte en l'encombrant, en le matérialisant,

L'élève s'habitue à ne regarder comme important que ce qui rentre dans le programme qui
lui est tracé. Que lui importe l'enseignement
religieux, puisqu'il n'est qu'une *superfétation*?
Et comment lui faire comprendre, après l'avoir
saturé d'auteurs anciens et païens, les beautés
littéraires, la poésie si belle et si suave de nos
livres saints et de nos auteurs chrétiens?
Comment en un mot lui donner le sens chrétien et l'enthousiasme pour les nobles et
saintes causes?

La controverse des *classiques* dont nous avons
parlé, et qui ne pouvait laisser M. Verniolles
indifférent, est tout entière dans ces questions. Tant qu'on n'aura pas *purgé* l'enseignement et révisé les programmes dans un sens
catholique — nous ne parlons bien-entendu
que pour nos établissements religieux —
l'œuvre de l'éducation restera incomplète,
inefficace.

De là pour M. Verniolles une répugnance
invincible à adopter pour Servières le système
des séminaires mixtes. Il préférait renoncer au
relief que donnent les diplômes, que de se laisser
pénétrer et envahir par un esprit tant soit peu
universitaire et laïque. S'il se résigna à quelques tentatives sur ce point, il ne le fit qu'à
contre-cœur et en prenant mille précautions,
qu'il jugeait nécessaires, pour conserver l'esprit traditionnel de sa maison. C'est grâce à

cette intransigeance que Servières est resté et
restera un vrai petit-séminaire, une véritable
pépinière de prêtres et de chrétiens.

Telle était l'opinion de M. Verniolles ; nous
croyons du moins l'interpréter aussi fidèlement
que possible, car bien des fois nous l'avons
entendu la développer et la soutenir avec des
accents qui détonnaient singulièrement sur nos
idées modernes.

Quoiqu'il en soit, imprimer peu à peu, mais
d'une façon constante et soutenue, une orien-
tation chrétienne dans l'esprit des élèves,
nourrir leur âme et leur cœur d'un aliment
toujours assaisonné du sel chrétien, leur faire
respirer l'atmosphère saine et pure de notre
sainte religion et les tenir en garde contre les
entraînements des passions naissantes ; en un
mot, en faire des jeunes gens simples, modestes, instruits ; conserver en même temps et
développer la vocation ecclésiastique, chez ceux
qui avaient entendu cet appel divin et reçu
cette bénédiction céleste : tels étaient son but
et son ambition suprêmes. On peut le dire,
ce fut là le mobile et la raison d'être de sa vie
tout entière.

Il commença d'abord par être prêtre dans
toute l'acception du mot. *Cœpit facere et docere ;*
mettre son enseignement à l'unisson de sa vie :
voilà le levier puissant de tous les éducateurs
de la jeunesse, mais surtout, qu'on ne l'oublie

pas, des prêtres qui sont professeurs dans nos séminaires. Leur exemple est encore plus efficace que leurs leçons dans l'œuvre qu'ils ont à accomplir.

M. Verniolles fut donc, nous ne craignons pas de le proclamer, un modèle de toutes les vertus sacerdotales. C'était l'homme d'étude par excellence, mais c'était aussi l'homme de prière. Chose qu'on aura peine à croire, il resta fidèle toute sa vie aux exercices de piété du bon séminariste : l'oraison, la lecture spirituelle, la méditation de nos saints Livres, la récitation quotidienne du chapelet. Quant à la sainte Messe, il ne s'en dispensait jamais, à moins d'une impossibilité absolue, et il ne se déchargeait sur personne, tant que sa santé le lui permit, du soin de dire chaque matin la messe de communauté, qu'il faisait précéder d'une courte méditation, dont il lisait lui-même le sujet aux élèves. Nous avons noté aussi avec une véritable édification l'exactitude scrupuleuse qu'il apportait dans la tenue de ses carnets de messes, où toutes ses intentions sont indiquées au jour le jour, depuis ses premières années de sacerdoce jusqu'aux derniers jours de sa vie. Il disait quelquefois lui-même qu'il avait célébré tant de milliers de messes — il en précisait le chiffre — et que c'était pour lui une responsabilité écrasante.

Rien d'étonnant qu'ayant ainsi conscience

de sa mission de prêtre, M. Verniolles n'en ait
rien abdiqué dans son rôle de professeur et de
supérieur. Partout et toujours, avec les élèves,
avec les professeurs, il parla en prêtre, il agit
en prêtre. Sous ce rapport, ses allocutions et
ses discours nous révèlent les préoccupations
constantes de son âme et le désir impérieux
qu'il avait d'inculquer dans ces jeunes cœurs
l'amour de la piété et de la vertu. Ce serait
une lacune déplorable que de ne pas recueillir
ici quelques-unes des leçons de ce véritable
maître. Presque tous les jours, il adressait la
parole aux élèves ; mais il leur parlait d'une
manière un peu plus solennelle deux ou trois
fois par an : à la messe du Saint-Esprit, au
premier de l'an et à sa fête. On l'écoutait
toujours avec attention et respect, parce qu'il
parlait toujours sur un ton et avec une autorité
qui montraient le prêtre, le ministre de Dieu.

« Peut-être ne comprenez-vous pas assez,
mes enfants, quelle reconnaissance vous devez
à Dieu de vous avoir appelés dans cette sainte
maison. Sans doute, vous venez y chercher les
connaissances qui vous seront plus tard nécessaires dans le cours de la vie. Mais vous auriez
pu trouver ailleurs cette instruction que vous
cherchez. Il ne manque pas de maîtres qui
enseignent les éléments des lettres et des
sciences. Peut-être en auriez-vous même rencontré de plus habiles et de plus brillants.

Mais ce qui fait la grandeur et la supériorité
des maîtres que vous avez ici, c'est qu'ils sont
prêtres, ils sont les ministres de N.-S. J.-C.
Ils sont les successeurs de ceux à qui le Seigneur
a dit : *Allez et enseignez toutes les nations.* Ils ont
donc vraiment le sceptre de la doctrine et
l'autorité de l'enseignement. Ils sont aussi les
successeurs de ceux à qui J.-C. a dit : *Laissez
venir à moi les petits enfants, car le royaume des cieux
est à eux.* C'est donc à vos maîtres qu'il appartient de vous conduire à Jésus, et de vous
ouvrir la porte du royaume des cieux.

« Voilà donc le grand bienfait de Dieu à
votre égard. Il a voulu que vos professeurs et
vos éducateurs fussent en même temps les
sanctificateurs de vos âmes ; il a voulu que les
ministres de la science fussent pour vous en
même temps les ministres de la grâce. Vous
avez tous une conscience ; cette conscience est
parfois timide, inquiète, embarrassée ; le maître que vous avez est un guide qui vous montre
la voie et le sentier que vous devez suivre ;
votre conscience est tentée et parfois troublée,
peu-être même malade et blessée ; votre maître
est en même temps le médecin spirituel qui
vous guérit, le sauveur qui vous délivre et
vous vivifie par le sang de J.-C..., Vos maîtres,
mes chers enfants, ne se prévalent pas de la
sublime dignité dont ils sont investis. Ils sentent qu'ils portent une charge et une respon-

sabilité proportionnées à leur élévation, et ils
en tremblent d'épouvante. Mais puisque vous
avez l'immense bonheur d'être confiés à de tels
guides, sachez les entourer de respect, d'affection et de reconnaissance... (1) »

« Notre but, disait-il encore, est-il vraiment
de faire de vous des lettrés, des artis-
tes, des savants? Gardez-vous de le croire.
Toute l'instruction qui vous est donnée ici
n'est qu'un accessoire et un moyen. L'essentiel
pour vous et pour nous, c'est de former votre
cœur, votre caractère, votre volonté, c'est de
vous élever au-dessus de vos faiblesses par des
habitudes vertueuses, c'est de faire de vous
des hommes et des chrétiens vraiment dignes
de ce nom. Arrière donc ces sophistes qui
osent dire que le savoir ou même le désir de
savoir est le germe de toute vertu, et qu'il
suffit d'instruire les hommes pour les réformer
au point de vue moral... Former votre cœur
et votre volonté, vous aider à vaincre vos mau-
vaises inclinations par des habitudes de vertu,
vous rendre bons plutôt que savants, voilà
l'œuvre véritable des prêtres qui vous consacrent leur vie...

« C'est la piété qui doit faire ici le fond de
votre vie. Les exercices de piété ne prennent
qu'un temps limité ; mais l'esprit de piété doit
occuper une place souveraine, il doit présider

(1) Messe du Saint-Esprit, 1888.

à vos études et à votre conduite tout entière.
Nous voulons faire de vous des hommes instruits, mais surtout des hommes honorables,
de solides chrétiens, de dignes prêtres, si
Dieu vous appelle au sacerdoce. Ce grand
ouvrage est le nôtre, il est le vôtre aussi ;
mais il est par-dessus tout l'ouvrage de Dieu,
et nous ne sommes ici, les uns et les autres,
que ses auxiliaires, les auxiliaires de sa
grâce...

« Ici, mes enfants, dans la règle que vous
avez à suivre, dans les exercices de la journée,
la prière n'est point oubliée. Outre les prières
du matin et du soir, vous êtes souvent rappelés
au souvenir de Dieu par les courtes invocations
qui précèdent et suivent vos études, vos classes
et vos repas. Mais à quoi vous serviraient ces
belles formules, si votre esprit n'y était point
attentif? Dieu vous écouterait-il, si vous ne
vous écoutiez pas vous-mêmes en lui parlant?
Que fait à Dieu le son des paroles qui tombent
des lèvres? Ce qu'il veut avant tout, c'est un
cœur humilié, tout rempli du sentiment de
ses besoins et de sa faiblesse. Si votre cœur
n'aimait pas Dieu, si vous n'étiez point pénétrés
du souvenir de sa présence, vos prières auraient
peu de valeur...

« Préparez-vous, mes enfants, à marcher
dignement sur les traces de vos devanciers.
Parmi ceux que j'ai connus sur les bancs de

vos classes, plusieurs sont devenus d'un mérite éminent ; beaucoup ont occupé les premiers postes dans ce diocèse, quelques-uns ont joué un rôle important dans les carrières civiles. Il en sera de même, j'en suis sûr, d'un grand nombre d'entre vous. Si l'avenir se dévoilait à mes regards, tel petit enfant qui m'écoute m'apparaîtrait peut-être revêtu d'une haute dignité. Vous êtes l'espoir du diocèse ; il y a parmi vous de futurs professeurs, de zélés pasteurs pour les paroisses, des apôtres et des sauveurs d'âmes ; et c'est pour cela que je vous regarde en ce moment avec une sorte de respect. C'est aussi pour cela, c'est à la pensée du bien que vous devez faire un jour que vos maîtres se dévouent avec tant de zèle à la formation de votre intelligence et de votre cœur...»

« Avez-vous jamais observé sérieusement, s'écriait-il une autre fois, l'admirable mécanisme d'une montre ou d'une horloge? Tant que les rouages et les ressorts qui les composent fonctionnent avec régularité, tout marche avec exactitude et vous pouvez donner à cette horloge une entière confiance. Mais à supposer que les pièces diverses, douées d'intelligence et de volonté, voulussent marcher plus lentement ou plus vite, suivre leurs caprices ou leurs fantaisies, vous n'auriez plus l'indication des heures, ce ne serait plus que désordre et confusion. Ainsi en est-il du règlement. C'est

13.

comme le ressort qui doit faire mouvoir toutes les volontés. Tant qu'elles suivent son impulsion, il y a partout un ordre, une harmonie admirables, une beauté d'ensemble capable de ravir les yeux des hommes et des anges. Mais si la règle était méprisée et foulée aux pieds, ce serait le désordre et le chaos, la vie serait insupportable, il faudrait tout abandonner.

« Le règlement qui vous est donné, mes enfants, devra donc vous apparaître comme un bienfait véritable, digne de tout votre respect. Il est ici le protecteur de vos intelligences et de vos études, le rempart contre vos légèretés et vos inconstances, le remède à toutes les faiblesses et à tous les défauts de votre âge. Il vous tiendra lieu de la force, du savoir, du sérieux, de la fermeté, de l'expérience, qui ne viennent qu'avec l'âge mûr... (1) »

Il savait aussi parfois élargir les horizons, et s'élever à des considérations générales. Voici comment il parlait un jour du devoir : « Au reste, croyez-moi, mes enfants, s'il faut un peu de générosité et d'empire sur soi-même pour remplir tout son devoir, il n'est rien de plus beau, rien de plus doux que le devoir accompli. Le premier fruit que vous en retirez, celui qui domine tous les autres, c'est que vous avez par là l'amitié de Dieu, le repos de la conscience et le droit au bonheur céleste.

(1) Messe du Saint-Esprit, 1876.

Ce seul avantage pourrait vous suffire. Mais Dieu est si bon qu'il a voulu attacher, même dès cette vie, d'ineffables douceurs au devoir bien rempli. Les écoliers qui lui sont fidèles jouissent d'une paix, d'une joie aussi complète qu'on peut l'avoir ici-bas. Dans cette maison, j'en ai connu par centaines de ces heureux enfants assidus au travail, observateurs de la règle, soumis et respectueux pour leurs maîtres, qu'ils regardaient comme des conseillers et des guides, heureux avec leurs condisciples qui étaient pour eux des frères et des amis. Chez eux, pas une ambition, pas un souci, pas un chagrin, pas un reproche mérité, et ils passaient ainsi toute une année dans la paix et la sérénité, ne recevant que des témoignages d'estime et de satisfaction. Pour eux, se vérifiait ce mot de l'Ecriture : *La conscience sans reproche est comme un festin continuel. Secura mens juge convivium.* »

Une autre fois, il parlait ainsi de l'Eglise : « Ah ! mes enfants, si vous savez comprendre la grandeur et la majesté de cette merveilleuse cité de Dieu, qu'on appelle l'Eglise, que vous aurez pour elle de respect, d'admiration et d'amour ! Que vous serez heureux et fiers de travailler pour elle et plus tard de vous dévouer pour elle ! Pour vous rendre plus capables et plus dignes de servir l'Eglise, aucune étude ne vous sera difficile, aucun effort ne vous sem-

blera trop pénible. Dans vos études, vous
mettrez toujours au-dessus de tout le reste les
pages et les travaux qui font resplendir à vos
yeux les grandeurs et les beautés de l'Eglise.

« Un penseur a dit : Il y a de bien beaux
spectacles que l'homme peut contempler au
ciel, sur la terre et dans la vaste étendue des
mers. Mais la plus grande merveille que des
yeux mortels puissent contempler ici-bas, c'est
l'œuvre de Dieu par excellence, c'est l'Eglise
de J.-C. Jeunes amis qui m'écoutez, si votre
intelligence cherche le sublime, la beauté,
l'harmonie et la grandeur, étudiez l'Eglise et
contemplez souvent l'œuvre de Dieu sur la
terre... Elle est belle dans ses dogmes et dans
ses mystères, elle est belle dans son culte et
dans son histoire, belle dans les institutions
et les ordres religieux qu'elle enfante, belle
dans les vertus héroïques et les miracles de
ses saints, belle dans les millions de ses martyrs qui ont scellé leur foi de leur sang, belle
dans les vastes et merveilleux génies qui ont
expliqué et vengé sa doctrine. Dans vos études
historiques et littéraires, quand vous rencontrez la présence de l'Eglise, son influence ou
son action, dilatez votre cœur et saluez-la
toujours avec un sentiment de vénération et
d'amour...

« L'Eglise vous a marqués du sceau de son
baptême et vous a incorporés à J.-C. son époux ;

elle vous a nourris de sa doctrine comme d'un lait pur et virginal ; et après avoir guidé vos premiers pas par les soins d'une mère chrétienne, elle vous a choisis, entre bien d'autres, comme des enfants privilégiés et vous a conduits dans ce saint asile où vous aurez en abondance les enseignements sacrés et les invitations à la vertu. Et, après de patientes études, bon nombre d'entre vous ne seront pas seulement des soldats de l'Eglise, ils iront prendre rang parmi les officiers et les chefs de la milice sainte. Ah ! n'oubliez jamais la noble part qui vous est échue. Aimez beaucoup l'Eglise, puisque vous êtes sa phalange d'élite... »

Nous avons dit que M. Verniolles aimait passionnément nos saints Livres. L'étude constante qu'il en fit lui inspira la composition de deux magnifiques ouvrages (1). Mais il savait aussi, dans ses allocutions aux élèves, s'en servir avec un merveilleux à-propos. Nous nous rappelons encore, à près de trente ans de distance, l'impression profonde que nous fit son discours pour sa fête en 1876. Nous le citons presque en entier.

« Il ne faut pas qu'un pareil jour s'achève sans que je vous laisse quelque bonne pensée et quelques sages conseils... J'achevais, il y a quelques jours, de relire les épîtres de saint

____

(1) Les *Récits bibliques* et les *Récits évangéliques*.

Paul, et c'est une lecture que j'ai faite bien des fois dans le cours de ma vie sacerdotale. Mais cette dernière fois, en parcourant ces lettres toutes divines, ma pensée s'est souvent portée vers vous. — Oh ! me disais-je, comme le grand apôtre trace admirablement les devoirs mutuels des supérieurs et des inférieurs, des maîtres et des élèves, du père et des enfants ! Quelle âme forte et ardente ! quel vaste génie que celui du Docteur des nations ! Que les plus beaux génies du paganisme sont petits près de celui-là ! Quel courage magnanime ! Quel zèle dévorant pour le salut des âmes ! Mais aussi quel amour, quelle tendresse jalouse pour les enfants qu'il a gagnés à J.-C. ! Il prend tous les tons : il gronde, il menace, il prie, il caresse, il emploie toutes les pieuses industries d'une mère pour garder la confiance de ses enfants et les préserver de la séduction des faux docteurs. Oh ! si tous les supérieurs avaient l'abnégation, l'oubli de soi, le dévouement et le zèle de saint Paul ! si tous les subordonnés avaient la docilité, la tendresse, l'affection ardente, la respectueuse soumission des fidèles que Paul avait conquis à l'Evangile !

« Quelle âme de prêtre, de supérieur ou de père, ne tressaillerait pas et ne serait pas fortement remuée par ces paroles : — *Je ne cherche pas ce qui est à vous, mais vous-mêmes*: *Non quæro quæ vestra sunt, sed vos.* — Oui, je dépenserai

volontiers tout ce que je possède, je sacrifierai
tout et après avoir tout donné je me sacrifierai
moi-même par dessus tout le reste pour obtenir le salut de vos âmes. *Ego autem libentissime
impendam et superimpendar ipse pro animabus vestris.*
Et pourtant, quand je vous aime ainsi avec
excès, je sais que je suis moins aimé de vous.
Licet plus vos diligam, minus diligar. — Ecoutez
encore ces plaintes et ces cris du cœur : « Ma
bouche s'ouvre vers vous, ô chers enfants de
Corinthe ; mon cœur s'est dilaté. *Dilatatum est
cor meum ;* il vous embrasse tous, et vous n'y
êtes point à l'étroit. Il est assez large pour vous
contenir ; mais rendez-moi donc amour pour
amour, et dilatez aussi vos cœurs : *Tanquam
filiis dico, dilatamini et vos.* — Non, vous ne
m'avez point offensé, écrit-il aux Galates. Où
est donc le bonheur que vous trouviez à me
voir ? *Ubi est beatitudo vestra ?* Vous m'aimiez au
point que vous vous seriez arraché les yeux
pour me les donner. Suis-je donc devenu votre
ennemi pour vous dire la vérité ? *Ergo inimicus
factus sum, verum dicens ?* Cherchez donc toujours
votre bien en toutes choses, ô mes petits
enfants, vous que j'enfante de nouveau, pour
que le Christ soit formé en vous. Oh ! que je
voudrais être auprès de vous pour faire prendre à ma voix tous les tons et toutes les diverses modifications capables de vous toucher.
Obedite præpositis vestris et subjacete eis ; ipsi enim

pervigilant quasi rationem pro animabus vestris reddituri, ut cum gaudio hoc faciant et non gementes. Obéissez et soyez soumis à vos maîtres, car ils veillent sur vous, comme ayant à rendre compte de vos âmes ; soyez-leur un sujet de joie, et non de tristesse. — O vous qui êtes mes bien aimés et mes fils tendrement désirés, s'écrie-t-il ailleurs, vous êtes tout à l'heure ma joie, vous serez un jour ma couronne. — Je me permets d'emprunter ces paroles et de vous dire aussi : *Gaudium meum et corona mea.* Demeurez toujours fermes et fidèles sous les yeux du Seigneur. Puisque vous faites la joie de vos maîtres, puisque vous avez leurs affections, soyez dans la paix et la joie ; réjouissez-vous sans cesse dans le Seigneur : *Gaudete in Domino semper, iterum dico gaudete.* Mais dans les transports de la plus vive allégresse, même quand vous célébrez de douces et joyeuses fêtes, n'oubliez jamais la modestie et la mesure, le respect de soi qui convient à de jeunes chrétiens. *Modestia vestra nota sit omnibus!* Car le Seigneur est toujours auprès de vous. *Dominus prope est.* Il est toujours près de vous par sa présence et son immensité, quelque part que vous alliez. Mais ici vous êtes dans sa maison ; il habite vraiment sous votre toit. Par un privilège rare, J.-C. résidant dans la Sainte-Eucharistie a deux demeures dans cette vaste maison. Quelque part que vous soyez, dans vos

Notre-Dame du Roc et Gorges de la Dordogne

études ou vos jeux, vous devez donc dire toujours et partout : *Dominus prope est.*

« Et maintenant, dans les études que vous faites, dans les paroles qui tombent de la lèvre de vos maîtres, dans les livres qu'ils mettent en vos mains, attachez-vous surtout à ce qui est vrai et solide, à ce qui est chaste et pur, à ce qui est juste et droit, à tout ce qui est saint et sacré, à tout ce qui est gracieux et aimable. *Quæcumque vera, quæcumque pudica, quæcumque justa, quæcumque sancta, quæcumque amabilia, hæc cogitate.* S'il est quelque chose qui puisse grandir votre réputation et la bonne renommée de cette maison, quelque chose qui puisse fortifier et consolider votre vertu, quelque chose qui puisse faire fleurir la discipline, la régularité, les bonnes mœurs, que ce soit l'objet de vos méditations et de vos pensées, le but de vos désirs et de vos constants efforts. *Quæcumque bonæ famæ, si qua virtus, si qua laus disciplinæ, hæc cogitate...* »

Nous n'en finirions pas si nous voulions poursuivre ces citations. On le comprend sans peine, de tels accents faisaient la plus heureuse impression et produisaient les plus salutaires résultats, et sur les maîtres et sur les élèves. Ainsi répétés souvent, ils finissaient par pénétrer profondément, par se graver dans les cœurs, et M. Verniolles devenait par là-même la cheville ouvrière du grand ouvrage

d'éducation chrétienne tant admiré à Servières.
Il imprimait une telle impulsion, qu'il était
bien difficile d'y résister ou de s'y soustraire.
Et, grâce aux efforts et à l'application de son
zèle sacerdotal, il vivifia en quelque sorte, dans
son cher séminaire, tous ces exercices religieux, qui, malheureusement, dans beaucoup
dè maisons, restent un corps sans âme, parce
que les élèves n'y ont aucun goût, aucun
attrait, et souvent les regardent comme une
corvée encombrante et inutile.

Il savait même employer l'émulation dans la
piété. Des congrégations existent à Servières,
où ne sont admis que les élèves qui se sont fait
remarquer par une conduite exemplaire. Sous
le supériorat de M. Verniolles, elles devinrent
particulièrement florissantes. Il les favorisait
de tout son pouvoir ; il aimait surtout à présider leurs réunions hebdomadaires, leur prodiguant ses encouragements, ses exhortations.
Il trouvait ainsi de puissants auxiliaires, parmi
les élèves même, pour exciter leurs condisciples à la piété et à la vertu.

Près du séminaire, dans une gorge profonde
et pittoresque, entre deux massifs de rochers
taillés à pic, au dessus d'une cascade écumante,
s'élève un modeste sanctuaire dédié à Marie et
connu sous le nom de N.-D.-du-Roc. « C'est
pour nos chers enfants, écrit M. Poulbrière, une
joie d'y descendre, et ils y descendent le plus

souvent que le leur permettent leurs travaux.
Ce site inspirateur, ce silence profond qu'interrompt seul le bruit de la cascade, ce souvenir ému de tant de jeunes hommes qui prosternèrent là leur grâce, leur force et leur vertu, tout est fait pour remuer ces fraîches et délicates natures, à qui rien de beau ne reste indifférent. Aussi, quand la fin de juillet ramène le retour de leurs grandes vacances, la veille au soir de leur départ, vous les verriez, divisés en deux groupes, gravir les pentes ardues qui dominent la chapelle. Là, séparés par un abîme et perdus sur des cimes désolées, ils entonnent à pleins poumons le cantique de la Vierge, le doux *Magnificat* (1). »

M. Verniolles entretint ces pieuses coutumes. On le voyait lui-même, tant que ses forces le lui permirent, descendre de grand matin au modeste sanctuaire, y célébrer la sainte messe et y faire respirer à tous ses enfants cette atmosphère de recueillement, si propre à inspirer les résolutions généreuses et à seconder les efforts de l'âme vers la vertu.

(1) *Servières et son Petit-Séminaire*, p. 29.

CHAPITRE VIII

Le Curé

Vers 1860, par suite de difficultés qu'il serait trop long et qu'il est inutile de rapporter
ici, M. Verniolles songea à résigner ses fonctions de supérieur. Il ne pouvait admettre, —
et on ne saurait l'en blâmer — qu'une autorité
s'établît à côté et en dehors de la sienne et
que la surveillance et la direction du temporel
lui fussent complètement soustraites. C'était
du reste le conseil de son directeur qui lui
avait écrit, le 18 avril 1858 : « Soyez supérieur
dans le temporel comme dans tout le reste. »
Mais voyant qu'il ne l'était pas, M. Verniolles
s'en plaignit à l'autorité épiscopale et il demanda des modifications et des changements dans
le personnel du petit séminaire. Ses instances,
qui paraissaient pourtant très légitimes, devin-

rent peut-être trop pressantes, et Mgr Berteaud, comme tout autre évêque aurait fait, ne pouvait acquiescer tout de suite à ces *desiderata* sans paraître s'incliner devant une sommation. Il chercha à calmer le supérieur, l'engagea à la patience et ne fit aucune promesse ferme. M. Verniolles resta une année de plus. Mais le 21 juin 1861, il écrivit à l'évêque :

« Monseigneur,

« Vers la fin des vacances dernières, j'ai eu l'honneur d'exposer longuement à Votre Grandeur les insurmontables difficultés que je rencontre dans la position qui m'a été faite à Servières. Après m'avoir entendu, vous avez daigné me répondre que vous ne pouviez pas faire dans le personnel de notre maison les changements que je crois nécessaires pour que la charge de supérieur soit acceptable. Dès ce moment, Monseigneur, j'ai compris bien clairement que je ne pouvais plus garder le fardeau que vous m'aviez imposé ; et depuis ce temps, ce que j'ai vu et ce que j'ai souffert, toutes les réflexions que j'ai faites, m'ont confirmé chaque jour davantage dans ma conviction.

« Je viens donc, Monseigneur, déposer humblement entre vos mains les fonctions de supérieur que vous m'aviez confiées, et je vous remercie de nouveau de l'honneur que vous avez bien voulu me faire. Je puis bien peu de chose ici, et ma sortie lèvera beaucoup de difficultés et rendra le bien plus facile pour d'autres.

« Je serai très heureux, Monseigneur, que vous me jugiez encore bon à quelque chose dans votre diocèse. J'accepterai volontiers un emploi dans le saint ministère. Je ne désire rien en particulier ; mais moins le poste qui me sera donné aura d'importance, plus je vous serai reconnaissant.

« Daignez agréer, etc. »

La lettre resta sans réponse. Mais le 30 juillet de la même année, M. Verniolles eut une entrevue avec Monseigneur qui se trouvait à Servières pour la sortie, et voici comment il rend compte lui-même de cette entrevue : « J'ai prié Monseigneur de me donner une réponse à la lettre que j'avais eu l'honneur de lui écrire au mois de juin. Sa Grandeur m'a répondu qu'il fallait considérer cette lettre comme non avenue, que les motifs qui me faisaient agir n'étaient pas sérieux et qu'il ne pouvait consentir à ma sortie de Servières. J'ai alors répété ce que j'avais dit d'autres fois : que la position d'un supérieur à Servières n'est ni digne, ni acceptable, qu'elle serait pénible pour qui que ce soit, qu'elle est tout à fait intolérable pour moi, par suite de circonstances

assez connues. Après diverses observations
échangées de part et d'autre, Monseigneur
m'a dit : « Je vois que nous n'en finirions pas.
Pour cette année il m'est impossible de vous
changer ; mais si vous me poussez à bout, dans
un an j'y penserai sérieusement. Seulement
je vous avertis que vous aurez ensuite du re-
mords le reste de votre vie... » J'ai répondu :
« J'accepte cette parole que vous venez de prononcer ; j'attendrai encore un an, mais je vous
prie de ne pas oublier cette promesse. Au
reste, j'aurai soin de vous la rappeler. » — J'ai
protesté ensuite que ma démarche était bien
réfléchie, que je désirais très sincèrement sortir de l'enseignement, que je ne voulais ni me
donner de l'importance, ni créer des embarras,
mais que mon désir le plus vif et ma déter-
mination bien arrêtée était de faire cesser une
situation où je me trouvais vraiment malheureux... »

Le 2 juillet 1862, M. Verniolles n'ayant
obtenu aucune satisfaction, renouvela ses
instances par la lettre suivante :

« Monseigneur,

« Il m'aurait été bien doux d'accourir des
premiers auprès de Votre Grandeur pour me
réjouir avec Elle de l'heureux succès du saint
pèlerinage qu'Elle vient d'accomplir (1). Mais

(1) Mgr Berteaud revenait de Rome.

des occupations tout à fait exceptionnelles me
retiennent ici. Daignez croire toutefois, Monseigneur, je vous en supplie, que personne n'a
suivi avec plus d'émotion que moi toutes les
nouvelles qui nous sont arrivées sur notre
vénéré pontife, que nul n'est plus joyeux et
plus fier de tout le bien que Dieu a fait par
votre éloquente parole, et de la gloire qui en
rejaillit sur le diocèse de Tulle et sur toute
l'Eglise de France.

« Vous me permettrez maintenant, Monseigneur, de rappeler à Votre Grandeur la promesse qu'Elle a daigné me faire l'an dernier.
Vous m'avez donné l'assurance que si j'insis-
tais à demander ma sortie de Servières, vous
accèderiez à cette demande. Depuis cette
époque, toutes les nouvelles réflexions que
j'ai faites m'ont confirmé dans la conviction où
j'étais déjà que je ne puis rester plus longtemps
dans la position que j'occupe. Dieu sait qu'il
m'en coûterait infiniment de vous causer la
moindre peine sans une absolue nécessité ; et
vous voudrez bien vous souvenir, Monseigneur,
que, pour vous être agréable et vous prouver
ma soumission, en plusieurs circonstances et
surtout l'an passé, j'ai fait un très grand sacrifice en restant une année de plus. Si j'insiste
pour me retirer, c'est bien que je m'y vois
forcé... Quelle que soit la charge que vous me
confierez, Monseigneur, quelques difficultés

que j'y rencontre, il y aura toujours des âmes
à sauver ; je vous obéirai avec joie et je serai
content. Envoyé par vous et fort de votre
bénédiction, il me semble même que je pourrai
y faire quelque bien. J'ai l'honneur d'être,
etc... (1) »

Nous ne pouvons en douter, le supérieur de
Servières avait fini par se convaincre que sa
position à Servières n'était plus tenable et
qu'en conscience il devait partir. C'est ce qui
explique ces instances réitérées qu'on pourrait
prendre pour de l'entêtement. Du reste, il faut
bien en convenir, ce qu'il demandait était fort
juste : son tort fut seulement de le demander
trop impérieusement. Dix ans plus tard, ses
conditions durent être acceptées, et lorsque, en
1872, il rentra à Servières, ce fut, si nous
pouvons nous servir ici d'une telle expression,
avec tous les honneurs de la guerre.

(1) Ces difficultés dont se plaignait M. Verniolles provenaient
surtout de la désunion qui existait entre lui et l'Econome, M. S...
Ce dernier avait pris des allures d'indépendance. Se prévalant de
la bienveillance et de la haute protection que lui accordait
Mgr Berteaud, et usant de la situation qu'il s'était faite peu à
peu sous les prédécesseurs de M. Verniolles, il se croyait en
droit de se soustraire à l'autorité du supérieur, et s'arrogeait
absolument le gouvernement du temporel. C'était un état de choses
inacceptable et qui devait tôt ou tard amener la rupture. Si l'on
peut critiquer la façon peut-être trop impérieuse dont M. Verniolles
la provoqua, on ne peut lui contester d'avoir agi dans la plénitude
de son droit et d'avoir obéi aux exigences de sa responsabilité.
Nous devons, du reste, à la vérité aussi bien qu'à la mémoire de
M. S..., de dire que ce dernier reconnut lui-même plus tard la
fausseté de cette situation et que, lorsqu'on exigea son départ, il
se retira sans récrimination et resta l'ami dévoué de Servières.

14.

On fit tout pourtant pour l'y retenir en
1862. Ses conseillers habituels et ses amis
insistèrent pour l'empêcher de partir.

« Je vous répète, lui écrivait M. Porte, ce
que je vous ai dit souvent et ce que vous avez
parfaitement dans le cœur ; c'est qu'après toutes
vos observations pour faire mettre les choses
dans *l'état où elles doivent être,* si Monseigneur
ne va que jusqu'à moitié chemin et qu'il veuille
que vous continuiez votre même œuvre, bais-
sez la tête et restez sur le gril. Souffrez, laissez-
vous brûler des deux côtés, si le bon Dieu le
veut, et espérez que la patience fera pour votre
œuvre ce qui paraît manquer d'ailleurs. Quand
les autres moyens humains semblent nous
faire défaut, la patience dans la souffrance
est un excellent supplément. Ajoutez-y la
prière et la confiance en Dieu, et courage !
Avec cela, il est difficile que Dieu ne soit pas
content de nous. » (5 août 1862.)

M. Saine mettait davantage le doigt sur la
plaie. « Les peines, les contradictions, écrivait-il, ne sont pas une raison d'abandonner
un poste où l'on fait du bien. Dans les circonstances actuelles, il y aurait de la lâcheté à
vous retirer ; ce serait sacrifier les intérêts du
petit-séminaire et du diocèse à un amour-propre mal entendu. Et ne dites pas que vous
vous êtes trop avancé pour reculer. La logique,
la foi, le dévouement et l'honneur réprouvent

un pareil raisonnement. — « Monseigneur, je vous ai fait diverses observations ; peut-être ai-je trop insisté ; je ne veux pas entrer dans une fausse voie ; je suis à votre disposition et me soumets sans aucune condition à tout ce que votre sagesse ordonnera de moi. » Voilà ce qui est beau et capable d'attirer sur vous et sur vos travaux les bénédictions du ciel. Si vous tenez ce langage, vous resterez sans doute à votre poste, vos peines cesseront un peu plus tôt, un peu plus tard ; vous fournirez une carrière glorieuse, vous serez béni de Dieu et des hommes pour vous être véritablement dévoué au service du diocèse. » (27 juillet 1862.)

M. Touron, ancien supérieur de Servières, dont les conseils et les avis pesaient d'un grand poids sur les décisions de M. Verniolles, lui écrivait coup sur coup, d'abord le 7 juillet :

« Dieu protège Servières, et pour cela même j'ai confiance que vous ne quitterez pas ce cher établissement auquel vous rendez depuis si longtemps de si éminents services, et qui doit à votre mérite et à votre haute réputation justifiée, un relief qu'un autre ne lui maintiendra pas. Ainsi donc, très cher et très vénéré ami, ne renouvelez pas l'offre de votre démission et contentez-vous d'exposer à Monseigneur, très respectueusement, combien votre position est pénible, et faites appel à sa bonté de père

pour qu'il y apporte les modifications désira-
bles et possibles... Je sais, je comprends tout
l'embarras de votre situation, mais je sais
aussi tout votre dévouement à Servières, et
pour guérir un mal vous ne voudrez pas, par
votre sortie, vous exposer à le rendre plus
grand. Patience donc ! patience ! Le temps,
Dieu aidant, change tant de choses. »

Puis, le 29 du même mois :

« Je le répète, votre sortie de Servières, si
elle a lieu, m'afflige beaucoup ; mais je n'y
crois pas encore d'une manière absolue, et
aime à conserver quelque espoir que les choses
s'arrangeront, sinon à votre pleine satisfaction, du moins pour que vous puissiez sans
trop de peines morales continuer de consacrer
l'usage de vos talents et les efforts de votre
zèle à la prospérité de ce cher établissement.

« Si, comme je n'en doute pas, Monseigneur
vous exprime son désir que vous restiez encore
à la tête de la maison..., vous ferez bien de ne
pas pousser les choses plus loin et de demeurer à un poste où il serait si difficile de vous
remplacer sans que le petit-séminaire en souf-
frît notablement.

« J'ai confiance qu'en considération de ma
tendre amitié pour vous et de mon indicible
désir de la prospérité de Servières, vous voudrez bien me pardonner de vous exposer ainsi
en toute simplicité ma manière de voir. Est-

elle juste? ne l'est-elle pas? C'est ce que j'ignore : sur ce point, vous seul êtes en état d'apprécier et de prononcer. »

M. Verniolles prononça en effet. Il maintint sa démission, et fut nommé curé-doyen de Beaulieu. La Providence le voulut ainsi sans doute, pour montrer qu'il n'y a pas d'homme nécessaire, dans quelque position que ce soit, et aussi pour fournir au prêtre l'occasion d'exercer son zèle sur un théâtre nouveau.

Le nouveau curé ne connut d'abord que des épines. Ses débuts dans le ministère furent particulièrement pénibles. Il était novice en tout : ce prêtre de quarante-huit ans était obligé de se faire seconder dans l'administration des sacrements et de prendre des leçons de rubriques. Les plus petits détails de la vie paroissiale lui étaient inconnus.

Ajoutons à cela son regret d'avoir quitté Servières. Son amour-propre engagé et froissé l'avait empêché, au moment du départ, de ressentir vivement la blessure qu'il se faisait à lui-même. Mais bientôt il comprit qu'il avait fait un faux pas dans la vie, qu'il n'était plus dans son élément, et sa conscience si délicate et si sacerdotale lui reprochait, en l'exagérant à coup sûr, son manque de patience et son obstination voulue et réfléchie.

Quoi qu'il en soit, il avait voulu le calice, il fallait l'accepter généreusement. Au lieu de se confiner dans des regrets superflus et inutiles, il se mit à l'œuvre. Sentant qu'il ne pourrait guère réussir ailleurs, il s'adonna au ministère de la prédication et au soin des enfants. Quant à ses moments libres, il les consacra tous à l'étude et à la composition des ouvrages dont nous avons parlé.

Un de ses vicaires, aujourd'hui curé d'une des plus importantes paroisses du diocèse et qui nous a confié ces détails, avait écrit l'histoire religieuse de Beaulieu. Afin de lui donner une haute idée de sa paroisse, de détourner ainsi son attention de Servières, et de cautériser, si c'était possible, la plaie faite à son cœur, il lui offrit son manuscrit le jour de sa fête. Ce récit exact et fort intéressant des traditions chrétiennes de Beaulieu lui fit le plus grand plaisir et il avoua avoir passé toute la nuit à le lire.

En 1863, la ville de Beaulieu reçut la visite d'un personnage célèbre, le tout puissant ministre de l'Empire, M. Rouher, qui faisait en Corrèze une véritable tournée électorale en faveur de M. Mathieu, candidat officiel, contre le baron de Jouvenel, dont les allures indépendantes et le noble caractère avaient déplu en haut lieu. Il y eut réception officielle, discours et banquet. Le curé fut invité, et nous savons que le ministre, qui n'ignorait ni son talent, ni sa réputation, tint à son sujet des propos

flatteurs et fit même entrevoir les honneurs de
l'épiscopat. Peu habitué à l'intrigue et insen-
sible à l'ambition, M. Verniolles ne s'émut
guère de ces rumeurs et n'en tira aucune vanité.
Il avait du bien à faire à Beaulieu, il ne chercha
pas à en sortir (1).

Dès 1864, c'est-à-dire deux ans à peine
après son arrivée, il songea à faire donner
à ses paroissiens une importante mission.
Il appela pour la prêcher deux hommes de
grand mérite et de grande vertu, les Pères
Nampon et Sécail, de la Compagnie de Jésus,
qui s'adjoignirent dans la dernière semaine
un troisième ouvrier, le Père Baud. Cette
mission fit époque à Beaulieu et réussit au
delà de toutes les espérances. Un témoin ocu-
laire (2) nous en a laissé un récit vivant qu'on
lira avec intérêt, au moins en partie : « Les
enfants furent les premiers évangélisés. C'était
merveille de voir ces âmes avides courir à la
mission de tous les quartiers de la ville, de
tous les villages de la campagne, quittant
aussi leurs pensionnats en lignes magnifiques,

(1) Plus tard, il fut encore question de M. Verniolles pour
l'épiscopat. M. Jules Simon avait songé à lui. « Vous avez dans
votre département, disait-il un jour à M. Lestourgie, député à
l'Assemblée Nationale, un prêtre bien distingué; c'est l'abbé
Verniolles. J'ai lu ses ouvrages sur l'*Éducation*. Quel dommage
qu'il ait ces idées ! Nous en aurions fait quelque chose. »
— M. Brunet, à son tour, fit bon accueil à des démarches en
sa faveur. Mais il resta trop peu de temps au ministère pour
pouvoir les faire aboutir. Inutile de le répéter, M. Verniolles
resta toujours étranger et indifférent à ces démarches.
(2) M. Poulbrière.

au chant des cantiques pieux. La belle journée
du 8 décembre vit s'asseoir au sacré banquet
tous ces petits cœurs affamés de leur Dieu. La
communion faite, l'aimable essaim dispersé
alla porter la joie dans toutes les familles.
Mais en franchissant le seuil de sa demeure,
chaque enfant, oublieux ce jour-là de sa nourriture corporelle, se jeta au cou de son père,
en lui disant : « Mon père, à votre tour !... »
Bien des larmes coulèrent, mais l'émotion crût
encore lorsqu'on vit, dans l'après-midi, rangés
sur deux files, croix en tête et bannières déplo-
yées, tous ces enfants faire processionnellement le tour des vieux remparts, portant sur
leurs épaules l'image de leur Mère Immaculée.
Aussi, quand, la nuit venue, les cloches appe-
lèrent à la mission le reste du troupeau, le
P. Nampon put-il jeter sur un immense auditoire les plus belles paroles qu'ait jamais enten-
dues notre ville sur l'Immaculée-Conception
de Marie. La mission des pères et des mères
était ouverte, triomphalement ouverte, sous
les auspices de la Mère des soudaines lumières,
des saintes espérances et du parfait amour.

« L'œuvre si heureusement commencée se
poursuivit pendant 17 jours, avec un succès toujours fidèle, un progrès toujours croissant. De
toutes les paroisses environnantes des cantons
de Mercœur et de Beaulieu, hommes et femmes accouraient en foule. Un digne curé nous

a assuré que dans sa paroisse, distante d'une
lieue de la ville, il ne connaissait pas un seul
homme qui n'eût gagné la mission. Sept à huit
mille communions se sont données, en ces
saints jours, dans une ville qui ne compte pas
trois mille âmes. Enfin des multitudes de croix
semées au bord de tous les chemins, à l'entrée
de chaque village, devant tous les hameaux,
proclament éloquemment les triomphes de
Celui qui, en s'élevant de terre, promit d'attirer tout à lui.

« La nuit de Noël, dès neuf heures du soir, les
places commencent à être occupées. Vers la
onzième heure, la Confrérie des Pénitents, si
chère à notre ville, vient chanter une partie
de l'office de nuit. Cependant la vaste enceinte
s'emplit rapidement. Des lustres, d'immenses
candélabres, des guirlandes de lumière, de
nombreuses bougies dispersées çà et là au
flanc des murs et des piliers, répandent dans
le sanctuaire, le chœur et la grande nef, une
abondante lumière, et projettent dans l'ombre
des collatéraux ce demi-jour si favorable à la
prière et au recueillement. A minuit le pasteur
de la paroisse monte à l'autel, accompagné du
diacre et du sous-diacre, et demi-heure après
commence le long banquet eucharistique où
prennent place environ douze cents commu-
niants. Pendant ce beau festin du ciel, jeunes
hommes et jeunes filles alternent leurs chants

pieux, tandis que de loin en loin, le P. Nampon, remplissant la nef de sa voix infatigable, déverse dans les âmes des sentiments en harmonie avec les magnificences divines de cette resplendissante nuit.

« La mission devait se clôturer le soir de la Noël. Plus de cinq mille personnes se pressaient dans la vaste abbatiale. Le P. Nampon prit pour sujet de son discours : *L'amour de l'homme pour Dieu inspiré par l'amour de Dieu pour l'homme*. Nous n'essaierons pas de reproduire la tendresse des développements et le tact exquis des applications. Ceux qui ont eu le bonheur de l'entendre ne l'oublieront jamais. La fin du discours fut consacrée aux adieux. Ils furent longs, délicats, attendrissants. La première et meilleure part des remerciements et des éloges revient de plein droit au prêtre distingué qui fait notre gloire, au pasteur providentiel, en qui le zèle est éclairé de tant de lumières, embrasé de tant d'amour. Prêtres de la ville et de la campagne, confréries, chœurs harmonieux des chanteurs et des chanteuses, justes, convertis, enfants, vieillards, pauvres, malades, reçurent ensuite tour à tour les remerciements les plus touchants, l'adieu le plus ému. Un adieu déchirant, mais vibrant encore d'espérance et d'amour, fut aussi jeté aux pauvres endurcis, bien rares d'ailleurs, qui étaient restés à l'écart. Enfin, les pleurs dans l'œil et

dans la voix, le saint missionnaire demande
pardon à Dieu et aux hommes des entraves que
certaines impatiences avaient pu jeter sur le
chemin des cœurs. C'était toute la part que
faisait le prédicateur à celui qui avait été
l'âme de toute la mission, au P. Nampon lui-
même. Aussi vit-on tous les fronts s'épanouir,
lorsque le vénéré pasteur, monté à son tour
dans la chaire, se fit, d'une voix tour à tour
éclatante de gratitude et suffoquée de bonheur,
l'écho de la reconnaissance qui soulevait les
poitrines de l'auditoire tout entier...

« Telles ont été les grâces, tel le touchant
éclat de la mission de Beaulieu. Le souvenir
en est impérissable dans le cœur de ceux qui
en furent les témoins... »

Cette mission fut en effet un événement
mémorable dans la vie de M. Verniolles. Plus
tard, il aimait à en évoquer le souvenir et il
en parlait avec enthousiasme.

Ce fut un réveil pour toute la paroisse.
M. Verniolles n'eut plus qu'à entretenir les
bonnes dispositions du plus grand nombre de
ses paroissiens et à faire germer dans les
âmes la semence divine. Il favorisa de toute sa
bienveillance et de tous ses encouragements
les confréries établies, soit pour les hommes,
soit pour les femmes, soit pour les jeunes
filles.

Après les débuts pénibles dont nous avons

parlé, son ministère fut des plus actifs et des
mieux remplis. Disons aussi qu'il fut particulièrement fécond. Sans doute il lui manqua
toujours quelque chose pour être un curé
parfait, surtout au sens humain du mot. On
aurait désiré peut-être des rapports plus liants,
un contact plus fréquent avec les paroissiens.
On lui reprochait de se trop suffire à lui-même,
de ne guère aimer que ses livres et ses travaux
littéraires. Mais il faut bien le reconnaître, ce
n'étaient pas là des griefs sérieux pour un
homme tel que M. Verniolles. Du reste, on
s'aperçut bientôt qu'il ne serait pas inférieur
à ses devanciers. On admira son zèle, sa piété,
son esprit de foi, son amour des âmes : l'estime
et la sympathie universelles lui vinrent par
surcroît. Aussi la paroisse profita beaucoup
pendant son ministère et les traditions chrétiennes reprirent place à bien des foyers d'où
elles avaient disparu.

Le prestige et l'influence du curé sur ses
paroissiens lui venaient sans doute de la réputation qu'il s'était déjà acquise, mais aussi et
surtout du soin qu'il apportait à évangéliser
son peuple. M. Verniolles faisait de la prédication un de ses devoirs les plus importants,
et il ne s'en acquittait jamais sans une préparation longue et laborieuse. Aussi, sans être
orateur de grande envergure, il sut toujours
intéresser et captiver son auditoire. Ses ins-

tructions étaient très goûtées et il savait
profiter de toutes les circonstances pour en
tirer les enseignements les plus salutaires et
les plus pratiques. On parle encore, à Beaulieu,
de ses conférences aux hommes, dans la chapelle des Pénitents.

Chaque année, il leur donnait une retraite
pendant le temps pascal, leur exposant tour à
tour, en un langage simple et théologique, les
grandes vérités de la religion, leur rappelant
les grands devoirs du chrétien, les prémunissant contre les écueils et les dangers suscités
à leur foi, leur faisant, en un mot, un véritable
cours de religion, qui, tout en conservant la
forme catéchistique, n'excluait pas les aperçus
ingénieux et les développements oratoires. Il
intéressait, il captivait même, et son auditoire
ne comprenait pas seulement les bons paysans
de la campagne, mais on y voyait aussi les
bourgeois les plus instruits et les plus distingués de la ville. C'est par ses prédications
régulières, bien préparées, que M. Verniolles
obtint les meilleurs résultats et s'acquit une
influence et une autorité incontestables.

Pour éviter l'écueil trop ordinaire de la monotonie et des répétitions oiseuses, il ne se contentait pas de réfléchir; il composait, il écrivait.
De là, une variété remarquable dans les sujets
de ses instructions. Il traitait tous les genres,
et toujours d'une manière instructive. Les

grandes vérités sur le salut, sur les fins dernières, avaient ses préférences ; mais il ne
négligeait pas les sujets de controverse et
d'histoire. En un mot, il instruisait en même
temps qu'il moralisait, il éclairait l'esprit en
même temps qu'il touchait le cœur.

Il nous a laissé, en manuscrits, des recueils
de ces conférences, de ces instructions. On en
ferait facilement un bon sermonnaire, qui
serait d'un précieux secours pour le ministère
de la prédication. Citons au hasard quelques
titres que nous relevons dans ses cahiers :

« Retraite de 1863. — Fin de l'homme ; — le Péché,
considéré comme injure faite à Dieu ; — la Confession,
considérée comme tribunal de la miséricorde ; — Objections et prétextes qui éloignent de la Confession ; — la
Mort ; — le Jugement particulier ; — Grandeur et dignité
de notre âme.

« Retraite de 1864. — Le Salut ; — Maux que le
péché produit dans l'âme ; — l'Impureté ; — la pensée
de la Mort ; — l'Enfer ; — Confession sacramentelle...

Retraite de 1868. — Le Devoir pascal ; — Nos devoirs
envers Dieu ; — Sanctification du dimanche ; — Devoirs
des parents ; — Homicide spirituel ou Scandale.

Retraite de 1869. — L'Indifférence dans l'affaire du
Salut ; — les Faux incrédules ; — le Respect humain ; —
l'Orgueil ; — l'Attache aux biens de la terre ; — l'Impureté, etc.

Retraite de 1870. — La Religion et l'Eglise ; — Constitution et organisation de l'Eglise ; — les Différentes
prérogatives de l'Eglise ; — Autorité du Pape, etc.

Retraite de 1871. — La Réflexion ; — nos Devoirs
envers Dieu ; — des Blasphèmes et des imprécations ;
— Devoirs envers le prochain ; — Devoirs envers nous-
mêmes, etc.

« Sujets divers : Histoire de la Religion avant Jésus-
Christ ; — Histoire de la Religion depuis Jésus-Christ ;
Pouvoir du Pape au Moyen-Age ; — Influence des Croi-
sades ;— Unité et perpétuité de la Religion chrétienne ;
—Inquisition ;—Education chrétienne des enfants, etc.»

Nous n'avons pas besoin de faire remarquer
que ces retraites annuelles, ces conférences
aux hommes, ne l'empêchaient pas de prêcher
dans les autres circonstances solennelles de
l'année. Sur ce point, il ne se dérobait jamais
à son devoir, et quand c'était son tour de
monter en chaire, ou quand il pensait que sa
parole était réclamée, il ne reculait pas devant
la peine et le sacrifice.

Un curé est parfois obligé de reprendre, de
réprimer des abus. Il remplissait ce devoir
quand les circonstances le demandaient, et il
savait aussi saisir avec à-propos l'occasion de
faire entendre de bonnes vérités et de rappeler
à tous ses paroissiens leurs devoirs de chrétiens.

A Beaulieu, comme partout, malheureusement, même à cette époque, il y avait quelques
esprits forts, disons mieux, quelques tièdes
ouailles qui n'entraient que rarement dans l'é-
glise. Le curé en gémissait d'autant plus qu'il
était ainsi dépourvu d'action sur ces pauvres
indifférents. Ils ne manquaient pourtant pas
d'assister, et en masse, à la messe du 15 août,
à cause de la fête de l'Empereur. « Vous
comprenez, mes frères, leur disait M. Verniolles, le sens et la portée de la solen-

nité de ce jour. Si le prince qui nous gouverne convoque toutes les autorités civiles et militaires au pied des autels, c'est pour donner une preuve solennelle de sa foi, de sa confiance en Dieu, du besoin qu'il a du secours d'en haut pour porter sagement le sceptre. En invitant les magistrats et les fonctionnaires de tout rang à venir prier J.-C., il donne une leçon à cette indifférence impie de nos jours qui semble regarder J.-C. comme je ne sais quel monarque détrôné qui ne mérite plus d'être craint, ni servi, ni adoré... »

Une autre fois, il s'écriait : « Chaque fois que le ministre de J.-C. veut remplir son devoir dans toute sa rigueur, il trouve, comme notre divin Maître, de la résistance, des contradictions... Le curé d'une paroisse est comme le père de famille : il doit gouverner, reprendre, corriger parfois, et s'il est obligé de fermer les yeux sur ce qui ne s'adresse qu'à sa personne, il est obligé de jeter un blâme public sur tout ce qui attaque la religion et les œuvres religieuses. Ce devoir est mal compris aujourd'hui, mais il existe pourtant, et le prêtre doit le remplir... »

Le curé de Beaulieu, si absorbé qu'il fût par ses travaux littéraires et par ses prédications, ne négligeait pas les communautés religieuses que la ville a le bonheur de posséder. A Sainte-Ursule, à Sainte-Marie, ses visites étaient fréquentes, son autorité bienfaisante, sa parole toujours écoutée avec respect et docilité. Il sentait qu'il avait là des auxiliaires puissants pour le bien de la paroisse et il favorisait leur action de tout son pouvoir et de toute son influence. Tout en donnant des soins plus assidus à Sainte-Marie, où il n'y a pas d'aumônier et où par conséquent l'intervention du clergé paroissial paraît plus indispensable, il évitait tout ce qui aurait pu tant soit peu éveiller des susceptibilités et favoriser de mesquines rivalités.

C'est aussi sous son pastorat que se développa à Beaulieu la Congrégation des *Filles de la Miséricorde,* spécialement destinée au soin des malades. Après bien des vicissitudes et des embarras de toute sorte, cette fondation charitable, due au zèle d'un saint prêtre, M. l'abbé Billière, s'accrut peu à peu pour le plus grand bien de la paroisse et de toute la contrée. Actuellement, ces modestes religieuses, qui se sacrifient au soulagement de toutes les souffrances, qui savent adoucir les douleurs les plus cuisantes par leur admirable dévouement et leur patience incomparable, sont connues dans tout le diocèse et ailleurs. Coïncidence providentielle! Nous les retrouverons au chevet de M. Verniolles, à ses derniers jours, et c'est d'elles que le vieillard infirme et moribond recevra les derniers soins et les dernières consolations. Appelées à Servières par Mgr Denéchau, pour y continuer les services des sœurs de la Providence, elles rendront à leur ancien curé, redevenu supérieur, en charité et en dévouement délicat, ce qu'elles en avaient reçu, à Beaulieu, en protection et en direction.

En 1865, M. Verniolles fut frappé dans ses affections les plus chères, en perdant sa vieille mère, qu'il avait auprès de lui, depuis qu'il était à Beaulieu, et son ami, son directeur et son conseiller, M. Porte. Ce dernier était encore en pleine santé, au mois d'avril, quand mourut Mme Verniolles, et il envoya au fils ces paroles de consolation : « La perte d'une mère est toujours une grande perte pour un fils. Mais les excellentes qualités de la vôtre, sa tendresse pour vous et les services éminents que vous en avez reçus la rendent pour vous infiniment plus grande et plus sensible. Aussi ne suis-je pas surpris des regrets que vous lui donnez : votre cœur si bon, si tendre, si reconnaissant ne pouvait pas n'être que médiocrement affecté d'une perte si considérable. J'ai pris et je prends encore bien part à votre douleur. Je n'oublie devant le bon Dieu ni la mère, ni le fils. »

Quelques mois après, celui qui écrivait ces lignes rendait lui-même son âme à Dieu (octobre 1865). Voici comment une lettre particulière

rendit compte au curé de Beaulieu de la mort
édifiante du supérieur du grand-séminaire :

« Je viens vous apprendre une bien triste
nouvelle ; vous avez, à l'heure qu'il est, un
ami de moins sur la terre. M. le Supérieur
vient de rendre sa belle âme à Dieu. Vous l'aimiez, et je puis vous assurer que vous n'étiez
pas trahi... La veille du jour où il est tombé
malade était un samedi : il a donné un petit
mot d'une manière étonnante ; on aurait dit
les derniers élans d'une âme qui va s'éteindre.
Tout le monde était à se demander d'où venait
que M. le Supérieur eût parlé d'une manière
si divine... Il a fait une agonie de 24 heures et
des plus pénibles. C'est M. Saine qui lui a
fermé les yeux... M. le Supérieur, tout en gardant sa connaissance, avait pour ainsi dire
perdu tout usage des sens. Depuis le commencement de son agonie, jusqu'au moment où il
a expiré, il n'a pas ouvert les yeux, sauf à de
grands intervalles, comme quand on lui
demandait s'il acceptait la mort de grand
cœur ; alors il les ouvrait en signe d'approbation et souriait à celui qui lui faisait cette
question. Hier, à midi, après l'examen particulier, les séminaristes se sont rendus dans sa
chambre pour recevoir sa bénédiction et lui
demander pardon de la peine qu'ils avaient pu
lui causer. Alors le vénérable vieillard, ramassant toutes ses forces, les a bénis et leur a

donné son dernier sourire au mot de pardon. »

Cette mort fut un véritable deuil pour M. Verniolles, qui avait toujours trouvé auprès de son directeur les conseils et le dévouement de l'amitié véritable. Il avait en lui une confiance illimitée et il ne prenait aucune décision importante sans avoir son avis. Quelque temps après son arrivée à Beaulieu il lui avait donné des nouvelles de son ministère. « J'ai bien toujours compté, lui répondit M. Porte, sur ce que vous me dites que la dignité pastorale ne changerait rien à nos anciens rapports, et que maintenant comme auparavant, et comme toujours, nous serions unis par les liens d'une amitié franche et toute cordiale. Le bon Dieu a formé ces liens au grand-séminaire et depuis il les a serrés toujours plus étroitement. Rien, j'espère, ne les relâchera. Ils ont leurs racines dans le cœur de Notre-Seigneur... » (14 avril 1863.)

L'œuvre qui avait le don de passionner M. Verniolles, était toujours l'éducation des enfants. C'est pour eux qu'il écrivit ses deux importants ouvrages dont nous avons parlé : *De l'Education chrétienne des Enfants* et *De la Conjuration anti-chrétienne contre l'âme des Enfants.* Quand il vint à Beaulieu, il trouva des écoles assez florissantes, avec des maîtres bons et zélés, mais plus ou moins imbus de l'esprit laïque. Si les jeunes filles avaient deux pensionnats, les garçons n'avaient pas d'école congréganiste. M. Verniolles avait sans nul doute remarqué tout de suite cette lacune et formé le projet de la combler à la première occasion. La Providence ne tarda pas à lui venir en aide.

Vers 1863, M. Clavel, directeur du collège de Beaulieu, ferma son établissement, et M. Frayssinge, qui tenait un cours supérieur, désirant se retirer de l'enseignement pour prendre un repos qu'exigeait sa santé, proposa de céder son école en y annexant le pensionnat et le collège, pour établir à la place une école de Frères.

M. Verniolles se hâta d'accepter, et, au mois d'octobre 1865, il acheta, pour la somme de 8500 francs, les bâtiments et les dépendances du collège, qu'il fit approprier à sa destination nouvelle, moyennant la somme de deux mille francs. Il acheta un mobilier scolaire, avec les dons et offrandes qu'il reçut de ses paroissiens et de ses confrères, fit un voyage à Tulle pour obtenir directement de M. le Préfet l'autorisation nécessaire, et bientôt les Frères purent ouvrir leur école, qui devint prospère et attira de nombreux élèves. M. Verniolles trouvait là, en quelque sorte, son Servières en petit, et il n'épargna rien pour rendre cet établissement un des plus florissants de nos contrées.

Il eut à lutter pourtant contre la concurrence

acharnée qui lui était faite par les écoles
laïques ; mais il en sortit vainqueur. Il ne
craignait pas du reste de démasquer les agis-
sements des instituteurs, et, même en chaire,
il manifestait hautement ses préférences pour
son école des Frères et indiquait nettement
aux familles la conduite qu'elles avaient à
tenir.

A cette époque, le curé avait encore une
autorité reconnue et respectée. On l'invitait
dans les cérémonies officielles, et les instituteurs, à Beaulieu, lui réservaient une place
d'honneur dans leur école le jour de la distri-
bution des prix. Une année, l'un d'eux, dans
le discours qu'il prononça à cette occasion,
crut devoir relever quelques objections que
M. Verniolles avait faites en chaire contre
l'enseignement laïque. L'attaque était aussi
discrète et courtoise que possible. Mais le curé
de Beaulieu, tout dévoué à son école des Frères,
la sentit vivement, et il n'était pas homme à
la tolérer. Il se leva brusquement, et, suivi de
ses vicaires, il quitta la salle. Cette sortie fut
blâmée par les uns, approuvée par les autres ;
mais la leçon fut comprise de tous.

Cette importante fondation attacha de plus
en plus M. Verniolles à sa paroisse, et lorsqu'en
1869, Mgr Berteaud, voulant le ramener à Servières, fit et fit faire auprès de lui d'instantes
démarches, il se heurta à une résistance impré-

vue. Il déclara qu'il était curé de Beaulieu, et qu'il resterait curé de Beaulieu.

Pourtant les instances dont il fut l'objet furent pressantes et unanimes, en voici quelques échos :

« Tout le clergé vous appelle à Servières, lui écrivait le supérieur du grand-séminaire, et vous juge nécessaire à la tête de cet établissement... C'est pour vous un devoir de conscience de répondre à la confiance que vous témoignent tous vos supérieurs et confrères dans le sacerdoce... Vous le concevez sans peine, il doit en coûter à Monseigneur de faire une *démarche* comme celle qu'il fait en vous renvoyant dans une maison de laquelle il vous a laissé partir pour n'avoir pas voulu vous accorder ce qu'il est obligé de vous accorder aujourd'hui... » — « Vous savez l'intérêt que je porte à Servières, lui disait un saint prêtre. Je ne viens pas vous donner des conseils. Mais permettez-moi de vous adresser mes prières les plus instantes pour notre chère maison de Servières. Tout le diocèse vous bénira de vous consacrer vaillamment à une œuvre qui a été l'œuvre de presque toute votre vie. Votre cœur de prêtre souffrirait, si vous ne preniez pas sur vous de faire tout ce que Dieu vous demande pour le très grand bien de la religion... » (Abbé Foix). — « Bien cher ami, lui écrivait un vicaire général, ici rien d'officiel : c'est

un condisciple, un ami, et un ami de Servières
qui parle... Vous allez affliger le clergé du
diocèse qui, spontanément, avait manifesté
son vœu unanime (1). Vous allez manquer la
plus belle occasion de servir l'Eglise. Des amis
aux conseils douteux pourront vous féliciter
d'avoir été prudent, très prudent ; d'autres,
au contraire, sans rien retrancher à leur fidèle
amitié, regretteront vos trop grandes précautions, et vous reconnaîtrez sans tarder qu'ils
avaient raison, ceux-ci... La question posée à
l'évêque de garder votre titre, et de vous réserver le retour, ce n'est pas une condition acceptable. Non seulement l'évêque serait mis en
suspicion ; mais encore le clergé du diocèse
pourrait se plaindre que son vœu unanime et
son estime pour vous n'ont été auprès de vous
que d'une très médiocre valeur. Non, jamais
l'évêque de Tulle ne pourra accepter cette condition... Si vous persistez il n'y a plus à vous
tenir dans l'incertitude et à vous prêcher
d'être le sauveur généreux d'une maison que
vous aimâtes et qui vous appelle de tous ses
vœux. Il n'y aura qu'à vous informer que vous
pouvez, selon votre bon gré, fermer l'oreille à
nos invitations les plus sincères et abandonner
à d'autres l'insigne honneur de rendre à Servières ses plus beaux jours... Que le Dieu de

(1) Les prêtres présents à la retraite pastorale avaient demandé
le rappel de M. Verniolles à Servières.

l'Evangile daigne vous donner de saints repen-
tirs, comme à l'enfant qui avait dit *non* et qui,
bientôt, fit la volonté du père de famille ! »
(Abbé LALITE.)

On le voit par cette dernière lettre, M. Verniolles ne se contentait pas de sauvegarder les
intérêts de son école des Frères; — l'administration diocésaine prenait des engagements très
fermes sur ce point, — mais il exprimait encore
le désir de conserver, au moins pour quelque
temps, comme garantie, son titre de curé..
C'était une prétention sans précédent, exorbi-
tante et inacceptable. Nous sommes étonné de
la trouver formulée par un esprit aussi judicieux. Nous sommes persuadé qu'à ce moment-
là M. Verniolles tenait sincèrement à rester à
Beaulieu. Mais il avait l'âme trop sacerdotale
pour ne pas finir par un acte d'obéissance, si
l'évêque avait tenu bon. Des lettres d'explication qu'il écrivit à ce sujet, soit à M. Lalite,
soit à M. Benoît, supérieur du grand-séminaire,
ne laissent aucun doute à ce sujet, et elles
font supposer même que ses prétentions ne
furent pas bien comprises, ou du moins qu'on
les exagéra. Quoi qu'il en soit, Mgr Berteaud,
qui ne comprenait pas les résistances, se fati-
gua vite de celles de M. Verniolles, et il rompit
brusquement les négociations en nommant
M. Pallier supérieur de Servières.

Ces incidents semblent jeter une ombre sur

la mémoire de M. Verniolles. Cela nous oblige à citer quelques passages d'une lettre qu'il reçut d'un vicaire général : « Je n'aurais jamais soupçonné un tel dénouement, lui disait-il, et ce qui l'a amené est pour moi un mystère... Je crains que Monseigneur ne laisse le connu pour se jeter dans l'inconnu !... D'après votre lettre et celle de M. Lalite, d'après surtout la manière dont Monseigneur m'a paru envisager votre pensée de conserver votre titre de curé de Beaulieu, je vois que c'est cette pensée *ainsi envisagée* qui aura irrité Monseigneur. Il n'aura rien voulu entendre ; aucune explication n'aura pu effacer la première impression produite, et il se sera déterminé à vous rejeter irrévocablement... Je regrette que cette affaire n'ait pas été traitée de vive voix, et cela, non avec Monseigneur, mais avec un vicaire général, qui, de vive voix, aurait tout dit avec précaution et ménagement. Je ne vois pas qu'un autre évêque eût pu trouver quelque chose à reprendre à votre lettre, telle que je la vois expliquée par celle que vous avez écrite à M. Lalite et que j'ai sous les yeux... »

Assurément, la résistance de M. Verniolles, même ainsi expliquée, était regrettable. Pourtant, comme toujours dans ses déterminations graves, il s'était formé la conscience, et, en refusant de revenir à Servières, malgré le désir de son évêque et les instances de tout le clergé

du diocèse, il croyait agir dans la plénitude
de son droit et obéir même à son devoir de
prêtre. Le vénérable M. Touron, qui avait reçu
la confidence de quelques scrupules, à la suite
de cette affaire lui écrivit la lettre suivante qui
tranche définitivement le débat : « D'avance
j'étais très convaincu qu'en toute cette affaire
vous aviez agi sagement et que, ni devant Dieu,
ni devant les hommes, vous n'aviez rien à vous
reprocher. Après avoir lu, relu et relu encore
votre lettre, cette conviction, que je ne croyais
guère susceptible d'augmenter, a cependant
augmenté encore. — Puisque vous avez tout
simplement exposé votre situation à l'endroit
de l'école des Frères, offrant, même, pour
amoindrir la difficulté, un large et très généreux sacrifice, et que, pour ce qui regarde la
conservation de votre titre, tout s'est borné de
votre part à exprimer respectueusement un
désir, je crois pleinement, comme M. Planavergne, que vous n'avez rien, absolument rien
à vous reprocher. Loin de vous donc, très cher
et vénéré ami, toute fatigue d'esprit à l'occasion des incidents passés. Quand on a pour soi
la raison et la conscience, à quoi bon se donner un souci tant soit peu sérieux du reste ?... »
(31 août 1869.)

Un pèlerinage à Rome est pour un prêtre
non seulement une joie et un bonheur mais

une grâce incomparable. Depuis longtemps,
M. Verniolles avait le désir de se procurer
cette joie et d'aller savourer cette grâce. Ce
désir était doublé chez lui par l'espérance certaine de trouver dans la ville éternelle des
satisfactions si légitimes pour ses goûts littéraires et ses souvenirs classiques. De plus, des
fêtes grandioses étaient préparées par Pie IX
pour célébrer le 18e centenaire de Saint Pierre
et un appel pressant avait été adressé, à ce
sujet, à tout l'univers catholique.

Pourtant, avant de se décider à entreprendre ce long pèlerinage, M. Verniolles éprouvait
quelques hésitations, en pensant à la dépense
qu'il allait faire, se demandant s'il ne devait
pas réserver toutes ses ressources pour ses œuvres paroissiales. Il s'en ouvrit à un ami (1)
qui lui répondit :

« Monsieur et très cher Curé,

« Je m'empresse de répondre à la confiance
que vous venez de me témoigner en termes si
affectueux et si délicats. A vrai dire, elle me
confond autant qu'elle me flatte. Je me sens si
incapable d'aider de mes lumières une décision
quelconque! Cependant puisque vous voulez
bien désirer mon avis, je vous dirai bonnement
et humblement, avec la franche expansion
de l'amitié, le résultat de mes réflexions...

« ... En résumé, s'il s'agissait de tout autre

(1) M. Poulbrière.

voyage, ou même du pèlerinage *ad limina apostolorum* en toute autre circonstance, je vous dirais : ce n'est pas le moment. Mais puisqu'il s'agit d'un centenaire unique, d'un concours incomparable, d'une occasion dernière de voir notre grand et bien aimé Pie IX, en un mot du rêve et du charme de toute une vie, partez ! Allez *voir Pierre* ; allez étudier sur ce front, brillant déjà de l'éclat de l'auréole, le secret du zèle brûlant, de la lutte sereine, de l'attente infatigable et du sacrifice rayonnant... »

M. Verniolles se décida donc à partir. Mais avant de se séparer de son troupeau, il voulut publiquement s'excuser, en quelque sorte, de cette longue séparation et expliquer à sa paroisse les motifs qui l'avaient déterminé. Le dimanche avant son départ, au prône paroissial, il parla ainsi :

« Si je me sépare de vous, mes frères, ce n'est pas pour entreprendre un voyage d'agrément ou de plaisir, ce n'est pas même pour satisfaire une curiosité légitime ou dans un but d'instruction. Je vous déclare solennellement devant Dieu que j'entends accomplir un acte de foi et de religieuse piété. Je vais à Rome, c'est-à-dire dans la ville qui est par excellence la ville sainte, dans celle que tous les peuples ont surnommée la *ville éternelle*. Je vais voir le Pape mon auguste et bien aimé Père. Je vais, une fois dans ma vie, contempler les traits et entendre la voix du Vicaire de Jésus-Christ, du représentant de Dieu sur la terre, du légitime successeur de Pierre, prince des apôtres et patron de ma paroisse de Beaulieu.

« Quand Dieu, après de longs siècles de préparation et d'attente, a envoyé son Fils unique sur la terre, quand ce Fils unique de Dieu, égal à son Père, a daigné se faire homme pour nous, il n'est pas venu seulement pour éclairer, sanctifier et sauver les hommes qui vivaient de son temps. Puisque Dieu a voulu être homme, dit notre savant évêque, il a consenti à être toujours représenté ici-bas par un homme, et cet homme, c'est à Rome qu'il l'a placé. Et cet homme, qui est tout ensemble Père, Pontife et Roi, c'est celui que je vais visiter. Jésus-Christ, pendant qu'il était sur la terre, a fondé une Eglise, une société destinée à continuer et à perpétuer son œuvre. J.-C., c'est le Fils de Dieu incarné ; l'Eglise, c'est l'incarnation permanente du Fils de Dieu. Toute société est comme une famille agrandie, et l'Eglise, qui est une société complète, parfaite et admirable, doit avoir un chef chargé de gouverner tous les membres qui la composent. Ce chef est le pape. C'est à lui que J.-C. confia tous les pouvoirs, c'est lui qui fut chargé d'enseigner toute vérité, de donner la mission à tous les autres pasteurs ; c'est lui que tous les catholiques appellent du nom de Père.

« En me rendant auprès de ce père universel de la grande famille de tous les chrétiens, je fais donc un voyage que vous ne pouvez voir avec indifférence. Je puis dire comme mon divin Maître au jour de son Ascension : Je vais vers mon Père qui est aussi votre Père ; *Ascendo ad Patrem meum et Patrem vestrum...* »

Le départ eut lieu le 10 juin 1867. M. Verniolles nous a laissé quelques notes et souvenirs de ce pieux pèlerinage. Nous en extrayons les passages suivants, qui, dans leur simplicité et leur concision, nous disent les impressions ressenties par le pèlerin.

« 12 juin. — Marseille. — Grande et belle ville, mais entourée de rochers, de côtes stériles, abruptes, sauvages. — Couleur particulière des édifices. — Ascension à N.-D. de la Garde : coup d'œil très étendu sur la ville, le port, la mer. — Affluence de prêtres. — Tout respire la piété. — Impatience du départ. — Nous voilà à bord du *Sorrento*, bateau napolitain. — Gaîté, joie, émotion, désir de voler vers Rome. — Nous nous éloignons de la ville. — Tous les yeux tournés vers la flèche qui domine le port. — Elan vers Marie. — Chant de l'*Ave Maris Stella*, du *Magnificat*, du *Domine Salvum fac Pontificem Pium.* — Calme parfait de la mer. — Soleil couchant. — Baigneurs sur le rivage ; douce brise. — Toujours les yeux vers N.-D. de la Garde qui semble nous suivre. —

Prière du soir en commun. — Charme incroyable des causeries sur le pont...

13. — Les passagers se mettent de bonne heure en mouvement. — Toujours du calme, ciel pur, mer magnifique, fraîcheur délicieuse. — Vue de la Corse à notre droite. — Nous longeons cette île. — Rochers stériles, côtes escarpées. — A peine voit-on quelques maisons, quelques terres cultivées. — La distance nous semble petite ; jamais pourtant nous n'arrivons. On voit que la plupart des passagers n'ont plus été sur mer. Plusieurs restent des heures entières en contemplation.. D'autres prient, lisent leur office, causent... Chacun parle de son pays aux confrères de diocèses différents. L'un observe que ses paroissiens vont penser à lui pendant son absence plus que lorsqu'ils le voyaient tous les jours. Chacun cite les traits de dévouement et d'attachement au Saint-Père. Que de prêtres auraient voulu aller voir le Pape et ne l'ont pu ! Un curé du diocèse de Verdun qui n'a que 300 âmes annonce son départ pour Rome : on lui porte 600 francs pour le Pape. — Quelquefois on s'entretient de l'horrible guerre que la presse fait à l'Eglise, du mauvais vouloir des autorités pour les prêtres, pour les congrégations, pour le Pape. Dans tous les diocèses, mêmes vues, mêmes appréciations, mêmes consolations et mêmes douleurs. Une journée passe bien vite

au milieu de tant de distractions diverses. D'ailleurs, l'office, les prières, les lectures, les repas remplissent aisément les heures,.. Un jeune curé du diocèse de Cambrai écrit ses notes et ses impressions. Il est difficile de tenir la plume sur le vaisseau ; le soir surtout la mer devient agitée...

14. — Nous voici près du rivage d'Italie. Ces côtes perdues dans des vapeurs, c'est l'Italie. Dans quelques heures, nous serons à Civita ; ce soir même nous serons à Rome. On nous promet que bientôt nous verrons le dôme de Saint-Pierre. Que de têtes se penchent aux portières ! Saint-Pierre et Rome semblent toujours fuir. — Encore plus loin, nous disent ceux qui déjà ont fait le chemin ; attendez, attendez... C'est ce point... Non, ce n'est pas Rome. Après bien des circuits, enfin nous y voilà... Rome ! Rome ! Nous sommes arrivés.

— Mouvement général dans tous les wagons... Nous apercevons de vieilles murailles noircies, des ruines gigantesques, des aqueducs... Voilà bien la vieille Rome...

15. — Après-midi nous nous acheminons vers San Pietro. Nous longeons le Tibre. Nous arrivons au pont Saint-Ange. L'énorme fort que nous avons en face est bien digne de sa renommée. Quelle masse ! C'est un vieux reste du paganisme qu'un Pape a christianisé en le faisant surmonter de l'ange qui met son glaive

dans le fourreau. Là se trouve une caserne de zouaves. Ce sont des zouaves que nous trouvons partout.; parfois ils nous sourient en nous saluant. Quelles bonnes figures parmi eux. Plusieurs sont imberbes ; des enfants de seize à dix-sept ans, candides, doux, paisibles, mais qui deviendraient des lions si l'on attaquait leur père. — Après avoir traversé des rues étroites et peu gracieuses, nous voici sur la place de Saint-Pierre. Quel spectacle et quel enchantement ! Tout a été dit ; on attendait beaucoup et l'on est surpris encore. C'est surtout quand on a pénétré dans l'église, quand on veut la parcourir, l'examiner en détail, qu'on demeure confondu et comme écrasé par cette majestueuse grandeur...

16. — Nous allons dire la messe à Saint-Louis. C'est le dimanche de la Trinité. Affluence de prêtres dans toutes les églises. Beaucoup de nouvellement arrivés. Cependant nous voudrions être à 8 h. et demie près du château Saint-Ange. On dit que Mgr Dupanloup doit prêcher aux Zouaves. Nous hâtons le départ, et nous y courons. On nous indique Sainte-Marie *in transpontino*. Eglise pleine de zouaves... À peine quelques vides sur les côtés. La messe est célébrée par un évêque ; c'est celui d'Orléans. — Belle tenue des zouaves. — Musique guerrière. — A l'évangile, à l'élévation, tout se meut avec ensemble. Les armes se posent

et s'élèvent au signal, et pourtant il y a de
huit à neuf cents zouaves. Nous voilà bien
placés en face de la chaire. Chacun s'attend à
un beau sermon. Quel auditoire propre à inspirer un orateur qui sait apprécier le dévouement ! Déception complète, Mgr d'Orléans dit
quelques mots de l'autel, et nous n'entendons
pas... Il est fatigué, et se retire à la sacristie.

« Nous voyons défiler ces intrépides défen-
seurs de Pie IX. Les officiers sortent de la sacristie et s'arrêtent sur le perron de l'église. Quelles
figures martiales ! quelles statures ! On nous
montre le baron de Charette. — Nous n'avons
pas entendu de discours ; mais nous avons
admiré au pied des autels les soldats de
Pie IX et leurs dignes chefs : nous sommes
contents !

20. — Jour mémorable. J'ai vu le Pape pour
la première fois ! Difficulté de se rendre assez
tôt. Embarras pour dire la messe à Saint-Louis.
Fête du Saint-Sacrement. Plusieurs prêtres se
retirent sans pouvoir dire la messe. Immense
concours sur la place de Saint-Pierre. Inter-
minable cortège de voitures épiscopales, cardinalices ; arrivée des troupes ; mouvement et
animation sur tous les points, dans l'église,
hors de l'église, dans les rues voisines, sur le
parcours de la procession surtout... Défilé qui
commence : moines des divers ordres, clergé
des paroisses des diverses collégiales, basili-

ques, dignitaires de tout rang, défilé imposant
des évêques, cardinaux... Le Pape enfin ! Avidité de le voir, impression que laisse sa figure
douce et pieuse. Entrée dans la basilique.
Bénédiction du Saint-Sacrement donnée par le
Saint-Père. Bonheur de recevoir de si près
cette bénédiction, d'entendre cette voix, de
voir les mouvements et la figure de Pie IX...

21. — C'est la fête de saint Louis de Gonzague. Espoir de célébrer la sainte messe à
Saint-Ignace. Visite empressée et joyeuse à
cette magnifique église. Messe de communion
célébrée par un cardinal. Spectacle touchant et
magnifique : douze ou quinze cents enfants, adolescents, occupent toute la grande nef. Partout
le même recueillement. Pères jésuites qui circulent dans les rangs, zouaves qui empêchent la
foule de se mêler aux enfants et de troubler
leurs mouvements. Chants magnifiques, voix
d'enfants vraiment célestes. Messes célébrées
par des cardinaux aux autels de saint Ignace,
de saint Louis de Gonzague, du B. Berckmans.
J'ai entendu la messe du cardinal Pitra et celle
du cardinal de Malines. Moment de la communion : deux prêtres l'ont distribuée pendant
une heure. Modestie, recueillement, ordre
parfait...

« Ce soir il doit y avoir revue des troupes pon-
tificales à la villa Borghèse. On assure que le
Pape y viendra. De bonne heure les prêtres

français et autres curieux circulent dans les allées du prince. A 5 heures les troupes commencent à arriver. A 5 heures et demie les zouaves paraissent. Mouvement général de sympathie et d'intérêt. Arrivée des autres troupes : cinq ou six mille hommes peut-être. Belle tenue des officiers. Chaleur accablante. Arrivée du général. Le cardinal Mathieu passe devant le front des troupes. Revue en détail par le ministre. Acclamations répétées. Mgr d'Orléans.

28. — Premières vêpres de Saint-Pierre à la basilique vaticane. Dès cinq heures, affluence incroyable de voitures cardinalices et épiscopales. Grande difficulté pour trouver place. Les troupes de service maintiennent l'ordre à l'intérieur de la basilique et ouvrent passage à la procession des évêques qui commence vers 5 heures et demie. On les voit s'avancer lentement, traverser les flots de peuple au milieu de la vaste nef, couverts de leurs mitres blanches ; quand ils arrivent en face de la Confession, ils s'inclinent et se découvrent ; ils déposent leur mitre pour dire que toute leur autorité, dont la mitre est le symbole, dérive de Pierre, et va se perdre dans ce centre comme une rivière dans l'Océan. Vient ensuite le Saint-Père. Quel mouvement ! Quelle impatience de le voir de la part de tous les assistants ! Les fronts s'illuminent, les yeux se

mouillent de larmes. De tous côtés on entend
ces mots prononcés à demi-voix : Le voilà ! le
voilà ! le Saint-Père ! Oh ! qu'il est bon, le
Saint-Père, qu'il est bon !

« Avec quelle émotion nous prononcions les
paroles de la sainte Liturgie dans un pareil
lieu et dans une semblable réunion ! *Tu es
Petrus, et super hanc petram, etc. — Rogavi pro te...
— Confirma fratres tuos. — Tibi dabo claves regni.
— Portæ inferi non prævalebunt.* Et si nos yeux
quittaient un instant le livre de prières, en
s'élevant vers la coupole, nous les voyions
encore tracées en lettres d'or autour de cette
gigantesque voûte, et nos oreilles les entendaient chanter ! Et Pie IX, entouré de cinq
cents évêques, était une nouvelle preuve, vivante, palpable, que Pierre est toujours écouté,
aimé, obéi, et que l'enfer n'a pas prévalu et ne
prévaudra jamais, malgré ses machinations
sataniques.

29. — Le 29 au matin, grande difficulté pour
dire la messe, et surtout de la dire assez tôt
pour assister au commencement de la cérémonie. Plusieurs bons prêtres se résignent à
regret à ne point la dire. On redoute l'encombrement, l'impossibilité d'entrer à Saint-Pierre
et de se placer de manière à voir un peu, et
pourtant on est venu parfois de si loin pour
cette grande fête. Je la dis, je pars en retard.
Pour arriver plus vite, voiture. Contre-temps

et déception. Détour obligé, encombrement.
Plus moyen d'avancer... La processsion commence. Défilé des évêques. Ils sont près de
500 (454). Arrivée du Pape. Cris et ovations
répétées... Entrée impossible dans Saint-
Pierre...

3 juillet. — C'est le grand jour ! Audience
du Saint-Père. Présentation par Mgr de Tulle.
Longue attente. Demandes indiscrètes à notre
évêque. Au lieu de 20, nous sommes plus de
60 en entrant dans les appartements de Pie IX.
Bonté, simplicité et affabilité du Pape. Quelques observations pleines de finesse. Sa bénédiction. Chacun a reçu deux présents de sa
main. — Le soir, discours de Mgr Mermillod.
Vrai chef-d'œuvre. Tout son auditoire a été
ravi.—*Perpétuité, unité* et *fécondité* de l'Eglise...»

CHAPITRE IX

Second Supériorat

Malgré son ministère actif et fécond, malgré les œuvres multiples et les travaux littéraires qui absorbaient ses loisirs, M. Verniolles n'oubliait pas Servières, et il se reportait bien souvent, par la pensée et par le cœur, au milieu de cet essaim d'adolescents qu'il avait quittés à regret. Il entretenait des relations suivies avec plusieurs de ses collaborateurs d'autrefois, s'intéressant aux moindres détails, applaudissant aux moindres succès de ce cher petit-séminaire. Mais surtout Servières n'oubliait pas M. Verniolles ; il l'appelait de ses vœux et soupirait ardemment après son retour.

Nous avons vu que déjà, en 1869, des démarches pressantes avaient essayé de l'arracher à sa cure de Beaulieu. A la première occasion,

Servières sous la neige

ces démarches devaient se renouveler et cette fois il ne serait pas possible à M. Verniolles de s'y soustraire.

M. l'abbé Pallier, qui, par un de ces coups d'autorité que Mgr Berteaud se permettait quelquefois, s'était trouvé tout à coup supérieur de Servières, se sentait fatigué par la lourde charge qu'on lui avait imposée. Il avait pourtant de précieuses qualités et il avait introduit à Servières de très utiles réformes. Mais il ne voulait pas laisser se renouveler une situation qui ne lui aurait pas permis, comme à ses prédécesseurs, et à M. Verniolles en particulier, d'exercer son autorité de supérieur dans toute sa plénitude et selon toute sa responsabilité. Du reste, le fardeau lui ayant été confié dans les conditions que nous savons, il se trouvait bien plus à l'aise pour le déposer, et le 13 août 1872, il donna sa démission par la lettre suivante qu'il adressa à M. Lalite, vicaire général :

« Monsieur le Grand-Vicaire,

Vous fûtes témoin aussi bien de la spontanéité et de l'énergie de mes premiers refus, que de mon aveugle obéissance, quand Monseigneur me fit offrir par vous la charge de Supérieur. Je reste obéissant ; mais je persiste dans mes craintes, confirmées du reste par l'expérience, et j'ose vous prier d'obtenir de Sa Grandeur

qu'Elle me décharge de ce fardeau. Je sens
que je n'ai pas fait entièrement comme on voulait, je sais que je ne sais pas faire autrement
et je suis très sûr que je ferais bien plus mal,
si je me retrouvais dans la position qu'ont eue
presque tous mes vénérés prédécesseurs, vis-
à-vis leur économe. Veuillez croire que je ne
fais cette démarche auprès de vous que dans
l'intérêt du petit séminaire et par le sentiment
que j'ai de ma médiocrité. »

Aussitôt on pensa à M. Verniolles, qui, comme en 1869, opposa des résistances. Mais cette
fois, ces résistances furent vaincues par la
volonté formelle de l'évêque, qui accepta les
modifications et les conditions d'abord refu-
sées, et M. Verniolles prit le chemin de Servières, cédant sa cure de Beaulieu à M. Pallier°
lui-même.

Ce retour fut salué par les applaudissements
de tout le diocèse. « Enfin justice est faite, lui
écrivait-on, et vous voilà de nouveau au poste
d'honneur qu'au jugement de tous vous assi-
gnaient vos mérites et vos talents. Dieu soit
loué ! Permettez-moi, quoique le plus humble
de vos anciens élèves et de vos anciens professeurs, de vous dire toute la joie que j'en ai
éprouvée... »

« J'avais toujours pensé qu'on avait commis
une grande faute en ne vous maintenant pas à
Servières. C'est donc avec bonheur que j'ap-

prends que cette faute va être réparée. Vous
allez rentrer dans votre vraie vocation ; vous
êtes né pour guider la jeunesse dans la double
voie de la science et de la piété. Vos goûts particuliers, votre longue expérience, vos ouvrages consacrés à l'éducation, la voix publique
enfin, tout indiquait que vous deviez reprendre
votre ancienne place à la tête de l'enseignement du diocèse. »

Rentré à Servières, il trouva l'établissement
très obéré au point de vue financier (1). Grâce à
Dieu cependant, et aussi, il faut bien leur rendre
ce témoignage, grâce au zèle et à la piété de ses
deux prédécesseurs, l'esprit traditionnel, le *bon
esprit*, s'y était maintenu, et il retrouva, parmi
les élèves, les mêmes habitudes d'autrefois.
Sentant désormais que c'était à la vie et à la
mort entre lui et Servières, il se mit immédiatement à l'œuvre avec toute son expérience
et tout son dévouement. Ses conditions avaient
été acceptées ; on nomma un économe de son
choix, qui, trois ans plus tard, fut remplacé,
sur la demande même de M. Verniolles, par
M. l'abbé Chérière, l'économe actuel. Cette
fois, le nouveau supérieur fut véritablement et
complètement supérieur : à la responsabilité
il joignit l'autorité.

(1) Ce déficit provenait de quatre causes principales : 1° la conti-
nuation, au nord-ouest, en 1836, du petit-séminaire sous M. Touron; 2° l'acquisition de la propriété de Vourmelle; 3° la cons-
truction de la chapelle; 4° les charges créées par le legs de la
propriété de la Bourgeade.

Du reste, il n'eut pas de grandes réformes à faire pour la direction morale. Mais il apporta plus de méthode, plus de régularité, plus de surveillance et plus d'économie dans les finances de la maison. Des dettes considérables s'étaient accumulées ; son but fut d'éteindre les plus criardes et de diminuer le déficit, sans pourtant suspendre les constructions commencées et renoncer à des améliorations importantes. C'est ainsi qu'en peu de temps fut achevée la chapelle actuelle, commencée sous M. Segret, en 1866, et livrée au culte le 28 juillet 1873. M. Verniolles l'orna de vitraux à ses frais.

Un des embellissements les plus utiles pour Servières fut fait en 1876. Jusque-là, le séminaire n'avait pour s'alimenter d'eau qu'une vieille pompe, d'un mécanisme compliqué et encombrant. Que de fois, au plus fort de l'été, la cuve énorme, qui servait de château-d'eau, était à sec ! Mais on la respectait pourtant comme une vieille relique, car elle devenait, à certains jours de fêtes comiques, tribune, théâtre ou trône. Enfin, il fallut bien se décider à la faire disparaître. Après de longues hésitations et de patientes recherches *hydroscopiques*, on capta à Vourmelle une source abondante, qui vint, docile, déverser ses eaux fraîches et limpides dans toutes les dépendances de la maison. L'entreprise avait réussi à merveille, et M. Ver-

niolles s'empressa d'orner les terrasses de bas-
sins et de jets d'eau, ombragés d'arbustes et
de fleurs. Voulant en même temps surnatura-
liser en quelque sorte ces agréments nouveaux,
il fit dresser les statues de l'Ange gardien et de
Saint Joseph pour présider aux ébats des élèves.

C'est en 1888 que fut installé au petit-séminaire l'éclairage à l'électricité. C'était une
entreprise hardie, téméraire aux yeux de
quelques-uns, surtout coûteuse. Elle avait
pourtant d'immenses avantages, reconnus depuis, et elle devait être aussi la source de sérieuses économies pour la maison. M. l'Econome,
autorisé par ses supérieurs et secondé par
M. Lescure, professeur de sciences, n'hésita
pas à la lancer et elle fut couronnée de succès. Au lieu de ces lampes fumeuses, qu'il
fallait renouveler à chaque instant, on eut
désormais une lumière assurée, abondante,
luxueuse et d'une commodité sans égale. La
force motrice produisant l'électricité fut uti-
lisée pour établir un important atelier d'ameu-
blements en tous genres, et pendant que les
visiteurs admirent l'installation de l'éclairage
électrique, leurs oreilles sont déchirées par des
bruits stridents, le grincement des scies des
Ateliers Saint-Joseph. On se croirait dans une
usine ou une manufacture importante. M. l'Econome a appelé des ouvriers habiles et intelligents, capables de rivaliser avec ceux des villes,

et il peut ainsi, dans d'excellentes conditions,
livrer rapidement toutes sortes de meubles,
dont l'élégance et la solidité ne laissent rien
à désirer. Grâce à ses ateliers, le séminaire de
Servières a pu faire pour lui-même, à peu de
frais, des réparations importantes. C'est ainsi
qu'on a renouvelé peu à peu les planchers, les
toitures, les bancs, les tables, en se servant
des bois de la Bourgeade et de Vourmelle.

Evidemment nous ne pouvons pas énumérer
en détail toutes les réparations, tous les embellissements faits à Servières pendant le
second supériorat de M. Verniolles. Disons
seulement que le total s'en éleva à près de
80 000 fr., et néanmoins le séminaire vit ses
dettes diminuer de 40 000 fr.

Nous n'avons pas non plus à répéter ici tout
ce que faisait M. Verniolles pour rendre le
séjour de Servières aussi agréable que possible
et pour bannir l'ennui si fatal aux enfants.
Mais nous ne saurions trop insister sur sa
préoccupation constante d'encourager et d'é-
gayer les élèves. Il n'épargnait rien, nous
l'avons dit, pour rendre les fêtes de Servières
belles et splendides. Il les multipliait autant
qu'il le pouvait, mais toujours avec à-propos
et dans un but moral. Si quelque circonstance
exceptionnelle se présentait, il en profitait avec
empressement pour donner un jour de congé
et la faveur d'une grande promenade.

En voici un exemple inoubliable. — Depuis
quelque temps il caressait le projet d'une rencontre entre le grand-séminaire de Tulle et
le petit-séminaire de Servières. L'entreprise
paraissait audacieuse et difficile. Il la né-
gocia, en 1881, avec M. le Supérieur du
grand-séminaire, et lorsque tout fut prêt il
annonça la grande nouvelle, qui fut accueillie
par des applaudissements enthousiastes. Le
29 avril, de grand matin, les deux séminaires
partirent en même temps pour gagner le rendez-vous choisi. Mgr Denéchau, qui se trouvait
à Servières, voulut présider la promenade et
se mit à la tête de la joyeuse caravane. Les
deux communautés se réunirent dans une
charmante campagne, près de Saint-Chamant,
et la fête fut délicieuse. Pouvait-on trouver
une plus belle application du *Quam bonum et
quam jucundum habitare fratres in unum?* Tout le
monde fut heureux ce jour-là. M. Verniolles
seul ne put jouir de la fête à son aise. « La
présence de Monseigneur et l'invitation de
M. le Curé de Saint-Chamant qui nécessitait
une acceptation, écrivait-il à un ami, ont fait
évanouir tous les rêves que je caressais depuis
plusieurs semaines. J'ai à peine entrevu la fête :
je n'y ai pas pris ma part et je suis remonté à
Servières avec un peu de tristesse et de regret.
Pour comble, nos élèves, dans leurs lettres et
dans les récits de la fête, ont mandé à leurs

parents que cette promenade et ce rendez-vous
étaient une faveur accordée par Monseigneur.
Sans doute, d'une certaine façon, tout ce qui
se fait à Servières est fait par Monseigneur et
accordé par lui. Mais je vous assure que tout
était arrêté entre M. le Supérieur du grand-
séminaire et moi, quand j'en ai fait la première
ouverture à Sa Grandeur, pour lui demander
si Elle voulait que nous prissions le jour de son
départ pour qu'Elle pût voir les deux communautés réunies.

« Tout cela me faisait rêver à l'incident bien
connu de la vie de Virgile :

« *Hos ego versiculos feci, tulit alter honores...*

« Moi aussi, j'avais préparé un doux nid pour
mes enfants d'hier et mes enfants d'aujour-°
d'hui ; un doux nid sur le gazon et la mousse,
près d'un ruisseau limpide, où je croyais les voir
réunis, joyeux et rayonnants : mais ce plaisir
n'a pas été pour moi. — Cette fête de la bonne
rencontre, ce mélange et cette fusion des deux
maisons, cette franche communication de pensées et de sentiments, je me la figurais douce
pour moi comme une coupe de miel. Je l'aurais
bien préférée, avec ce morceau tout froid mangé
sur le gazon, au dîner si confortable qui m'attendait : je n'ai vu que l'aurore de la fête, et
l'approche de ces longues files d'enfants qui
s'avançaient les uns vers les autres pour se

sourire, s'embrasser ou se serrer la main, m'a fait venir une larme dans les yeux... Mais, je m'arrête : vous commencez à vous moquer de moi et à me trouver enfant. Pour un père, du reste, c'est déjà un bonheur suffisant que de rendre heureux ses propres enfants. »

Ces relations entre Servières et le grand-séminaire étaient particulièrement agréables à M. Verniolles, qui voyait là un élément de bon esprit pour sa maison, en même temps qu'un moyen puissant de prospérité pour sa pépinière sacerdotale. Aussi les favorisait-il de tout son pouvoir, et, chaque année, le 2 juillet, il accueillait à bras ouverts les séminaristes de Tulle qui venaient inaugurer leurs vacances à Servières. Quelle fête ce jour-là ! Mais elle fut exceptionnellement belle, le 2 juillet 1886. Tout le grand-séminaire se rendit à Servières. M. Verniolles fut sensible à cette démarche qui honorait son cher séminaire. Il voulut que la fête fût aussi solennelle que possible et que l'hospitalité la plus large et la plus cordiale laissât un souvenir ineffaçable dans l'esprit de ses chers visiteurs. De plus, pour bien préciser et faire ressortir le caractère de cette fusion fraternelle, il prononça cette allocution délicate :

« Monsieur le Supérieur (1), permettez-moi de vous dire ici, devant tous, combien nous sommes profondément touchés, mes collabora-

(1) M. Adoue, supérieur du grand-séminaire.

teurs et moi, de l'insigne honneur que vous
faites aujourd'hui à la maison de Servières. Il
y a tout à l'heure soixante ans que je vois des
fêtes à Servières : j'y ai vu des assemblées plus
nombreuses, des fêtes plus brillantes et plus
solennelles ; je n'en ai jamais vu d'aussi touchantes : c'est vraiment la fête du cœur. C'est
vous, Monsieur le Supérieur, qui avez pris
l'initiative de cette douce et fraternelle réunion.
Depuis deux ans à peine le diocèse a le bonheur de vous posséder ; vous n'aviez visité
Servières qu'une fois, mais vous avez vu
promptement que notre maison a quelque
droit de se dire la sœur de celle que vous diri-
gez. Vous avez appris sans doute que depuis
bientôt un siècle, Servières a donné des prêtres
par centaines à toutes les parties du diocèse,
qu'il a été le berceau de beaucoup de saints
religieux, de missionnaires et de martyrs. Le
très grand nombre de vos jeunes lévites ont
cultivé ici leur sainte vocation, et, dans vos
entretiens avec ces chers enfants, vous avez
pu constater que le souvenir de Servières est
vivant dans leur âme, et qu'ils ont trouvé ici,
non seulement des maîtres pour les instruire,
mais des cœurs de pères pour les aimer... Oh !
si vous aviez pu voir la joie que nous a apportée
la nouvelle de votre visite, si vous aviez été
témoin de l'impatience et de l'allégresse de
nos enfants à la pensée de se voir réunis à leurs

aînés, vous m'auriez répété cette parole que vous m'aviez écrite. Oui, vraiment, il est agréable, il est délicieux que des frères se trouvent ensemble et qu'ils puissent reposer, au moins quelques heures, sous le même toit !

« Vous avez bien voulu me dire, Monsieur le Supérieur, que la visite du grand-séminaire presque tout entier serait un témoignage public de vos sympathies pour nous : tout le monde dans le diocèse saura l'interpréter ainsi ; c'est ainsi que nous la comprenons, mes dévoués collaborateurs et moi, et nous n'en perdrons jamais le reconnaissant souvenir. Nous traversons des jours difficiles pour les grands et les petits séminaires. Espérons que cette marque signalée de votre bienveillance nous portera bonheur ; espérons que la fête de ce jour sera le présage d'un rajeunissement pour notre maison, un gage de prospérité pour l'avenir.

« Merci à ceux de MM. les directeurs qui sont de vieux amis de Servières, merci à ceux qui le visitent pour la première fois. Merci à vous tous, que je puis bien appeler mes enfants, et qui avez différé de quelques jours la joie d'embrasser vos parents pour mieux montrer votre attachement à Servières. Je suis heureux aussi que des séminaristes, qui n'ont pas été nos élèves, se soient unis à leurs frères dans ce pèlerinage pieux : Servières leur donne l'hospitalité avec joie. Merci à tous et indulgence pour tout ce

qui a pu manquer. Au nom de tous mes collègues et de mes enfants, je dis : *Vive le Grand-
Séminaire !* »

Nous avons constaté plusieurs fois que
M. Verniolles aimait à partager avec ses collaborateurs le respect et la vénération dont il
était entouré. Lui-même savait rehausser leur
autorité en donnant l'exemple de l'estime et
de la reconnaissance qui leur étaient dues.
C'est ainsi qu'en 1889, il voulut qu'on don-
nât un éclat tout particulier à la célébration
des noces d'argent du professorat de M. Poulbrière, directeur du petit-séminaire. Cette fête
eut lieu le 12 mars. M. Verniolles voulut être
l'orateur de la journée. Il exprima la joie qu'il
éprouvait de fêter un tel collaborateur. Il rendit hommage au brillant professeur et à l'érudit dont les savantes publications donnent un
relief important au petit-séminaire. Il se félicita de l'avoir associé à sa tâche à titre de
Directeur, et, rappelant ses noces d'or à lui,
célébrées l'année précédente, il fit des vœux
pour que le diocèse revînt un jour dans cette
chère maison acclamer les noces d'or de l'abbé
Poulbrière.

M. Verniolles aimait aussi à entretenir à
Servières le culte du souvenir et de la reconnaissance. Il parlait souvent de ses prédécesseurs et du bien qu'ils avaient accompli. Il se
regardait comme le dépositaire de leur œuvre

et de leurs traditions. Il les recommandait aux prières de tous et honorait leur mémoire ; il rappelait leurs vertus et invoquait leurs exem-ples. Le saint fondateur de Servières reposait depuis près de soixante ans au modeste cimetière paroissial. N'était-il pas juste que ses restes vénérés fussent transportés au milieu de ses enfants, et qu'un monument leur fût élevé dans la nouvelle chapelle du séminaire ? Poser la question, c'était la résoudre.

Déjà, du reste, une souscription avait été ouverte dans le diocèse, pour couvrir les frais du monument (1). Le projet n'avait trouvé que des adhésions, et Mgr Denéchau le fit sien en envoyant cette lettre circulaire à tout son clergé :

« Messieurs et très chers Coopérateurs,

« Loin d'oublier les bienfaiteurs du diocèse, nous voulons honorer leur mémoire, reconnaître leurs services et prier pour leurs âmes, longtemps même après leur mort aussi bien que pendant leur vie. Parmi ces bienfaiteurs insignes, il faut toujours distinguer M. Capitaine, fondateur et premier supérieur du petit-séminaire de Servières. Aussi, dès notre arrivée parmi vous, notre intention, comme notre devoir était bien de lui rendre le plus tôt pos-

(1) Des offrandes furent recueillies par M. Houllier, maître de musique à Servières, un des amis les plus fidèles et des serviteurs les plus dévoués de « la sainte maison ».

sible un hommage public, pour nous associer à
vos souvenirs, à vos obligations, à vos sentiments qui étaient devenus particulièrement
les nôtres. Du reste, tout se trouvait préparé
d'avance sous l'épiscopat de notre illustre prédécesseur, admirateur passionné et gardien
fidèle des traditions et gloires diocésaines. Les
anciens élèves, les amis et les protecteurs de
Servières avaient généreusement souscrit pour
élever à M. Capitaine un monument funèbre.
Sur le désir et la demande du supérieur qui
continue si dignement son œuvre, nous pouvons enfin réaliser le vœu universel, et nous
invitons à la cérémonie tous les prêtres du diocèse qui peuvent avoir la facilité de s'y rendre.
Puissent-ils y être assez nombreux !

« En ce moment où le recrutement du clergé
se trouve encore menacé par des projets de
loi profondément hostiles à l'Eglise, il est très
opportun de glorifier celui qui, après les ravages de la Révolution, se dévoua si vite et si
bien à relever et à repeupler le sanctuaire...

« En conséquence, le mercredi 19 de ce mois
(avril 1882), les restes de M. Capitaine seront
processionnellement rapportés du cimetière de
la paroisse dans la chapelle du petit-séminaire,
et après le service solennel que nous tenons à
célébrer nous-même, seront déposés dans le
monument funèbre, pour être ainsi à l'honneur
là où le vénérable prêtre fut longtemps à la

peine pour le service le plus important de notre diocèse... »

Près de cent prêtres répondirent à cet appel. Malheureusement la fête fut incomplète. D'abord accordée, l'autorisation légalement nécessaire pour cette translation fut refusée, à la dernière heure, par le ministre lui-même, qui, sur un rapport hostile de la préfecture, se basant sur la circulaire même de Monseigneur, vit une manifestation projetée contre la loi récente sur l'instruction laïque et athée, et contre la loi militaire en préparation. « S'il y a là une manifestation, s'écria l'évêque, pour faire justice de ce refus arbitraire, ce ne peut être à mon sens que manifestation de gratitude, de piété filiale, de piété religieuse, et le clergé qui m'entoure et que je remercie, ne vient sans doute, en s'y associant, que recueillir une leçon pour lui-même. Il vient apprendre au milieu de ces honneurs rendus à un vieux prêtre, à un vieux prêtre que bien peu ont connu, le devoir, le secret et la légitime confiance des œuvres nécessaires. S'il n'a pas, si vous n'avez pas non plus, chers enfants, si je n'ai pas moi-même dans cette fête la réalisation de tous nos vœux, n'en soyons ni les uns ni les autres dans l'extrême tristesse : les temps sont tels qu'un peu d'ombre sied bien à toute réjouissance. Quant à la translation, elle aura lieu, n'en doutez pas.

Que ce soit un peu plus tôt, un peu plus tard,
n'importe ! Comme ce n'est qu'une affaire de
cœur, ce n'est non plus qu'une affaire de temps.
Je vais bénir le tombeau et Dieu fera le reste. »

Le successeur de M. Capitaine ne pouvait
pas rester silencieux en ce jour. Il devait parler, et il le fit comme il convenait au supérieur
de Servières. Voici son discours :

« Monseigneur,

« Permettez que je dise ici devant tous ma
profonde reconnaissance pour vous d'abord et
ensuite pour tous ces hommes vénérables qui
entourent Votre Grandeur. Ainsi que vous le
disiez naguère à votre clergé, Monseigneur,
vous n'oubliez pas les bienfaiteurs du diocèse,
et l'on voit que vous êtes heureux de payer à
leur mémoire un solennel tribut d'hommages
et de prières. Vous en avez donné une preuve
éclatante par le chaleureux appel que vous
ayez fait à vos prêtres, et cette imposante
réunion proclame bien haut que votre appel a
été accueilli avec autant d'empressement que
de joie.

« Justement soucieux du recrutement du
clergé, qui est l'œuvre fondamentale pour
toute sorte de bien, dès la première solennité
que vous avez présidée dans notre maison,
Monseigneur, vous avez rendu un public hommage à l'abbé Capitaine, au vénérable patriar-

che du clergé diocésain. Vous l'avez comparé
à Néhémias ; à ce Néhémias qui, au retour de
la captivité, alors qu'on relevait le temple et
l'autel, découvrit et ralluma le feu sacré que
les anciens prêtres avaient caché au fond d'une
vallée solitaire. D'après vous, le fondateur de
Servières fut pour tout ce diocèse comme un
autre Néhémias. Avec une simple étincelle
qu'il réchauffa avec sa foi et son cœur d'apôtre,
il produisit la lumière et alluma le feu sacré
dans nos chrétiennes contrées ; ce feu continue
toujours ici d'éclairer et d'échauffer les jeunes
âmes ; et j'en atteste ceux qui m'écoutent,
nous espérons tous, nous avons la ferme confiance qu'il continuera de le faire bien longtemps encore. (*Oui, oui, oui ! Applaudissements.*)

« Mon devoir est de remercier aussi ces
hommes honorables, ces prêtres éminents qui
ont bien voulu s'associer à cette fête de la
reconnaissance et de la piété filiale. Ah ! si le
vénéré fondateur se réveillait tout à l'heure de
son sommeil et sortait de la tombe où il repose,
comme il pourrait contempler avec fierté la
bonté et l'étendue de son œuvre ! Comme il
verrait avec joie les riches moissons qu'ont fait
germer en ces lieux les travaux et les sueurs
de sa noble vie ! Quatre-vingts ans se sont
écoulés depuis qu'il ouvrit son presbytère à
quelques petits enfants avides de ses leçons,
et voilà que toutes les générations de prêtres

qu'il a données à l'Eglise sont aujourd'hui
représentées à cette réunion de famille, à cette
table vraiment fraternelle. Je vois ici des vieillards qui, dès l'âge de huit à dix ans, vinrent
se ranger autour du saint prêtre ; j'y vois quelques-uns de ceux qui recueillirent sa succession et furent mes dignes et respectables maîtres ; j'y vois plusieurs de ceux qui furent dans
mes classes mes condisciples et mes aînés, et
plusieurs de ceux qui partagèrent mes travaux
dans le professorat ; j'y vois enfin un très grand
nombre de ceux que je m'honore d'avoir
comptés parmi mes élèves, et qui sont ma consolation et ma gloire, arrivé que je suis au
déclin de la vie. Au nom de mes collaborateurs
et de mes enfants, au nom de la famille Capitaine qui est ici dignement représentée, je les
remercie tous d'avoir répondu si vite et si bien
aux désirs de notre premier pasteur. (*Applaudissements.*)

« On a dit bien des fois que Servières se distingue par l'esprit de famille qui règne entre
ses enfants. La solennité de ce jour restera
dans nos annales comme une preuve touchante
que cet esprit est toujours vivant parmi nous.
Ah ! s'ils étaient là, les vénérés supérieurs qui
ont succédé à M. Capitaine et qui ont tant
vécu, tant travaillé dans cette maison ; s'il
était là, le grand évêque qui a tant aimé et
tant célébré son Servières, et qui tant de fois

fit résonner ces vieux murs de son éloquente parole, quelle joie et quel triomphe pour eux tous !...

« Chers enfants ! je vous rappelle sans cesse que vous devez être respectueux, dociles, affectueux pour ceux qui se consacrent à votre éducation. Eh bien, à cette heure solennelle, la présence de ces vieillards blanchis et courbés par les années, qui sont venus de loin prier pour celui qui fut leur supérieur et leur père, pour honorer et glorifier sa mémoire, vous dit mieux que toutes les paroles, le respect, l'affection, la reconnaissance que vous devez garder pour vos maîtres actuels jusqu'au dernier jour de votre vie. (*Longs applaudissements.*) »

M. A. Aigueperse, rédacteur du *Monde* qui fut élève de M. Verniolles et un de ses successeurs dans la chaire de rhétorique, chanta la poésie des traditions de Servières. Après avoir évoqué tous les souvenirs d'autrefois, il s'écria :

« Quel flot de poésie m'apportent tous ces souvenirs !

« Poésie des traditions de cette maison de Servières, dont nous avons célébré ce matin la plus belle en honorant la mémoire, bientôt séculaire, de M. Capitaine, son glorieux fondateur, en présence des vénérables représentants de sa famille et de cette élite du clergé du diocèse de Tulle qui, depuis quatre-vingts ans, se proclame justement son fils ;

« Poésie du site grandiose où cette maison est posée et du paysage qui l'entoure. Ce torrent qui bondit et qui chante, ces masses de rochers qui dressent leur tête, ces grands vents qui viennent battre les murs du manoir des Turenne, ces vastes horizons, ce grand ciel bleu, toute cette nature me parle et me rapporte les harmonies d'autrefois ;

« Poésie de ces fêtes pieuses où le ciel semblait descendre sur la terre, et dont je garde et garderai toujours le souvenir dans toute la fraîcheur de sa pureté et de son parfum ; de ces fêtes littéraires, comme celle que le maître distingué de rhétorique nous a donné l'occasion d'applaudir hier ; de ces lauriers scolaires qui faisaient oublier au maréchal de Villars les lauriers de Denain ;

« Poésie enfin de cette vie intime de Servières, de ces relations paternelles et filiales entre maîtres et élèves, de cet échange de dévouement et de reconnaissance, de confiance réciproque, d'affection, en un mot de ce qu'on appelle si justement le bon esprit de Servières. (*Applaudissements.*)

« ... L'éducation chrétienne ! ce trésor qu'une poignée de sectaires veut enlever à la France. Mais ils n'y parviendront pas : oh ! non ! Nous savons tout ce dont leur impiété est capable,

mais nous savons aussi quelle sera l'énergie
de notre résistance et sur quoi elle s'appuie.
La foi catholique est un chêne enraciné sur
notre terre de France. Ce n'est pas la première
fois que de sacrilèges ouvriers viennent, la
serpe en main, pour en abattre toutes les branches. Devant le tronc dévasté, ils branlent
dédaigneusement la tête et ils disent : Il est
mort ! Non, il n'est pas mort ! Ses racines
plongent dans le sol, la sève bouillonne dans
ses veines et là-haut luit le soleil de Dieu. Les
branches poussent, une frondaison superbe
couronne le tronc indestructible et il étend au
loin le bienfait de son ombrage. Aux alentours,
on creuse des fosses ; elles appellent, elles
reçoivent bientôt les ouvriers de malheur ;
heureux ceux qui ont la suprême inspiration
de demander à dormir sous l'arbre du salut !
(*Applaudissements.*)

« Je n'ai plus qu'un mot à ajouter. Vous
m'en voudriez, Monseigneur, si je me taisais
sans envoyer, du fond du cœur, un hommage
à votre vénéré prédécesseur, l'illustre Mgr Berteaud, dont la parole enflammée a tant de fois
fait tressaillir ces murailles et qui tant de
fois nous a emportés, jeunes hommes pleins
d'enthousiasme, comme un aigle sur ses ailes
étendues. Je m'en voudrais, de mon côté, si,
avant de terminer, je ne saluais en vous, Monseigneur, je ne dis pas seulement le protecteur,

mais le bienfaiteur de Servières, et l'infatigable
et éloquent défenseur de l'éducation religieuse.
Vous nous avez donné, Monseigneur, l'occasion d'admirer comment Dieu sait varier ses
dons, tout en leur conservant la même effica-
cité pour sa gloire, le bien de son Eglise et le
salut des âmes. (*Longs applaudissements.*) »

« Monseigneur, ramené sur la scène, remer-
cia les deux orateurs avec une finesse, un tact,
une bonne grâce charmante, mais en un langage dont la spontanéité, pour ajouter à la joie
de l'assistance, n'ajouta malheureusement pas
assez à la tâche du chroniqueur (1). »

M. Verniolles, dans son discours, faisait allusion à la première visite de Monseigneur à
Servières. Cette visite dut être faite vers le
milieu de l'année 1879, quelque temps après
le sacre du nouvel évêque. Quand Mgr Berteaud
donna sa démission, ce fut un deuil pour tout
le diocèse. On perdait un véritable évêque, un
« évêque d'autrefois », un orateur inimitable,
un apôtre, un saint. Quel serait son successeur ? La question avait bien son intérêt, à un
moment où l'Eglise et la religion commençaient
à subir de terribles assauts, et elle ne manquait pas de préoccuper les esprits. M. Verniolles fut un des premiers à apprendre la bonne

(1) *La Solennité du 19 avril 1882, au petit-séminaire de Servières,* p. 6.

nouvelle de la nomination du nouvel évêque. C'est M. Lalite, vicaire général, qui la lui annonça en ces termes : « Tout d'abord la bonne nouvelle ! M. l'abbé Denéchau, vicaire général de Tours, le neveu de Mgr Fruchaud, ancien évêque de Limoges et de Tours, est nommé notre évêque. Hier, le ministre l'annonçait à Monseigneur ; aujourd'hui, M. l'abbé Denéchau a fait parvenir une excellente lettre de Paris, au lendemain de sa nomination, à son vénérable père et protecteur de Tulle. Monseigneur est heureux de ce choix. Nous connaissons très bien M. Denéchau, dont le bon esprit lui a valu d'être choisi vicaire général titulaire de Tours par le successeur de son vénérable oncle. » (19 oct. 1879.)

Ce fut une grande fête à Servières la première fois que le nouvel évêque y reçut l'hospitalité. M. Verniolles ne négligea rien pour rendre l'accueil digne du prélat. Ce dernier plut par sa bonté, son affabilité, sa simplicité, et il comprit bien vite lui-même que Servières était *sa maison*.

Puisque M. Verniolles savait si bien honorer ses prédécesseurs et ses supérieurs, il convenait qu'on l'honorât lui-même lorsque le cours des années amenait les anniversaires et les grands souvenirs de sa vie sacerdotale ou de son supériorat. Un an après la fête de M. Capitaine, le 24 avril 1884, on célébra ses noces

d'argent de supérieur de Servières. Dans le discours qu'il prononça ce jour-là, au nom du corps
professoral, M. Poulbrière fit « délicieusement
ressortir la mission remplie à Servières par
M. Verniolles, professeur distingué, supérieur
éclairé et zélé, le premier à la peine, le dernier
au repos, prêtre fervent, studieux, modèle de
régularité et de vertus sacerdotales, écrivain
judicieux, infatigable, propagateur toujours
ardent des saines doctrines romaines ». —
M. Graffeuil, vicaire général, délégué de Monseigneur à cette fête de famille, « rappela le
professeur illustre dont il reçut les doctes
leçons, les conseils éclairés et paternels; il
redit les applaudissements qui, du grand-
séminaire où il se trouvait alors et dans le
diocèse entier, saluèrent le choix de Mgr Berteaud, au 24 avril 1858, lorsqu'il confiait en
si bonnes mains la direction de son cher petit-
séminaire de Servières; il loua cet esprit de
piété, de docilité, qui fut toujours la gloire de
Servières, que la douce et religieuse vigilance
du supérieur contribue si puissamment à
maintenir et à développer, qui réjouit si sua-
vement le cœur de l'évêque au milieu des
tristesses actuelles, et il termina en s'écriant :
Ad multos annos ! Aux noces d'or et au delà » (1).

Les noces d'or, en effet, devaient être le
triomphe de M. Verniolles. « D'ordinaire Dieu,

(1) *Semaine religieuse*, 5 mai 1883.

qui réserve à ceux qui l'aiment les biens invi-
sibles, ne glorifie point ici-bas ses amis les
plus chers et les plus méritants; et néanmoins,
Celui qui a voulu qu'une fois, sur le Thabor,
l'humanité de notre Sauveur resplendît de
gloire et de majesté, ordonne parfois, pour
l'instruction et l'encouragement des faibles,
que le mérite paraisse et que justice lui soit
rendue » (1). C'est pour cela que le cinquante-
naire sacerdotal de l'éminent supérieur fut
célébré le 26 juin 1888 avec tant d'éclat. Ce fut
une *fête diocésaine*, d'après la parole même de
l'évêque, et en effet, le diocèse tout entier se
leva pour apporter au vénérable jubilaire
l'hommage de son affection et de sa reconnaissance. Près de cent cinquante prêtres se
trouvèrent réunis à Servières, et offrirent à
M. Verniolles un superbe calice portant cette
inscription : DOMINO JUSTINO VERNIOLLES,
*præsbyteri diœcesis Tutelensis, Fratres et Filii, Jubi-
lœo die junii 1888*.

Tout était décoré avec art, dans ce grand
temple de la sagesse et de la science, et pourquoi ne pas dire avec Mgr Berteaud, dans ce
beau *gymnase chrétien !* Les corridors, la salle
des récréations, la chapelle, le réfectoire
étaient ornés d'inscriptions, de fleurs et de
feuillage ; et, au milieu des guirlandes de
verdure qui se déployaient le long des murs,

____

(1) Souvenir des Noces d'or de M. Verniolles, p. 6.

18.

on lisait les titres des ouvrages de M. Verniolles.

Dès la veille, la fête commença par une surprise féérique. L'installation de l'éclairage électrique était terminée : ce devait être comme le bouquet de fête offert à M. Verniolles et on inaugura, ce soir-là, aux applaudissements répétés de tous les assistants, cette lumière nouvelle, éclipsant tout à coup les lampes fumeuses d'autrefois et montrant à tous que Servières est deux fois la *maison de lumière.*

Nous n'avons pas à raconter en détail ces fêtes inoubliables. Mais nous devons rappeler aussi longuement que possible les éloges qui furent adressés à celui qui en était le héros. L'évêque devait parler le premier et il parla éloquemment à la messe solennelle célébrée par M. Verniolles lui-même. Son texte heureusement choisi : *Laudemus viros gloriosos parentes nostros in generatione suâ, in generationibus gentis suæ,* lui fournit le sujet des plus merveilleux développements et d'applications plus heureuses encore. Nous voudrions pouvoir reconstituer ce discours exquis :

« On loue dans le monde des hommes qui se sont distingués par leur science ou par des actions d'éclat. Mais souvent leur gloire est vaine et elle est toujours périssable. Ici, c'est un homme qui est compté parmi ceux que l'Écriture appelle : *Magni virtute et prudentia,* grands par la vertu et la prudence. Il a passé

cinquante ans au labeur le plus persévérant et
le plus utile aux âmes et à l'Eglise. Sa gloire
est impérissable : nous devons le louer. C'est
un usage dans l'Eglise de célébrer les noces
d'or des infatigables ouvriers du champ divin.
Chez elle, il n'y a pas de limite d'âge. Quand
elle possède un vieillard qui a passé un demi-
siècle à multiplier la vie spirituelle au sein
d'un troupeau béni, elle l'exalte, elle le chante
et prie Dieu de le laisser vivre encore au milieu
de son peuple.

« *Parentes nostros !...* Dans nos paroisses, les
pasteurs sont les pères des âmes... Ici, il y a
plus encore ! Assurément notre éminent supérieur a été un père plein de tendresse pour les
élèves qui ont reçu ses premières leçons, au
début de son sacerdoce. Mais, si vous êtes
accourus de tous les points du diocèse, c'est
que vous lui appartenez tous ; il vous a tous
engendrés aux nobles fonctions des autels...
M. Verniolles est plus qu'un père ; j'ose dire
qu'il est un aïeul.

« Dans la bénédiction nuptiale, on demande
au ciel pour les époux qu'ils voient les enfants
de leurs enfants jusqu'à la troisième et quatrième génération. Or, j'ai sous les yeux les
enfants des enfants de notre illustre supérieur !
Je puis compter plus de quatre générations,
depuis les prêtres à cheveux blancs qui ont
été ses élèves, jusqu'aux jeunes enfants que je

vois assis sur ces bancs. *Laudemus viros gloriosos in generatione suâ.*

« Mais ce n'est pas seulement au milieu de cette immense famille qu'il s'est acquis une grande gloire, c'est au delà du diocèse, c'est dans la France entière qu'il a fait bénir son nom. *In generationibus gentis suæ.*

« Les ouvrages de M. Verniolles attesteront à jamais que nous avons en lui un érudit d'élite et un littérateur exquis. Toutefois la piété qui le caractérise l'a fait sortir des enseignements profanes. Il a parcouru les saintes Lettres, il en a pénétré les mystères et chanté les incomparables merveilles : *Narrantes carmina scripturarum...* »

Après le Pontife qui parlait au nom de l'Eglise, les amis et les élèves de M. Verniolles devaient à leur tour élever la voix et célébrer sa gloire. — M. Mary, doyen du Chapitre, fit ressortir la fécondité merveilleuse de sa longue carrière sacerdotale et fut couvert d'applaudissements, quand il s'écria : « Le jour de son élévation au sacerdoce, l'abbé Verniolles, que je remarquai, était visiblement et profondément ému. Que se passait-il dans son esprit et dans son cœur à ce moment inoubliable ?... Ah ! c'est un secret dont la connaissance nous échappe ; mais il me semble qu'il dut se promettre de demeurer jusqu'à la fin chrétien pour lui et prêtre pour les autres. A-t-il tenu parole ?

Je le demande à tous ceux qui l'ont vu à l'œuvre
pendant sa longue et laborieuse carrière ; ils
répondront unanimement, j'en suis sûr, que,
sans défaillance, toujours il a consacré les ressources de son intelligence, l'ardeur de son
zèle et de sa charité, toute son activité enfin,
à la formation si importante des futurs élèves
du sanctuaire... »

M. Lescure, archiprêtre d'Ussel, au nom de
tous les prêtres qui furent les élèves de
M. Verniolles, déposa à ses pieds l'hommage
de leur filiale reconnaissance : « Je suis heureux en ce moment d'évoquer un des plus doux
souvenirs de ma vie, et, défiant toute prescrip-
tion de trente ans, j'aime à me reporter à ces
jours trop vite écoulés, au pied de cette chaire
de rhétorique qui, pendant près de vingt ans,
fut pour vous un trône et pour vos élèves un
véritable oracle du bon goût. C'est là que,
modèle des maîtres, vous saviez guider nos
âmes et nos cœurs aussi bien que régler nos jeunes imaginations ; c'est là que votre parole docte
et lumineuse, éloquente et paternelle, savait,
en nous faisant goûter tous les charmes des
lettres humaines, nous ouvrir les plus beaux
horizons de la Foi et nous passionner pour
toutes les saintes causes que nous servons et
pour les nobles combats que nous avons connus depuis. Merci donc, Monsieur le Supérieur,
mille fois merci au nom de plus de trois cents

prêtres de ce diocèse, qui s'honorent d'avoir été vos élèves... »

M. A. Aigueperse, rédacteur du journal le *Monde*, était venu exprès de Paris. « Elle est déjà loin, Monsieur le Supérieur, s'écria-t-il, cette année où j'avais la faveur de recevoir vos leçons ; mais je n'ai qu'à consulter mon esprit, qu'à descendre surtout dans mon cœur, pour la retrouver présente et vivante... Quelle préparation assidue, quelle science soigneusement assimilée, quelle méthode parfaite vous apportiez dans votre enseignement ! Quel souci, couronné de succès, pour exciter au travail, quelle habileté pour tenir l'attention et l'intérêt toujours en éveil, quel talent pour entretenir une généreuse ardeur ! Quelle persévérance, enfin, à poursuivre cette œuvre quotidienne pendant toute une année, pour la recommencer l'année suivante, et ainsi durant un demi-siècle !

« Combien elle était belle cette œuvre ! Le maître nous promenait à travers ces littératures antiques où l'expression du beau a trouvé des formes si exquises, et nos mains conduites par la sienne cueillaient à plein les fleurs et les fruits sans qu'il s'y mêlât jamais une plante vénéneuse. Il nous pénétrait surtout de cette conviction, que

L'enthousiasme habite aux rives du Jourdain,

ou, pour parler plus juste que le poète, que du

sommet du Calvaire la Beauté parfaite a rayonné sur le monde avec la plénitude de la vérité... »

Enfin, M. Breton, au nom du petit-séminaire de Brive et du corps enseignant, s'exprima ainsi : « ... Depuis longtemps déjà, Monsieur le Supérieur, j'entretiens avec vous un commerce des plus agréables et des plus utiles. Il y a plus de vingt ans qu'on m'apprenait à vous lire, et je vous lis encore. Vous avez été mon premier guide dans l'étude des belles-lettres, et vos conseils ont toujours à mes yeux la même autorité. Permettez-moi donc de me dire le fils de votre pensée et de prendre rang dans votre famille. Il y a ainsi bien des esprits qui vous connaissent et vous aiment parce qu'ils sont nés de votre esprit. Dieu a donné à votre enseignement un écho qui se prolonge au loin et qui ne meurt pas.

« ... Je vous apporte les hommages des professeurs et des élèves du petit-séminaire de Brive. Nos élèves sont vos élèves ; si nous leur faisons quelque bien, ils vous le doivent, car nous sommes, nous leurs maîtres, les enfants de Servières, de cette maison dont vous êtes depuis tant d'années le chef et l'honneur. C'est ici que nous avons appris à chercher la vérité, sans autre ambition que de la trouver, à la communiquer sans autre désir que de la voir bien reçue, à aimer et à faire aimer Dieu par-dessus toutes choses.

« Dans la tâche que nous accomplissons, vos livres, qui doivent être le bréviaire des professeurs, dirigent nos efforts et votre exemple anime notre courage. Lorsque, en nous aidant de vos lumières, nous enseignons à nos élèves qu'ils ne doivent se servir de la parole que pour la pensée et de la pensée que pour la vérité et la vertu, nous leur montrons, à côté du précepte, l'application que vous en avez su faire. Vous avez eu, Monsieur le Supérieur, chaque fois que vous avez composé un ouvrage, le rare privilège de faire en même temps qu'un beau livre, une bonne action. Vous avez mis dans les mains des éducateurs de la jeunesse, des instruments de travail excellents ; vous formez ceux qui vous lisent au plus difficile et au plus beau des arts, l'art de manier et de façonner les esprits.

« Quel que soit le mérite de vos livres, votre vie vaut encore mieux, elle instruit davantage. Vous avez su imprimer à votre conduite ce caractère d'unité qui est la marque de la sagesse ; vous jetez encore les semences du bien dans le sillon que vous avez ouvert, il y a cinquante ans. Au début de votre professorat, on remarqua en vous une fermeté, une trempe d'esprit que le temps ne donne pas toujours, et naguère on s'étonnait de vous voir si sensible encore aux beautés du sentiment, aux charmes de la poésie. De même que votre esprit s'est toujours appliqué au même travail; votre cœur est resté fidèle à son premier dévouement! Jeune prêtre, vous aimiez les enfants, vieilli dans le sacerdoce, vous les aimez encore, vous les aimerez jusqu'à la fin. Monsieur le Supérieur, Solon vous eût déclaré heureux s'il avait su que le royaume des cieux est promis aux enfants et à ceux qui ont passé leur vie à les servir. »

On le devine, l'émotion de M. Verniolles était à son comble; il avait grand'peine à retenir ses sanglots. Mais son devoir était de parler, et il parla. Il parla surtout en prêtre, ne se souvenant des éloges qu'il venait de recevoir que pour en remercier les auteurs, en toute simplicité et modestie, mais se rappelant surtout les graves obligations de son sacerdoce, pour s'humilier et s'effrayer des grandes responsabilités qui avaient pesé sur lui dans le long chemin qu'il avait parcouru. — Il compte sur les prières, et il sait qu'il a autant d'amis que d'élèves il a formés, pour obtenir le pardon de ses fautes... Aujourd'hui les années l'accablent, et si l'on s'étonne de ne pas le voir se démettre de sa charge, c'est qu'il professe pour son évêque l'obéissance la plus respectueuse et la plus entière. Il se sent retenu à son poste par les nobles cœurs dévoués à la maison de Servières; par le zèle de ses collaborateurs qui lui rendent le fardeau aussi léger que possible; par le bon esprit des enfants qui sont toujours dociles à sa voix, et qui s'attachent à ses pas comme les petits agneaux s'attachent à la houlette du pasteur qui les protège. Jusqu'à son dernier soupir il se dévouera au petit-séminaire de Servières. Et comment après cette journée qu'on a faite si grande, pourrait-il ne pas s'immoler jusqu'au bout?... Et il retient ses sanglots pour renouveler ses remerciements à tous sans oublier personne.

Monseigneur devait avoir le dernier mot. Dans une causerie familière et délicate tout à la fois, il renouvela et résuma les éloges de tous. « Il n'y a plus d'évêque à Tulle, s'écria-t-il gracieusement, plus d'administration, plus de Chapitre, plus de pasteurs dans les paroisses : tout est ici, tout le diocèse est à Servières. Ah ! c'est que, Monsieur le Supérieur, votre travail est la grande affaire du diocèse ; c'est vous qui faites les prêtres ! Sans doute vous ne pouvez les consacrer aux autels, l'ordination m'appartient ; mais que serait mon pouvoir, si vous ne me prépariez la matière à cette consécration?... Vous savez mieux que nous ce que sont les épreuves qu'on rapporte de l'imprimerie. Les premières étant d'ordinaire remplies de fautes et d'incorrections donnent plus de peine à corriger ; il faut tout repasser et relire avec un soin scrupuleux. La seconde épreuve est de beaucoup moins pénible. Eh

bien, c'est vous qui, chez les enfants appelés
au sacerdoce, corrigez les premières épreuves;
les messieurs de Saint-Sulpice n'ont qu'à s'occuper de la seconde... »

En terminant, le Prélat nomma chanoine
honoraire l'abbé Chérière, économe du petit-
séminaire, qui, depuis près de vingt ans,
secondait M. Verniolles de son intelligence et
de son dévouement. C'était en même temps
qu'une juste récompense de mérites reconnus
de tous, un fleuron de plus à la couronne du
vénérable jubilaire (1).

Quelques jours après, le 2 juillet, le grand-
séminaire à son tour apportait ses vœux et
ses félicitations au supérieur de Servières, et,
par l'organe de son directeur, M. Adoue, renouvelait le concert d'éloges et de vœux dont les
murs de Servières gardaient encore les échos.

Le diocèse de Tulle ne fut pas seul à déposer
aux pieds de M. Verniolles le tribut de ses
hommages et de son admiration. De partout
des lettres arrivèrent, apportant le souvenir du
cœur et de la reconnaissance, en même temps
que le regret de ne pouvoir assister à la fête.

« Impossible de vous dire, écrivait un missionnaire de Madagascar, les douces émotions
que m'a fait éprouver la lecture du compte
rendu de vos Noces d'or. Nul, je crois, n'a

(1) M. Poulbrière, alors directeur au sens que nous verrons plus
loin et organisateur de cette fête, avait en effet déjà la mozette
depuis 1880.

aimé Servières plus que moi, et je suis bien de
ceux auxquels vous avez témoigné la plus tendre
affection. Votre servant de messe pendant trois
ans, votre fils spirituel, votre secrétaire, votre
élève, j'ai gardé de vous, Monsieur le Supérieur, des souvenirs que trente années de séparation n'ont point affaiblis et qui dureront toujours. Ah ! que n'étais-je auprès de vous comme
je l'avais été au beau jour de votre installation
comme supérieur ! » (J.-B. Valette, S. J.)

La poésie elle-même s'en mêla. L'abbé Montagnoux, l'ami savoyard que nos lecteurs connaissent déjà, voulut ajouter une « humble
fleur » au bouquet des noces d'or de M. Verniolles, et il envoya des strophes délicieuses
qui furent lues par M. Poulbrière et couvertes
d'applaudissements. Citons au moins ces quelques vers :

« ... Ne vous étonnez pas de ce lointain message,
J'estime et je connais votre père avant vous :
Mes yeux n'ont jamais vu les traits de son visage,
Mais mon cœur connaît bien ce grand cœur tout à tous.

Que de lustres déjà sur nos plages ombreuses
De cette âme de feu m'ont transmis les accents,
Et, que de fois, l'écho de vos cimes neigeuses
A porté jusqu'à lui les vœux de mes enfants !

Pour chanter Verniolles, ah ! que n'ai-je une lyre
Qui puisse de mon cœur rendre l'intime accord ?
Frères, qu'il sache au moins qu'avec vous je l'admire
Et qu'Evian pour lui bat de même transport.

Enfin, la maison voulut consacrer le souvenir et la signification de cette grande journée, en faisant graver une inscription commémorative au verso d'une image distribuée à tous les assistants. Dans ces quelques mots nous retrouvons toute l'âme sacerdotale de M. Verniolles :

JUSTINUS VERNIOLLES, etc.

HUNC DIEM 26 JUNII 1888, solemnem habere voluit, ac modis omnibus induere et significare : 1° *Animum gratum.* — Quid retribuam Domino ?... 2° *Animum dolentem.* — Delicta quis intelligit ?... 3° *Animum providum.* — Heu ! quid est vita nostra ?... — Et cum ad aures pervenerit : E VIVIS EXCESSIT JUSTINUS VERNIOLLES, — Vos, Fratres, et Filii, miseremini mei ; in orationibus et sacrificiis mei memores estote. »

Ces fêtes splendides furent un dédommagement et une consolation pour le vieillard, après des épreuves pénibles dont il avait été abreuvé et qu'il avait senties bien vivement. Nous ne remplirions pas complètement notre tâche, si nous ne nous y arrêtions pas un instant.

Nous avons dit que M. Verniolles s'était identifié en quelque sorte avec Servières. Ce sentiment, quelque louable qu'il fût, pouvait avoir ses inconvénients et ses écueils. Tout concentrer à Servières, faire converger vers cette maison tous les efforts et toutes les ressources

du diocèse, ne tenir aucun compte du bien
qui pouvait se faire ailleurs, briser toutes les
oppositions, tel était, à l'avis de quelques-uns du
moins, l'idéal du Supérieur de Servières. Non,
il n'allait pas jusque-là, et ces reproches sont
injustes. Mais nous convenons qu'il était d'une
intransigeance extrême, quand il croyait son
séminaire menacé dans ses intérêts et dans son
avenir, parce que, nous le répétons, il était
profondément convaincu que cette maison
seule pouvait remplir dans toute leur étendue
les conditions d'un vrai petit-séminaire et en
donner tous les résultats. C'était sa thèse, et
s'il mettait une ténacité et une émotion trop
apparentes à la soutenir, on ne peut nier la
logique et le bien fondé de son raisonnement.

Quand Mgr Denéchau fut nommé évêque de
Tulle, le diocèse possédait trois établissements
ecclésiastiques : le petit-séminaire de Servières,
le petit-séminaire de Brive et le collège catholique d'Ussel. On sait ce qu'était Servières,
une véritable pépinière sacerdotale. Le petit-
séminaire de Brive, tout en fournissant quelques vocations, avait surtout pour but et pour
mission de former de bons chrétiens pour le
monde et de contrebalancer ainsi, dans la
mesure du possible, l'éducation irréligieuse
des collèges ou lycées. C'est une tâche souve-
rainement importante qu'il poursuit avec un
succès croissant, malgré tous les obstacles et

toutes les oppositions. Quant au collège d'Ussel,
il semblait destiné à recueillir, pour leur donner les premiers soins, les premiers développements, les vocations ecclésiastiques encore
assez nombreuses, grâce à Dieu, parmi les
chrétiennes populations de la Montagne. Mais
arrivés en seconde, les élèves étaient dirigés
vers Servières pour les trois plus hautes classes, et chaque année un contingent important
y venait grossir les rangs de ceux qui se pré-
paraient à entrer au grand-séminaire.

Cette situation semblait rationnelle et elle
donnait d'excellents résultats. Pourtant une
opinion s'était formée pour demander des
réformes. D'abord contenue, elle fit explosion
à l'arrivée du nouvel évêque. Pourquoi les élèves d'Ussel ne resteraient-ils pas dans leur
collège jusqu'à leur entrée au grand-séminaire,
au lieu d'être obligés de subir les inconvénients de deux éducations différentes ? Pourquoi ne pas retenir des sujets, et on les disait
nombreux, qui allaient faire leurs études dans
un établissement voisin au grand détriment du
diocèse ? Pourquoi en un mot le collège d'Ussel
ne deviendrait-il pas, lui aussi, un séminaire
de plein exercice ? Il était bien naturel, en vérité,
de se poser la question, et le moment semblait
opportun de renouveler un essai qui, il est
vrai, avait déjà échoué une fois, mais qui
réussirait sans doute avec des éléments nou-

veaux. Comme dans toutes les affaires humaines, on dit que l'intrigue s'en mêla et qu'elle
chercha même à avoir accès au sein du conseil
épiscopal. Toujours est-il que la réforme demandée trouva des partisans résolus pour l'appuyer
et la faire aboutir.

Monseigneur lui-même ne pouvait, du reste,
s'en désintéresser et, à une époque où les vocations ecclésiastiques étaient si compromi-
ses, il devait aviser aux moyens de faciliter,
de sauvegarder et de conserver toutes celles
qui germaient dans son diocèse. On lui fit entendre et il espéra que s'il accordait toutes les
classes à Ussel, Servières aurait sans doute quelques élèves de moins, mais le diocèse en serait
largement dédommagé par un grand-séminaire
plus nombreux et plus florissant.

Dès 1879, il décida que la seconde se ferait
à Ussel, et, l'année suivante, il accorda la rhétorique. De plus, il fut arrêté en principe que
la philosophie serait supprimée à Servières,
et que tous les élèves qui entreraient au
grand-séminaire y feraient deux années de philosophie. Seulement cette dernière mesure fut
ajournée.

M. Verniolles s'alarma. Pour lui éviter la
peine inutile de combattre un projet dont la
réalisation était résolue, et qu'on ne croyait pas
possible du reste de justifier à ses yeux, on ne
le consulta pas. Il se sentit humilié, profondé-

ment blessé ; il alla jusqu'à croire qu'on ne
demandait qu'à se défaire de lui. Mais avant de
quitter le poste, il pensa qu'il était de son
devoir d'élever la voix et de défendre les intérêts de Servières. Le long mémoire qu'il
adressa à Monseigneur est un véritable plaidoyer, où le vieux maître accumule avec art
toutes les raisons que lui suggéraient son
esprit et son cœur, sa vieille expérience aussi,
en faveur de Servières. Il s'attachait surtout à
démontrer, — et c'était bien là en effet l'argu-
ment le plus grave et le plus décisif — que le
diocèse de Tulle, vu ses modiques ressources
et sa pénurie de sujets, ne pouvait soutenir
et alimenter trois maisons de plein exercice.

Monseigneur assurément fut impressionné
par ce cri d'alarme et ébranlé peut-être par
cette argumentation franche et loyale. Mais il
était trop tard pour en tenir compte, et, en
tout cas, son autorité devait avoir le dernier
mot et rester victorieuse. Il sentait pourtant
le besoin d'adoucir la blessure qu'il avait faite
et il aurait voulu atténuer le coup qu'il venait
de porter au vieillard de Servières. Nous
voyons percer cette préoccupation dans la
lettre qu'il lui écrivit. « Il serait trop long, lui
disait-il, de répondre par écrit à votre lettre ;
je le ferai de vive voix dans l'occasion et j'y
mettrai le plus grand calme : la vivacité de
votre émotion m'a un peu surpris ; s'il en est

résulté quelque peine, soyez sûr que je suis surtout sensible à la vôtre. » (31 août 1880.)[1]

L'année suivante (1881), d'après le plan adopté, la philosophie fut accordée à Ussel et l'on décida en outre que Servières préparerait au baccalauréat au moins quelques élèves de choix. M. Verniolles, qui s'y attendait pourtant, mais qui avait espéré peut-être que son mémoire ferait revenir en arrière l'autorité diocésaine, n'y tint plus : « Non, s'écria-t-il, je ne veux pas laisser assassiner Servières entre mes mains ! » Sous cette impression, il écrivit à l'évêque :

« Monseigneur,

« Lors de votre dernière visite à Servières, j'ai exposé à Votre Grandeur que je trouvais, de graves difficultés dans la position qui m'est faite et dans l'emploi qui m'est confié. En ces derniers temps, ces peines et ces difficultés n'ont fait que s'accroître. Je sens tous les jours davantage le poids des années et des infirmités qui ont déjà commencé pour moi ; un fardeau que d'autres porteraient peut-être plus aisément me paraît de plus en plus au-dessus de mes forces. D'autre part, la nouvelle situation qui va être faite au petit-séminaire de Serviè-res exigera prochainement de très sérieuses modifications dans le personnel et les études, et conséquemment dans l'esprit de la maison de Servières. Je vois clairement que je ne suis capable ni par mes goûts, ni par mes aptitudes d'entrer dans cette nouvelle voie.

« Pour tous ces motifs, Monseigneur, je viens supplier Votre Grandeur de vouloir bien me relever des fonctions de supérieur aussitôt qu'il Lui sera possible. L'intérêt bien entendu du petit-séminaire me paraît commander la démarche que je fais aujourd'hui.

« Daignez agréer, etc. »

« On me lapiderait, et très justement, répondit Monseigneur, si j'acceptais votre démission. Grâce à Dieu, vous n'êtes pas hors de combat, et d'ailleurs vous êtes de ceux dont le nom seul gagnerait des batailles ; enfin, vous ne voudriez certainement pas déserter en face de l'ennemi. Si vous avez des difficultés, croyez que j'ai bien les miennes, et vous n'y ajouterez pas la plus grande. » (16 juillet.)

M. Verniolles s'inclina et resta. Mais il souffrait plus qu'on ne saurait le dire de la situation pénible où se trouvait Servières, dont les élèves diminuaient chaque année. Il parlait souvent de la lente agonie à laquelle on condamnait cette chère maison et nous avons été bien des fois le confident de ses tristesses à ce sujet. En 1885, il renouvela ses offres de démission, toujours rejetées par Monseigneur qui lui écrivait : « Assurément, vous avez bien

acquis par vos longs travaux le droit de vous
reposer. Mais je me demande si c'est bien le
moment. Les difficultés que vous avez ne tiennent pas à votre personne... En tout cas, cette
première demande ne me suffit pas ; il faut
que ce soit comme pour le pallium : *instanter,
instantius, instantissime.* » (25 juillet.)

Toutefois, pour lui alléger le fardeau du
supériorat, pour récompenser en même temps
de grands mérites et une carrière déjà longue
et brillante, l'autorité épiscopale lui adjoignait
comme coadjuteur dans le gouvernement de la
maison et sur ses vœux, avec le titre de directeur proposé par lui-même, le professeur de
rhétorique, M. le chanoine Poulbrière, le distingué historiographe du diocèse, tout désigné
dès lors pour prendre un jour la succession.

Il n'y avait plus à insister et le supérieur de
Servières se résigna à porter sa croix, attendant tout des événements et de l'avenir. Cette
croix lui fut adoucie par le triomphe de ses
noces d'or, et en en faisant, comme nous
l'avons vu, une fête diocésaine, Monseigneur
lui donna une preuve éclatante de l'estime et
de la vénération dont il l'entourait. C'était
lui dire aussi qu'il n'y avait jamais eu aucune
intention hostile contre sa personne dans toutes les mesures qui avaient été prises et dans
toutes celles qui le seraient à l'avenir.

Du reste, les prévisions de M. Verniolles ne

tardèrent pas à se réaliser. En 1891, on dut renoncer à maintenir les hautes classes au collège d'Ussel et l'on revint à l'ancien système d'envoyer à Servières, terminer leurs études, les élèves de cet établissement qui se destinaient à l'état ecclésiastique. Mais en même temps on décidait que désormais la philosophie se ferait au grand-séminaire. C'était encore une mesure très préjudiciable aux intérêts de Servières, surtout à la prospérité croissante des études dans cette maison. M. Verniolles en souffrit beaucoup ; mais il n'était plus à un âge où l'on peut se raidir contre les difficultés. Il souffrit en silence, ne s'ouvrant de sa peine qu'à quelques rares amis. La Providence voulut qu'ici encore ses prévisions se réalisassent. La suppression de la philosophie rencontra une telle opposition et amena de tels résultats, qu'il fallut, au bout de quelques années, revenir aux vieilles traditions, les seules du reste qui paraissent conformes à l'esprit de Servières.

Ce fut un triomphe pour M. Verniolles ; c'est du moins la pensée que lui exprima un vicaire général dans la lettre suivante :

« Cher et vénéré Monsieur le Supérieur,

« Il me serait difficile de trouver une occasion plus agréable de vous écrire. Quelle heureuse nouvelle hier pour tout le diocèse ! Longtemps attendue, espérée, elle se réalise enfin.

S'il était pénible pour tous les enfants de Servières de voir leur chère maison découronnée, j'éprouvais personnellement de la peine du chagrin que vous causait l'état de choses qui vient de prendre fin. Si la philosophie n'avait fait retour au petit-séminaire qu'à une époque éloignée, cette juste mesure eût laissé une lacune pénible. Vos anciens élèves, vos enfants sont heureux que vous soyez là pour la recevoir. Vous avez aidé si puissamment au renom glorieux de Servières, qu'il semble à chacun que ce retour eût été pleinement justifié, n'aurait-il eu que le caractère d'un hommage personnel... J'aimerais bien mieux, Monsieur le Supérieur, avoir le plaisir de vous exprimer de vive voix mes sentiments, que de les confier à cette feuille. Mais ce que je ne puis faire maintenant, je le réaliserai, j'espère, à l'automne. Je me ferai un devoir de visiter mon vieux petit-séminaire et mon vénéré maître, son supérieur. Permettez-moi de vous dire en ce moment d'épanchement filial, quel souvenir reconnaissant je garde de vos leçons... »
(28 juillet 1897.)

M. Verniolles répondit aussitôt :

« Cher Monsieur le Grand-Vicaire,
« Je suis profondément touché de votre bonne et affectueuse lettre. Je l'ai lue et relue, et j'ai bien senti que ce n'était pas une simple

convenance qui l'avait dictée. Vous y avez mis toute votre vieille affection pour Servières, tout votre excellent cœur. Je savais déjà par plusieurs voies que vous déploriez la mesure prise il y a six ans. La chaleureuse expression de votre joie me montre bien clairement aujourd'hui quelle était votre peine sur ce point. Merci mille fois de tout ce que vous me dites de trop bienveillant pour mon humble personne. J'ai eu trop rarement l'occasion de vous dire quel bon souvenir je garde de toutes vos attentions. Je me réserve de vous l'exprimer plus longuement de vive voix, quand vous nous ferez la visite que vous promettez à la maison de Servières. Soyez bien sûr d'avance que votre présence ici sera une belle fête pour tous. » (30 juillet.)

La visite annoncée se fit quelque temps après, et le Vicaire général fut reçu avec un empressement cordial dont il garda longtemps le souvenir.

Ce fut pour M. Verniolles une joie sans pareille et une grande consolation pour ses vieux jours d'assister à la résurrection de Servières. Le séminaire retrouva sa prospérité d'autrefois, les élèves affluèrent de partout, l'évêque concentra de plus en plus toutes ses affections, toutes ses espérances sur cette maison. Il fit plus ; il résolut de hâter un projet qu'on n'avait pu réaliser encore, faute de ressources : l'agrandissement du petit-séminaire. Il fit appel à son clergé, ouvrit une souscription qui fut couverte en quelques mois, et Servières reçut l'embellissement qu'on peut admirer aujourd'hui et qui lui donne tont le confortable des établissements modernes.

CHAPITRE X

Au milieu de ses soucis et de ses labeurs incessants, M. Verniolles conservait une santé vigoureuse, qui semblait défier et rendre vaines les atteintes de la vieillesse. Dieu voulait surtout le récompenser visiblement de ses travaux intellectuels, en lui laissant le plein usage de ses facultés. Tous ceux qui l'approchaient, dans les dernières années de sa vie, étaient frappés de sa mémoire prodigieuse, qui se rappelait, jusque dans les moindres détails, les événements du passé. Le nom d'aucun de ses anciens élèves ne lui échappait et souvent lui-même racontait à plusieurs d'entre eux des traits de leur vie d'écoliers dont ils ne se souvenaient déjà plus.

Pourtant dans le courant de l'année 1895, sa robuste constitution parut s'ébranler et lui annoncer à lui-même qu'il n'avait plus longtemps à vivre. Il accepta comme une grâce cet avertissement du ciel et dès ce moment il n'eut plus qu'une pensée : se préparer à la mort.

C'est alors que les responsabilités de sa longue vie sacerdotale lui apparurent avec une particulière intensité, et qu'il s'en effraya. C'est alors qu'il fit un appel pressant, en toutes circonstances, à la charité de ses confrères, de ses enfants, de ses amis, pour l'aider par leurs prières à obtenir la grâce d'une bonne mort. C'est alors qu'il fouilla, avec toute la rigueur d'un justicier, dans les sentiers de sa longue carrière pour y découvrir les défectuosités de son œuvre, se réservant de les réparer ou de les expier.

Il se dit d'abord qu'il ne pouvait plus faire face aux devoirs de sa charge et sa conscience lui signifia qu'il devait se démettre irrévocablement. Ce n'était du reste qu'une sorte de transmission de pouvoirs qui allait s'accomplir; car, son successeur, désigné d'avance, n'avait qu'à recueillir de ses mains l'héritage des traditions de Servières. Formé depuis longtemps à l'école du maître, disciple docile, il avait toutes les qualités voulues pour continuer l'œuvre de M. Verniolles.

Ce fut pourtant une douloureuse surprise pour M. Poulbrière, lorsque, le premier, il reçut la confidence de la résolution du vieillard. Mais il n'y avait pas d'objections à faire. La démission fut envoyée à l'évêque, avec prière instante de nommer officiellement celui qui était déjà supérieur de fait.

Après quelques hésitations bien compréhen-
sibles, l'évêque se rendit aux vœux de M. Verniolles. Il accepta sa démission, en lui laissant
le titre de supérieur honoraire, et il nomma
M. Poulbrière supérieur du petit-séminaire de
Servières. La *Semaine Religieuse* annonça en ces
termes la décision épiscopale :

« Monseigneur a dû se rendre enfin aux
instances réitérées et chaque année plus pressantes de M. Verniolles, en acceptant la démission du vénéré Supérieur. Nul ne sera surpris
que Sa Grandeur ait éloigné aussi longtemps
que possible cette solution. Le grand âge amène
avec lui d'inévitables fatigues, et lorsque M. le
Supérieur les ressentit, pensant que désormais
les multiples et si délicates fonctions de sa
charge lui devenaient impossibles, il résolut
de se démettre. Cette retraite était inacceptable. Il fallait à tout prix conserver à Servières
l'auréole que lui donnait le demi-siècle d'éminents services rendus par le maître que son
enseignement et ses ouvrages ont si avanta-
geusement fait connaître et dans le diocèse et
au loin. On lui donnait un aide. Un précieux
concours lui fut assuré pour la direction de sa
chère maison, et M. Poulbrière fut nommé
directeur du petit-séminaire.

« M. Verniolles n'a pas cru pouvoir conserver plus longtemps un titre dont son grand âge
l'empêchait de plus en plus de remplir les fonc-

tions et dont son dévoué collaborateur supportait presque toutes les charges. Que cette décision ne nous inspire pas de trop vifs regrets ! M. Verniolles n'emporte pas dans une retraite éloignée son titre de supérieur honoraire. Il reste à Servières qu'il honorera par sa présence et qui bénéficiera toujours de son expérience magistrale et de son entier dévouement.

« M. Poulbrière prend aujourd'hui le titre de Supérieur du petit-séminaire ; on peut dire que depuis plusieurs années il en exerce, et de la manière la plus heureuse, les difficiles fonctions. Nous n'avons pas à prévoir pour lui le succès, il est déjà venu. Le nouveau Supérieur saura le développer encore. Le retour de la philosophie à Servières sera, tout à la fois, un stimulant et un gage. Sans doute il reste encore des obstacles à tourner ou à franchir. Mais quelle grande œuvre de nos jours n'a pas ses graves difficultés ? M. le Supérieur peut considérer l'avenir sans crainte. N'a-t-il pas les multiples concours de l'affectueuse expérience de son vénérable prédécesseur, du zèle dévoué de tous ses collègues, de la sympathie de tout le diocèse, et de la paternelle confiance de Monseigneur ! (1) »

Par une attention délicate, le nouveau supérieur laissa son vénérable prédécesseur dans

(1) N° du 4 sept. 1897.

les appartements qui lui revenaient de droit,
voulant qu'il restât jusqu'à la fin dans cette
modeste chambre où il avait tant vécu et tant
travaillé pour son cher Servières. En même
temps, il l'entoura et le fit entourer des plus
grands égards, cherchant même à lui laisser,
dans la mesure du possible, les illusions d'un
supériorat réel.

M. Verniolles, même au milieu de ses occupations absorbantes, n'avait pas perdu de vue
sa maison natale, peu distante du séminaire ;
et au déclin de sa carrière, il aimait à aller se
reposer au milieu des siens, pour retrouver les
douceurs de la famille si réconfortantes pour
le vieillard. Lui-même avait dirigé des réparations importantes à cette demeure des ancêtres.
Il y avait réservé une pièce spéciale pour servir
de chapelle, afin qu'il ne fût pas privé de remplir la grande fonction sacerdotale : la célébration des saints mystères, suprême consolation
du prêtre qui s'incline vers la tombe.

C'était là qu'il avait songé à prendre sa
retraite. Mais il avait compté sans la nostalgie
de Servières. L'atmosphère de cette maison
sainte était nécessaire à son âme, et quand il
avait passé seulement deux semaines sans en
jouir, l'ennui l'envahissait.

La première fois qu'il retourna ainsi à Servières (15 octobre 1897), après quelques jours
d'absence, le nouveau supérieur voulut le

recevoir avec une distinction particulière et lui présenter son ancienne famille, dont les rangs venaient de s'élargir à la grande joie de tous. C'était aussi, dans la pensée de M. Poulbrière, une sorte de cérémonie d'investiture, parfaitement caractérisée par ces délicates paroles :

« Monsieur le Supérieur, j'ai l'honneur de vous présenter votre chère famille de Servières notablement accrue. En son nom, comme au nom de mes collègues, je me lève pour vous souhaiter la bienvenue et vous porter une santé. C'est avec bonheur que je le fais en présence d'amis, vos anciens disciples, qui vous conserveront toujours respect, affection, dévouement (1).

« Faut-il aussi formuler devant vous le programme de votre indigne successeur? Monsieur le Supérieur, il est aussi simple que court : Je ne veux être ici que le premier de vos enfants. Toute mon ambition sera qu'on puisse dire de moi : *qualis pater, talis filius !* »

M. Verniolles, profondément touché, répondit avec une grâce parfaite, avec un désintéressement complet, en rapportant tous les progrès de la maison au savoir-faire de son successeur, depuis longtemps associé à sa tâche en qualité de Directeur.

L'année suivante, une nouvelle fête s'impo-

____

(1) MM. A. Aigueperse, le docteur Cisterne, médecin de la maison, M. le Curé-doyen de Servières et son Vicaire.

sait, et elle eût été grandiose, si, pour ménager
la santé alors très éprouvée de M. Verniolles,
autant que pour respecter sa modestie, on n'eût
dû se borner à une simple fête de famille, dont
le caractère intime n'en fit que mieux ressortir
la beauté touchante. Monseigneur lui-même
voulut respecter cette intimité, en se faisant
représenter par M. Graffeuil, vicaire général,
un des amis les plus dévoués et les plus fidèles
du vénérable vieillard qui célébrait ses noces
de diamant.

Des *noces de diamant* ! Quel privilège et quelle
gloire pour un prêtre tel que M. Verniolles !
Et en même temps quel enseignement pour
des enfants, qui, pour la plupart, sont des
futurs ministres de Jésus-Christ ! C'est le sujet
que développa M. Graffeuil, dans un exposé
saisissant des grandeurs et des gloires du sacerdoce en général, et en particulier du glorieux
et fécond sacerdoce de M. Verniolles, s'exer-
çant pendant soixante ans avec un zèle et un
dévouement admirables.

M. Verniolles redoutait autant pour sa modestie que pour sa santé les ovations qui l'at-
tendaient en ce jour, et il avait eu la pensée de
s'y dérober entièrement. Mais il lui fallut bien
céder aux instances réitérées de ses chers enfants qui réclamaient la présence de leur père
pour l'acclamer. A peine relevé de maladie, il
céda à l'appel de la piété filiale et parut un

instant seulement, vers la fin du dîner, à sa
place habituelle au réfectoire. Son entrée fut
saluée par des applaudissements prolongés.
Visiblement ému, il se contraignit pour ne
pas éclater en sanglots, et il répondit par
son sourire paternel à cette explosion d'amour
et de reconnaissance. Pour abréger ces scènes
émouvantes, il fut décidé qu'un seul discours
lui serait adressé par M. Mary, doyen du Chapitre et son ami intime. Le vieillard se leva à son
tour pour répondre. Au milieu des sanglots, il
envoya des remerciements à tous les hôtes de
Servières, sans oublier personne, ayant un mot
aimable et gracieux pour chacun. Il demanda
des prières à tous, en rappelant avec précision
la triple date de son baptême, de son ordination et de sa première messe, dont il allait
célébrer dans quelques jours le triple anniversaire... Tout à coup, on vit son émotion redou-
bler : sa pensée s'était portée sur ses chers
enfants de Servières, et promenant sur leurs
rangs ses yeux mouillés de larmes, il leur fit sa
suprême recommandation, résumé de toute sa
vie et testament de son cœur : « Mes chers
enfants, conservez bien l'esprit de Servières,
l'esprit de famille !... »

M. Verniolles s'est dépeint tout entier dans
ces quelques mots, car, nous l'avons vu, il tra-
vailla constamment à faire surtout de son cher
petit-séminaire une seconde famille, une secon-

de maison paternelle, et l'on pourrait, en toute vérité, graver sur sa tombe ces trois mots : *Au père de Servières* ! En l'entendant renouveler, en un tel moment, cette recommandation qu'il avait faite bien des fois, il nous semblait entendre Saint Jean, entouré de ses disciples et répétant à satiété la sublime parole : « *Mes chers petits, aimez-vous les uns les autres !* »

Ce fut comme le chant du cygne. Le saint vieillard se renferma de plus en plus dans sa retraite, voulant s'habituer, pendant les quelques jours qui lui restaient à vivre, à fermer les yeux sur les choses de la terre pour ne les ouvrir que sur l'éternité. Condamné à garder la chambre, sentant que les infirmités allaient enfin achever sur lui les ravages du temps, il entra dans une sorte de recueillement intérieur pour mieux préparer son âme au grand voyage, à la suprême séparation. Monseigneur l'autorisa à dire la sainte messe dans cette chambre qui devint un sanctuaire.

L'ordre et la régularité qui avaient toujours présidé à cette longue vie, ne se démentirent pas dans les derniers jours. M. Verniolles régla lui-même toutes ses affaires, jusque dans les moindres détails, collectionna et classa tous ses papiers, précisa toutes ses volontés et intentions dernières, ne négligeant rien pour ne laisser après lui aucun embarras, aucune préoccupation. Il s'en allait ainsi vers Dieu avec toute la sérénité du serviteur fidèle qui attend avec confiance la récompense du Maître.

Ses ouvrages, sans lui apporter la fortune, lui avaient permis de réaliser quelques économies. Donnant encore ici l'exemple du prêtre selon le cœur de Dieu, il avait disposé en prêtre de ces modestes ressources. Une large part avait été, en divers temps et sous différentes formes, employée en bonnes œuvres et son cher petit-séminaire n'avait pas été oublié.

La retraite où vivait le vénérable vieillard, tout empreinte de recueillement et de piété, devenait de plus en plus complète. On ne se serait même pas aperçu de sa présence, si les services qu'on avait à lui rendre à cause de ses infirmités n'eussent éveillé l'attention (1). Il y avait cependant un sentiment qui dominait en lui, une attache qu'il n'avait pu briser entièrement, c'était l'amour des enfants. Il désirait leurs visites, leurs causeries ; il s'en faisait une distraction et une consolation. C'eût été une cruauté de l'en priver, et son successeur donnait aux élèves, à toute heure de la journée, le plus libre accès auprès de lui. Il y a ainsi de ces attraits mystérieux entre les vieillards et les enfants ; dans M. Verniolles, c'était en quelque sorte la survivance de sa passion pour

(1) Signalons, avec les soins dévoués de M. Cisterne, ceux du Dr Meilhac, son chrétien et distingué parent qu'il voyait en toute circonstance avec tant de plaisir.

Servières et les derniers échos de son apostolat sacerdotal pour les enfants. Nous avons dit que les sœurs de la Miséricorde furent appelées à rendre les derniers soins au vieillard octogénaire. Celle qui l'assistait dans les derniers jours nous a dit combien elle fut édifiée par son grand esprit de foi, sa simplicité et sa docilité d'enfant.

De temps en temps, quelques visiteurs se présentaient discrètement. Avec un sourire à la fois triste et doux, M. Verniolles les recevait, leur parlait un moment du temps passé, des tristesses présentes, des craintes et des espérances pour l'avenir de Servières. Mais presque aussitôt son esprit de foi le ramenait à la réalité, lui rappelait sa fin prochaine, et on l'entendait presque toujours terminer ces courts entretiens par ces paroles : « Cela ne me regarde plus, je n'ai que quelques jours à vivre... Priez pour que je fasse une bonne mort !... »

Dans le courant de 1899, des symptômes alarmants se manifestèrent. Mais on conjura le danger et on parvint à prolonger cette précieuse existence. Le vieillard ne prenait plus aucune part à la vie extérieure du petit-séminaire. Pourtant sur la fin de cette même année, il voulut profiter de la présence à Servières du P. Giroux, qui était venu prêcher la retraite aux élèves, pour faire une préparation plus prochaine à la mort. « Mon Père, dit-il un jour au religieux, je sens que je n'ai plus que quelques jours à vivre. Si vous voulez me le permettre, je vous ferai une confession générale de toute ma vie. » — « Notre-Seigneur, ajoute le P. Giroux, de qui nous tenons ces détails, lui inspirait cette résolution dans un double but, pour sa consolation et pour l'édification de celui qui devait l'entendre. Il me fit en effet beaucoup plus de bien que je ne lui en fis assurément moi-même (1). »

Du reste, il était resté fidèle à la confession fréquente et lui-même faisait appeler son confesseur, au jour et à l'heure fixés, lorsqu'il ne pouvait plus quitter sa chambre, et que ce dernier oubliait le rendez-vous.

Avec de telles dispositions et après une telle préparation, la mort de M. Verniolles devait être ce qu'elle fut : une mort édifiante, une sainte mort. Dans la première quinzaine de février 1900, les forces baissèrent visiblement, rapidement. La poitrine se prit et la langue s'embarrassa. Il fallut se rendre à l'évidence : le vieillard n'avait plus que quelques heures à à vivre.

Le 16 février, dans la matinée, il se confessa une dernière fois. Vers 2 heures de l'après-midi, il reçut les derniers sacrements avec une parfaite lucidité d'esprit, en présence de M. le Supérieur, des professeurs et des quelques

(1) Lettre à M. Poulbrière, 27 fév. 1900.

élèves, tous agenouillés au pied de son lit. Quand la cérémonie fut terminée, son confesseur lui demanda de bénir ses enfants. Alors, M. Verniolles, ramassant ce qui lui restait de forces, prononça l'allocution suivante, reproduite de mémoire à peu près mot à mot :

« Messieurs, je vous remercie tous de la peine que vous avez bien voulu prendre de venir ici prier pour moi. Je n'ai pas ignoré que vous auriez bien voulu me voir souvent ces jours-ci et que vous avez demandé fréquemment à ma porte de mes nouvelles : si mes forces ne m'ont pas permis de vous recevoir, à mon grand regret, je ne vous en ai pas été moins reconnaissant. Continuez de prier pour moi. On sent le besoin qu'on a de ce secours quand on se voit au terme d'une longue carrière. Sans doute j'ai voulu faire un peu de bien et j'en ai fait peut-être un peu par l'éducation de la jeunesse ; mais on commet tant d'imperfections !... Demandez au bon Dieu qu'il me pardonne mes péchés... Voilà 62 ans bientôt que je suis prêtre : que de milliers de messes célébrées !... C'est une bien grande grâce, mais c'est aussi une terrible responsabilité !... Heureusement j'ai confiance en Dieu, car je connais sa miséricorde infinie... Néanmoins souvenez-vous de moi, avec les enfants que j'ai élevés. Pour le peu de temps que j'ai encore à vivre, continuez-moi le secours de vos prières, et quand je ne

serai plus, ne m'oubliez pas dans vos saints
sacrifices particulièrement. Si j'ai le bonheur
d'aller au ciel avant vous, je vous rendrai auprès de Dieu les services que vous aurez rendus
à ma pauvre âme... Pas de services d'autre
genre, s'il vous plaît. Toutes ces décorations
en usage de nos jours, fleurs, couronnes, etc.,
je les repousse; laissez-les... Je voudrais continuer, mais je n'en ai plus la force; priez
pour moi, encore une fois... »

Puis soulevant son bras, il fit un large signe
de croix sur les assistants en prononçant très
distinctement les paroles liturgiques : « *Bene-
dictio Dei omnipotentis, Patris, et Filii, et Spiritus
Sancti, descendat super vos et maneat semper. Amen.* »

Il vécut encore une semaine pourtant, mais
n'appartenant déjà plus à la vie de ce monde
et tout rempli des pensées de l'au-delà. C'est
pendant cette semaine qu'il reçut la visite et
la bénédiction de Monseigneur. Il fut touché
de cette attention et en témoigna sa reconnaissance au prélat. Le vendredi, 23 février, au
matin, l'oppression devint plus forte, et vers
2 heures du soir, il rendit son âme à Dieu,
pendant que toute la communauté était en
prière, pour lui rendre plus facile le terrible
et suprême combat.

La nouvelle fut bientôt connue dans tout le
diocèse et quoiqu'on fût préparé à cette séparation, les regrets universels se manifestèrent

de toute part et montrèrent la grande place
que tenait M. Verniolles dans l'estime et l'affection du clergé diocesain.

Les funérailles furent célébrées le lundi
matin, 26 février. Elles furent *diocésaines*, non
peut-être par le nombre des assistants (1),
mais par la présence de Monseigneur, qui se
fit l'interprète du respect, de la gratitude et du
regret de tous ses diocésains, en développant
ce texte de nos Saints Livres, si heureusement
choisi pour la circonstance : *Fidelis servus et
prudens quem constituit Dominus super familiam suam
ut det illis in tempore tritici mensuram* (2).

« La famille de Dieu se compose, si l'on veut,
de tous les hommes, et mieux de tous les chrétiens ; mais ce titre appartient plus particulièrement à la tribu sacerdotale. C'est à l'éducation de la jeunesse et à la formation des futurs
prêtres, que M. Verniolles fut appelé par la
plus impérieuse des vocations. Rompre le pain
de l'enseignement à cette famille d'élite, ce fut
la tâche que le Maître assigna à son serviteur,
et le serviteur l'accomplit avec une rare prudence. Jamais sa main ne distribua un aliment
suspect. On sait comment cet éminent professeur nourrit toujours les intelligences des plus
pures doctrines. A la mission qu'il avait reçue

(1) Beaucoup de prêtres ne purent s'y rendre, à cause des Qua-
rante-Heures qui se célébraient la veille dans leurs paroisses.

(2) Voici le fidèle et prudent serviteur que le maître avait pré-
posé à sa famille pour lui donner la nourriture en temps opportun.

de Dieu il apporta surtout la fidélité. En 1837,
un an avant d'être ordonné prêtre, il commen-
çait à Servières son œuvre d'enseignement, et
à cette œuvre il a consacré, pendant soixante
ans, toutes ses pensées, toutes ses aspirations
et tout son travail. Il est vrai qu'au bout de
vingt-cinq ans, il accepta pour dix ans la
charge du ministère pastoral ; mais pendant
ces années mêmes, l'éducation des enfants de
sa paroisse par le catéchisme et une école de
Frères fut sa grande sollicitude, et, en même
temps, il continua par la plume son apostolat
auprès de la jeunesse. Bientôt il rentrait dans
sa chère maison de Servières, pour la diriger,
avec une sagesse toujours croissante et une
ardeur renouvelée, pendant un nouveau quart
de siècle.

« Lorsque l'âge ayant affaibli ses forces, il
dut laisser à une autre main le gouvernail, il
continua de demeurer parmi ses enfants, au
milieu de cette jeunesse à laquelle il avait
dévoué toute sa longue vie, entouré de soins
et d'égards, gloire de Servières et honneur du
clergé corrézien, patriarche vénéré, vers lequel
montaient les hommages de reconnaissance et
d'affection de cinquante générations d'élèves ;
et la fin du noble vieillard a été vraiment le
soir d'un beau jour. Le bon serviteur vient de
s'éteindre dans la paix du Seigneur. Il a em-
porté devant Dieu le mérite de ses œuvres,

mais elles restent ici-bas et elles lui survivent : œuvres de sa plume, qui ne cesseront pas d'étendre au loin les fruits de son enseignement, œuvres de son professorat et de sa direction, qui se perpétueront le long des âges, les prêtres que ce maître éminent a formés formant d'autres prêtres à leur tour. »

M. Verniolles avait exprimé le désir de reposer près de la chapelle du petit-séminaire. C'était bien là en effet la place du prêtre, et celle qui fut choisie le fut en vue de l'avenir. Mais la tombe qui abrite sa dépouille mortelle est trop modeste pour sa mémoire, et ses enfants se feront un devoir de la rendre bientôt plus digne du père vénéré dont ils veulent garder le souvenir.

Les lettres de condoléances arrivèrent de partout, portant, avec les excuses de plusieurs de ne pouvoir assister aux obsèques, un concert unanime d'éloges au regretté défunt. Citons quelques témoignages :

« Je me serais fait un devoir d'aller lundi à Servières unir mes prières à celles de notre vaillant évêque, aux vôtres ainsi qu'à celles des prêtres nombreux accourus de tous les points du diocèse, si je n'étais dans l'impossibilité physique et morale de faire ce voyage.

« Laissez-moi vous dire que, si une grande figure vient de disparaître, les œuvres du supérieur éminent que nous pleurons avec toutes les larmes de notre cœur, restent comme un précieux héritage que vous êtes chargé de recueillir.... » (M. MARY, doyen du Chapitre.)

« Mon premier mouvement a été de vouloir assister aux funérailles. Mais je suis obligé, à la réflexion, de voir l'impossibilité où je suis de m'absenter... Veuillez, Monsieur le Supérieur, agréer mes excuses et mes très vifs regrets.

« Je m'associe de tout cœur au deuil de votre maison ; mais la vie qui vient de s'éteindre vous laisse surtout de beaux et doux souvenirs. Peu de maisons recueillent comme la vôtre un héritage d'honneur pareil à celui que vous lègue M. Verniolles... » (M. BRETON, supérieur du petit-séminaire de Brive.)

« Je vous suis filialement reconnaissant d'avoir bien voulu m'annoncer sans retard la douloureuse nouvelle. M. Verniolles fut un saint prêtre, un grand éducateur, un apôtre dévoré de zèle, un père et un ami au cœur tendre et dévoué. Je le vénérais et je l'aimais de tout mon cœur. Je pleure donc avec vous, avec tous ses amis, avec tout le diocèse, l'immense perte que nous venons de faire... » (J. LABEYLIE, S. J.)

« Je viens d'apprendre par la *Semaine religieuse* la mort de mon vénérable maître, M. Verniolles. J'unis mon deuil et mes regrets à ceux du diocèse tout entier. Le souvenir des années que

j'ai passées à Servières et la reconnaissance
que j'ai toujours conservée pour cette chère
maison et pour celui qui en fut si longtemps la
gloire et l'ornement me font un pieux devoir
de déposer sur sa tombe l'hommage de ma
respectueuse et filiale gratitude... » (†. F. P.
G. Ch. Duval, O. D. *Archevêque de Pétra.*)

Quelques jours après les obsèques, le poète-
improvisateur Besse, bien connu dans nos
établissements, passait à Servières. On lui
demanda une poésie sur le vénérable défunt.
Il en exigea les rimes et donna immédiatement
les vers qui suivent :

Monsieur Verniolles est mort ; nous portons tous le deuil
De celui qui jadis me fit si bon accueil.
Tant que le jour béni réchauffa sa paupière,
Tant qu'il mit dans son cœur sa puissante lumière,
L'éminent écrivain, admirable faveur,
Aux saintes vérités consacra son labeur.
Hautefage et Beaulieu bénissent sa mémoire,
Et Servières longtemps célèbrera sa gloire ;
Car il savait au bien consacrer ses loisirs
Et c'était vers le ciel que montaient ses désirs.
Comme il connaissait bien le cœur de ses élèves !
Il connaissait leur cœur et bénissait leurs rêves.
De l'illustre écrivain que le destin fut beau !
Le lieu qu'il aima tant conserve son tombeau.
Son âme, vers le ciel, monta, douce hirondelle,
Mais il dort près de vous, non loin de la chapelle.
Il goûte maintenant le repos éternel
Et c'est l'ange gardien qui vous bénit du ciel.

(4 avril 1900.)

L'année suivante, 23 mai, on célébra l'anniversaire de cette mort. Pendant que l'âme du cher défunt semblait planer encore sur cette maison bénie et tant aimée, on voulut renouveler pour elle toutes les prières du jour des funérailles. Un service solennel fut chanté, en présence de Monseigneur, qui donna l'absoute, et d'une nombreuse assistance de prêtres et de laïcs. Le prélat bénit ensuite les nouveaux bâtiments commencés sous M. Verniolles et élevés par souscription diocésaine (1). Puis il présida une séance académique.

Cette fête littéraire n'était pas déplacée ce jour-là ; c'était rendre hommage à la mémoire du regretté supérieur que de donner une part de la journée à son œuvre, à l'Académie: Le nom de M. Verniolles ne pouvait être oublié dans cette séance. Le président de l'Académie le chanta en strophes françaises dont quelques-unes sont vraiment bien frappées. Qu'on en juge :

> ... Un an déjà passé la maison de Servières
> Se parait tristement de tentures de deuil.
> Des enfants confondant et plaintes et prières
> Pleuraient près d'un cercueil.

(1) Ces nouveaux bâtiments donnent au séminaire un aspect imposant et grandiose et font le plus grand honneur à MM. Ferrière et Guillot, qui ont dirigé ces travaux avec une intelligence, un désintéressement et un dévouement, dont on ne saurait trop faire l'éloge.

Ils pleuraient le vieillard, le noble octogénaire
La veille moissonné par la froide saison.
Ils pleuraient ! Car celui qui fut toujours leur père
    Quittait cette maison.

Aux labeurs les plus durs ouvrier invincible,
Il semblait à jamais déjouer le trépas.
Et pourtant il mourait ; mais le cœur impassible,
    Il ne s'effrayait pas.

Il avait deviné que son œuvre accomplie
Ne le demandait plus ; et, comme le pasteur
Rentre au logis le soir quand sa tâche est finie,
    Il allait au Seigneur...

Toujours le même esprit et toujours la même âme
De notre fier manoir anime les saints lieux,
Et dans nos jeunes cœurs brille la sainte flamme
    Qui fit nos grands aïeux...

Tu ne tomberas pas, vivante citadelle,
Toi que le ciel bâtit sur l'éternel rocher,
Tu ne tomberas pas ! Une main paternelle
    Est là pour te garder...

Tu peux laisser aller ton cœur à l'espérance,
Asile consacré par le sang d'un martyr,
Car ta force est en Dieu, tu peux en assurance
    Attendre l'avenir.

Mais comment ? Je m'égare, ô le meilleur des pères,
Je voulais vous chanter et ma voix me trahit ;
Et mon cœur, malgré moi, du manoir de Servières
    Chante le nom béni.

Ah ! c'est que l'on ne peut célébrer votre gloire
Sans parler de ces murs ; car ces murs ne sont qu'un
Avec le souvenir et la douce mémoire
    De l'illustre défunt.

C'est sur cette dernière pensée que nous
voulons clore ces pages. Oui, en vérité,

tant que Servières existera, la mémoire de
M. Verniolles ne saurait périr. Impossible en
effet de faire un pas dans ces vieux murs sans
éveiller quelqu'un des mille souvenirs que ses
mains y ont laissés. L'édifice bâti par ses
prédécesseurs sur les roches et sur les ronces,
il l'éleva au-dessus des horizons vulgaires ; il
le cimenta d'un ciment d'or. Ces murailles
dressées inébranlables, il les rendit splendides
et radieuses. Servières existait, il le fit connaître ; c'était une maison qui possédait la
vie, il lui donna son nom. Dieu seul a pu
récompenser son œuvre ; mais les fils du
petit-séminaire mériteraient bien peu leur
titre s'ils s'abstenaient de la proclamer grande,
par cela seul qu'ils ne croiraient jamais pouvoir assez le faire. Voilà pourquoi nous avons
voulu, en retraçant cette belle vie, élever un
monument d'admiration et de reconnaissance
à celui qui fut par excellence l'*homme de Servières*
et rappeler les échos salutaires de ses leçons
et de ses enseignements, pour qu'on puisse
dire longtemps encore : *Defunctus adhuc loquitur.*

Nous sommes heureux et nous nous faisons
un devoir en terminant de dire et de proclamer que l'héritage des traditions de Servières,
si merveilleusement accru par M. Verniolles,
a été recueilli par celui qui pouvait le mieux
le conserver, l'agrandir et le consolider encore.
M. le chanoine Poulbrière a formulé lui-même

son programme de supérieur dans ces simples mots : *Qualis pater, talis filius*. Son ambition est de se montrer le digne fils d'un tel père et de suivre fidèlement les traces de M. Verniolles. Avec le relief que lui donnent son grand cœur, son intelligence remarquable et ses nombreux travaux d'érudition, il aura, lui aussi, la gloire et le mérite d'un supériorat fécond.

TABLE DES MATIÈRES

CHAPITRE VI

Le Supérieur

CHAPITRE VII

Le Prêtre et l'Éducateur

CHAPITRE VIII

Le Curé

CHAPITRE IX

Second Supériorat

CHAPITRE X